铁弗匈奴

赫连勃勃

统万城

北魏 拓跋氏

十六国史新编

丛书主编 ／ 周伟洲

赫连夏国史

吴洪琳 著

社会科学文献出版社
SOCIAL SCIENCES ACADEMIC PRESS (CHINA)

唯大夏二年歲庚申正
月丙戌朔廿八日癸丑
故建威將軍散騎侍郎
涼州都督護光烈將軍
北地尹將作大匠涼州
剌史武威歲田瞁之銘涼州

凉州刺史田瞁墓志

统万城遗址

鎏金铜佛坐像

石马

总　序

中国的史学传统可谓源远流长，几乎每一个在中国历史上存在过的政权，都有人为之撰写历史。中国历史上的十六国时期（316~439）[1]，虽然仅是中国几千年历史长河中的一小段，但却有其丰富的内容和鲜明的时代特点。早在一千多年前，封建史家就撰写过十六国时期各个政权的专史（国别史），如在唐代魏征等撰的《隋书》卷三三《经籍志二》所列遗存的"霸史"共二十七部三百三十五卷中，就有二十六部十六国国别史。其中，最著名、对后世影响最大的当推北魏崔鸿撰《十六国春秋》一百卷。可惜以上诸书均先后散佚，只是在唐宋时

1　大致相当于西晋灭亡至北魏灭北凉，统一整个北方的时期，即公元316年至439年。

期编纂的各种类书及其他史书中，有上述霸史的一些辑文。[1]

由于过去的封建史家囿于民族偏见，受传统的封建正统史学观点的束缚，视十六国为僭伪，贬之过甚。特别是隋唐以后的历代史家，认为十六国是"五胡乱华"的黑暗时期，十六国政权是"僭伪"之国，不值得为它们撰写历史；即便是撰写中国历史，对十六国也着墨不多。加之十六国时史官所撰的各国史书及隋以前有关十六国的史书，均先后散佚，后世撰写十六国国别史极为困难。

1949年中华人民共和国成立后，中国广大的史学工作者以马克思主义唯物史观为指导，开创了中国史学繁荣的新局面。1978年改革开放以来，国内史学研究进入一个新的繁荣时期，魏晋南北朝史研究更加深入，十六国史论著也不断问世。加之全国各地相继发掘了大批十六国时期的珍贵文物和古籍，重新撰写十六国国别史成为可能。因此，20世纪80年代以来，国内相继出版了一系列十六国的国别史。

我们这套"十六国史新编"丛书，就是从20世纪80年代以来国内出版的或正在撰写的一批十六国国别史中，

1　参见〔日〕五胡之会编《五胡十六国霸史辑佚》，燎原书店，2012。

选出其中学术水平较高、大致符合国别史体例的著作编辑而成。主要包括下列著作：

1.《成汉国史》，高然、范双双著；2.《汉赵国史》，周伟洲著；3.《后赵史》，尹波涛、温拓著；4.《五燕史》，赵红梅著；5.《前秦史》，蒋福亚著；6.《后秦史》，尹波涛著；7.《赫连夏国史》，吴洪琳著；8.《南凉与西秦》，周伟洲著；9.《五凉史》，赵向群著。

以上九部著作大致涵盖了所谓"五胡十六国"的十六个国家（政权）。之所以称之为"新编"，则主要有如下原因。

第一，以上九部著作均是在尽可能收集整理有关史料及参考古今有关研究论著的基础上，完全摒弃了过去封建史家的正统论及民族歧视和不平等等观点，以马克思主义唯物史观为指导重新审视和评述十六国历史。

第二，从前封建史家所撰十六国史，仅注重该国的政治、军事及与邻近各族所建政权的关系史，而"十六国史新编"还加强了对十六国的政治制度、社会经济、文化风俗（包括宗教信仰）及民族的认同、迁徙及融合等方面的论述。

第三，"十六国史新编"还特别注意汲取文物考古的新资料，以及中外最新的相关研究成果。

第四，"十六国史新编"采取现代通行的专著体例和形式，用章节目的体例撰写并详加引文注释，最后附有大事年表、索引等。

关于"十六国史新编"有几点说明。

首先，由于"十六国史新编"有的撰写出版于20世纪80年代至90年代初（如《汉赵国史》《南凉与西秦》《前秦史》），距今已过去三十多年，在此期间国内外有关十六国史的研究又取得了长足的进步，有众多的新成果问世。如日本学者川本芳昭撰《魏晋南北朝时代的民族问题》（汲古书院，1998）、三崎良章撰《五胡十六国的基础研究》（汲古书院，2006）及氏撰《五胡十六国——中国史上的民族大迁徙》（东方书店，2015年第三版）、日本学者编纂的《五胡十六国霸史辑佚》（燎原书店，2012）等，中国学者赵丕承编著《五胡史纲》（艺轩图书出版社，2000）、刘学铫撰《五胡史纲》（南天书局，2001）、陈勇撰《汉赵史论稿——匈奴屠各建国的政治史考察》（商务印书馆，2009）、贾小军撰《魏晋十六国河西史稿》（天津古籍出版社，2009）及氏撰《魏晋十六国河西社会生活史》（甘肃人民出版社，2011）、陈琳国撰《中古北方民族史探》（商务印书馆，2010）及咸阳市文物考古研究所编《咸阳十六国墓》（文物出版社，2006）、郭永利撰《河西魏晋十六国壁画墓》（民族出版社，2012）等。而这些研究成果，上述十六国国别史则已不能参考引用，只能保持其在一定历史时期的成果及特征了。

其次，新编的九部十六国国别史，是由九位作者撰写的，因此各书在体例、文字、着重点上，均与各个作者的专业、学养、经历等有关，故各书体例、内容的取舍、文字等各方面不尽相同，各具特色。

再次，有关十六国的历史，近二十余年来，中外学者的研究更加广泛和深入，也出现了一些不同的观点和看法，有一些与"十六国史新编"相左，甚至有相反的观点。[1]这应是学术界"百家争鸣"的正常现象。我们保留"十六国史新编"中的观点和结论，以期引起中外学者的讨论和争鸣。

最后，感谢"十六国史新编"的各位作者，感谢社会科学文献出版社欣然决定出版此套丛书。

周伟洲

陕西师范大学中国西部边疆研究院

2019 年 1 月 30 日

1　比如仅关于最基本的"五胡""屠各""羯胡""拓跋""护军制""汉化""胡化"等概念，学界均有不同的解析。

摘　要

　　夏国是十六国时期我国北方南迁匈奴的一支——铁弗匈奴建立的一个少数民族政权，其强盛时期所领有的地区大致相当于今陕西北部、宁夏回族自治区及内蒙古中部一带。自407年建立政权至431年赫连定被吐谷浑所擒，存在了大约25年时间。本书拟在前人相关研究的基础上，运用传统的历史学及其他相关学科的方法对夏国的历史做一全面系统的探讨。

　　全书共分六章。

　　第一章，铁弗匈奴的形成及早期活动。在此基础上对学术界关于铁弗匈奴族称、族源等问题进行回应。东汉末年，南匈奴右贤王去卑一支内迁并已经深入到中原内地，在中原王朝有关民族政策的影响下，去卑子刘猛迁居雁门，此后又率部叛逃出塞，与兴起于我国东北，因匈奴南迁而迁居匈奴故地的鲜卑错居杂处、混血融合，形成一个"胡父鲜卑母"的新族体。此族体至刘虎时始称"铁弗"。铁弗匈奴形成之后，逐渐成为北方比较强大的一支少数民族势力，其早期活动主要是与拓跋鲜卑争夺代北，后因多次失利而逃居朔方地区，与北方其他政权联系密切，接受封号，并继续与拓跋鲜卑隔河相争，最终以其政治中心代来城被攻破而暂告结束。

第二章，夏国的建立及其发展。从当时北方的形势分析了勃勃东山再起的原因以及建立夏政权的经过。夏政权建立之后，勃勃审时度势，对当时的形势及后秦内部的情况进行细致的分析，为新兴的夏政权制定了明确可行的政治目标，即以"云骑风驰""游食自若"的方式，逐渐蚕食后秦北方的领土，最终夺取长安。在这一战略方针指引下，夏政权仅用了十年的时间实现了既定目标，攻占了后秦都城长安，并称帝灞上。攻占长安之后，勃勃却拒绝了群臣的请求，放弃定都长安，重返统万。对于此举，本章从夏国当时所面临的政治形势及其所处的发展阶段进行了分析。

第三章，夏国的衰亡及其影响。勃勃攻占长安意味着夏国走向极盛，但同时也为其最终的灭亡埋下了伏笔。预期目标的实现，使得夏国必须面对两个比较强大的敌人——北魏和刘宋。这种情况的出现,使得夏国无法向南、向东发展,只能转而向西,因此勃勃多次攻扰西秦,与北凉联盟。425年,勃勃卒于统万城之永安殿,此前其诸子因太子的废立发生了权力之争,几方都动用了大量的兵力,导致夏国走向衰落,最终随着统万城的失守、赫连昌及赫连定的被擒,夏国灭亡。对于夏国衰落的原因,本章从内、外两个方面进行了分析。除此之外,对铁弗匈奴在夏政权灭亡之后的去向,即归入北魏、融入吐谷浑等情况也进行了论述,并在此基础上,分析了夏政权在中国历史上的影响及其对朔方地区的开发。

第四章,夏国的政治、军事制度。夏国的中央职官制度主要是沿袭了魏晋的职官制度,但是又有着自己的特点,即随意性和实用性。在地方行政体系上并不完全像学者们普遍认为的那样,只设州不设郡县。从文献及有关考古资料看,夏国也曾设有郡县,至于所设郡县的职能是什么、是否健全,因资料缺乏无法进行进一步的研究。但从中可以看出,夏国在攻占关中地区之后,试图在地方行政上有所作为,只是历史并没有给它提供这一机会而已。

第五章,夏国的经济、文化和社会生活。铁弗匈奴无论是建立政权之前,还是建立政权之后,主要是以游牧经济为主；虽然有农业，但大多是零星进行的，而且并不一定是铁弗匈奴本民族进行的。即使是在建立政权之后，甚至是攻占长安之后，夏政权都没有及时进行经济转型。

第六章，附论——大夏国都统万城研究。主要介绍和论述了统万城遗址的考古发现及研究概况；夏国建国初期统万城一带的生态环境以及与此相关的契吴山的地理位置；统万城的沿革，如与奢延城、大城的关系，统万城的基本布局等。

目 录

绪　论

　　中国自古以来就是一个多民族国家，经过数千年各民族的融合、发展和演变，形成了现在的56个民族。今天中国境内的各民族，都是古代民族在历史的大环境中，经过长期的相互融合、吸收、演变、发展而形成的。在中国各民族融合、形成的历史过程中，十六国时期是一个非常重要的阶段。其间，各政权频繁更替、战乱不休、割据混乱，各民族之间进行了一次空前的大迁徙和大融合。原有的、较为固定的民族居住区域被打破，实现了各民族之间的交错杂居，民族分布格局在我国北方进行了重新整合。在这个整合过程中，汉族与内迁游牧民族在政治、经济、文化等各个方面互相影响和渗透，彼此的民族意识、民族心理也发生了改变。内迁游牧民族从心理及民族意识上开始向汉族归合，逐渐融入汉族之中。相应地，汉族在通过各种途径对内迁民族及其所建政权施以潜移默化影响的同时，也积极吸收内迁民族的营养成分。因此，从民族形成的角度来说，十六国时期既是内迁民族汉化的阶段，也是汉族发展的一个非常重要的阶段。铁弗匈奴作为南匈奴去卑一支与南迁至匈奴故地的鲜卑混血后形成的一个新族群，是十六国时期非常活跃的一个民族。至其首领勃勃时建立"夏"国，成为十六国历史的一个重要组成部分。在统治的二十五年时间里，由于铁弗匈奴所具有的与其他内迁民族不同的个性，夏国无论政权建设还是民族意识方面，都显示出了与其他民族政权不同的特色，为我国古代历史增添了别样的光彩。对于这样一个民族及其建立的政权不进行专门的研究，无论是从中国古代史，还是从民族史的角度来讲都是一种不足和缺陷。从中国古代史研究的角度来说，如果缺少了对这一政权系统全面的研究作为支撑，那么，对于十六国时期的整体研究，进而对魏晋南北朝史的研究，都会显得缺乏说服力。从民族史的角度讲，铁弗匈奴作为中国古代民族的一员，也是中国古代民族史研究非常重要的一部分。因此对夏国系统全面的研究与正确的认识及公允评价，是十六国史与中国中古民族史的重要内容，也是一项非常重要的基础性工作；对于正确认识当时的政局变化、民族关系、民族心理、地理环境等方面有极大补充、匡正作用；而且通过对夏国的研究可以更好地理解魏晋南北朝时的历史。

　　夏国所建都城统万城，其遗址是我国境内目前唯一确知的匈奴城址。2001 年，靖边县人民政府在有关方面的支持下，开始提出以统万城遗址申报世界文化遗产的设想，为了支持和推进申报世界文化遗产的工作，深入、持续地开展并推进相关的研究就成为一个非常重要的工作。统万城遗址地处鄂尔多斯高原和毛乌素沙地南缘，"城址建筑物废墟的瓦砾层下，是原生自然堆积的细砂，钻深 13 米，已深入到城墙根基之下，仍是一色的黄砂，这证明砂是筑城前就有的了"[1]。这一特点使统万城成为沙漠历史地理考察的典型例证，在环境变迁研究方面具有十分重要的科学意义。同时，统万城又处在农牧两种经济形式交错的地区，是草原文化与农耕文化交融汇集的经典范例，成为北方农牧交错带上可以连续考察的地点。统万城独特的"蒸土筑城"建筑方法，也是城市建筑史上值得探索的问题。以上三个特点使统万城具有特殊内涵和意蕴，成为研究华夏民族的文化历史、建筑艺术和历史环境变迁的一个重要场所。正如侯仁之先生所言："一千五百多年前由北方游牧民族和汉民族共同修筑的统万城，是民族文化的丰碑，也是当时生态环境变

1　见陕西省文物管理委员会（戴应新执笔）《统万城址勘测记》，《考古》1981 年第 3 期。

迁的历史见证，值得认真地开展深入研究。"[1]

夏国史的研究也是榆林地区乃至陕北地区全面、协调发展的现实需要，是合理开发、利用和配置当地人文旅游与文化资源的基础性环节之一。随着煤炭、石油资源的开发利用，陕北地区开始引起全国乃至世界的注意。在此基础上，陕北经济必将有较大的发展。但是实现一个地区的可持续发展，必须要有相应的文化发展。对一个地区相关的历史知识及其所发生的相关历史过程的了解，可以为这个地区的可持续发展提供一些可资借鉴的历史经验，有助于一个城市或地区的有序开发、合理规划，同时可以提高当地人民的文化意识。

但是，对于铁弗匈奴及其所建立的政权，目前无论是国内还是国外，全面系统地对其进行研究的著作比较少见。在这方面值得一提的是戴应新先生，他撰写的《赫连勃勃与统万城》（陕西人民出版社，1990）对赫连勃勃及统万城等相关问题进行了详尽而可信的考证，对大夏国的基本情况进行了比较清晰但也稍显简略的勾勒。由于戴应新先生是大夏国都统万城考古发掘的主要参与者，故此书突出的

1　2002年4月8日，陕西师范大学西北历史环境与经济社会发展研究中心与日本大阪府绿色协力实践会合作，共同启动了"统万城绿色都市恢复行动计划"，侯仁之题词。题词见侯甬坚、李令福编《走向世界的沙漠古都——统万城》，《中国历史地理论丛》2003年专辑。

特点是比较详细地介绍了统万城发掘的一些考古资料。

目前所能看到的关于夏国的专题性研究，无论是国内还是国外，主要集中在夏国国都统万城，研究内容涉及城市发展史、战略位置、平面形态、空间布局、功能分区、建筑艺术及附近地区的环境变迁、经济形态等许多方面，比较全面、深入。在此方面用力较多的是陕西师范大学西北环境与社会经济发展研究中心的学者，他们多次召开有关统万城的专题学术会议，并出版了《走向世界的沙漠古都——统万城》《统万城遗址综合研究》等论文集，比较全面地展示了关于夏国国都统万城的研究成果。此后仍有一些学者继续就统万城问题进行研究：胡正波认为统万城西城南垣马面的功效兼具了生活和军事功能，但更多地体现在休憩、赏景等方面；[1]张永帅对十六国时期匈奴夏国国都统万城建造的起讫时间，统万城与汉奢延城、大城的关系，统万城的城制形态等相关的传统观点提出质疑；[2]陈喜波从统万城的命名、选址、城市形态设计几个方面，分析了其匈奴文化特色；[3]杨满忠认为统万城体现的历史文化特征是我国北方少数民族文化尤其是匈奴、鲜卑文化，党项

1　胡正波：《统万城西城南垣马面的建筑功用》，《山西建筑》2008年第4期。

2　张永帅：《关于统万城历史的几个问题》，《中国历史地理论丛》2008年第1辑。

3　陈喜波：《统万城址中的匈奴文化探析》，《榆林学院学报》2008年第5期。

西夏文化与华夏汉文化融合的结晶。[1]

　　除有关统万城的研究成果比较丰富外，关于大夏的有关专题研究仅见以下几篇文章。

　　代来城作为铁弗匈奴早期的活动中心，学者们对其地理位置用力颇多。日本学者市来弘志在《代来城的位置与现状》[2]一文中，详细分析了史籍中所载有关代来城的史实，对前人的记载和研究提出质疑，认为代来城应在今陕西榆林地区。此外，周伟洲先生在《十六国时期夏国新建城邑考》[3]一文中对夏国立国前后所建城邑做了详细的分析和考证，总结了夏国新建城邑的特点，认为夏国新建城邑不仅在当时对夏国的政治、经济发展起到了一定的作用，而且对以后内蒙古、陕西和宁夏的政治、军事及经济的发展也有着重大的影响。

　　日本学者三崎良章先生的《大夏年号考》[4]《大夏纪年墓志铭中"大夏二年"的意义》[5]二文，分析了大夏年号的特征、赫连勃勃的年号意识，并且从勃勃"真兴元年"所体现的特殊含义出发，深入分析了赫连勃勃的建国思

1　杨满忠:《统万城文化溯源》,《宁夏师范学院学报》2007年第2期。
2　此文烦请桑亚戈博士翻译, 深表谢意。
3　陕西师范大学西北环发中心编《统万城遗址综合研究》, 三秦出版社, 2004。
4　陕西师范大学西北环发中心编《统万城遗址综合研究》, 三秦出版社, 2004。
5　殷宪主编《北朝史研究:中国魏晋南北朝史国际学术研讨会论文集》, 商务印书馆, 2004。

想。市来弘志先生的《赫连勃勃的领土扩大过程》《赫连勃勃的领土扩大过程与农牧分界线》两篇论文，将赫连勃勃的领土扩大过程分为三个时期，并将这三个时期与农牧分界线相联系，发现这三个时期分别在游牧区、半农半牧区、农耕区展开，对照夏国这三个时期所需的时间，推断大夏是"最具有游牧性格"的国家之一。屈直敏先生《赫连勃勃国书考略》[1]一文，针对刘知幾《史通》一说进行辨析，认为赫连勃勃时期所修国书应是赵思群一人所修，时任太史令的张渊不可能参与修撰史书。

《统万城铭》是夏国历史上比较著名的文学作品，郭延龄等人对《统万城铭》进行研究并给予了极高的评价，认为它"从内到外，体现了一种魏晋以来文学上的变革精神"[2]；姚文波通过实地考察，查阅史料，对赫连勃勃墓地进行考证，认定赫连勃勃墓地应在统万城西十五里处，并不是统万城西北四千米处的查干屹台[3]；杨鲁安就大夏真兴钱的形制、书体及真伪问题加以考释[4]。

周建奇对"赫连"一词进行解释，认为赫连是"台合勒（Taiqal）这个复合词的后半部 qal'顶、头'的音译"，"勃

1　屈直敏:《赫连勃勃国书考略》,《敦煌学辑刊》1997 年第 1 期。
2　郭延龄、黄黎苏、黄济深:《〈统万城铭〉的文学价值》,载《统万城遗址综合研究》,三秦出版社,2004。
3　姚文波:《赫连勃勃墓地考》,《甘肃社会科学》2008 年第 6 期。
4　杨鲁安:《"大夏真兴"钱考》,《内蒙古金融研究》2003 年第 S2 期。

勃取 taiqal'山顶'后半段 qal'顶'，音译为'赫连'以自号"。[1]

除此之外，有关夏国的研究基本上散见于一些相关研究成果中，在魏晋南北朝断代史或魏晋南北朝断代民族史及匈奴民族史研究著作中，都或多或少地涉及铁弗匈奴所建立的夏政权。但是这些论著无论从哪个角度进行研究，对于夏政权的有关情况都只是做了一般性的比较概括或简单的介绍，没有进行深入的分析和研究。相对断代史或断代民族史来说，关于十六国时期的专题研究涉及夏政权的情况较为深入，主要集中在以下几个方面。

政治制度方面。政治制度研究是史学研究的一个传统课题，因此十六国时期政治制度方面的研究成果相对比较多，也比较深入。早在清代就有学者辑录十六国将相大臣、百官年表或表。其中缪荃孙的《夏百官表》对夏国的职官做了比较全面的整理；洪亮吉的《十六国疆域志》对十六国的历史地理进行研究的同时，对十六国地方行政制度也有所叙述。近现代研究十六国官制的论著较多，它们或从不同的角度对十六国官制进行研究，或研究其中某一个政权的官制。冯君实先生的《十六国官制初探》从后赵等几个政权中长史的地位、南凉官制的"拟于王而微异其名"的特点以及诸国京尹等几个方面分析，认为十六国时

1　周建奇：《释"赫连"》，《内蒙古大学学报》（哲学社会科学版）1989 年第 2 期。

期各国官制虽基本上仿中原官制，但亦具有时代特点。[1]周伟洲先生的《十六国官制研究》从最高统治者的名号、中枢、军事和地方官几个层面论述了十六国"五胡"所建政权对汉魏以后官制的承袭，对产生这种情况的原因、"五胡"政权官制中的特点进行了分析。[2]李椿浩的《十六国政权政治体制研究》探讨了十六国中央官制的特点及其变迁、地方统治体系等方面。[3]

十六国官制基本上是承袭了魏晋以后的官制的结论，学界大致达成共识。关于十六国时期的地方统治体制，学者们普遍认为基本上沿袭魏晋以后的州、郡、县三级制，但是大夏政权却只设州，不设郡、县，实施的是以镇或以城统民的方式，最早持这种观点的是清代的洪亮吉，其《十六国疆域志》卷十六按语云："朔方、云中、上郡、五原等郡自汉末至东晋久已荒废，赫连氏虽据有其地，然细校诸书，自勃勃至昌、定世，类皆不置郡县，惟以城为主。战胜克敌则徙其降虏，筑城以处之。"[4]此后大多数学者基本沿袭这一看法，在此基础上对此问题进

1　冯君实：《十六国官制初探》，《东北师大学报》（哲学社会科学版）1984年第4期。

2　周伟洲：《十六国官制研究》，《文史》2002年第1辑。

3　李椿浩：《十六国政权政治体制研究》，北京师范大学博士学位论文，2001。

4　洪亮吉：《十六国疆域志》卷16《夏国》，商务印书馆，1958，第440页。

一步深入研究的是牟发松先生。他在《十六国时期地方行政机构的军镇化》一文中着重分析了后秦、夏及西秦地方行政机构的军镇化，认为这种现象并不限于这三个政权，与这三个政权同时的其他割据政权差不多都程度不等地存在着形式不同的军镇化的地方行政系统。[1] 高敏先生的《十六国时期的军镇制度》持与牟发松基本相同的观点。[2] 在地方行政制度军镇化的基础上，牟发松进一步推断："赫连勃勃不设郡县，即使有州也是徒具空名。"任重先生的《十六国城市史二题》对十六国的城市进行研究，认为十六国时期普遍采取了以城市取代郡县的方式进行管理，而在这一方面，大夏的情况尤为突出。[3] 但目前出土的有关资料显示，对此应该做进一步的研究。

对于十六国时期许多政权中存在的"胡汉分治"，即所谓的"单于台"制，学者们不约而同地给予了高度的重视。比较重要且专门论述这一问题的著作有韩国学者朴汉济先生的《中国中世胡汉体制研究》、中国台湾学者刘学铣先生的《北亚游牧民族双轨政制》，比较重要的论文有

1　牟发松：《十六国时期地方行政机构的军镇化》，《晋阳学刊》1985 年第 6 期。

2　高敏：《十六国时期的军镇制度》，《史学月刊》1998 年第 1 期。

3　任重：《十六国城市史二题》，《福建论坛》（人文社会科学版）2000 年第 6 期。

周伟洲先生的《十六国时期的"胡汉分治"》[1]、邱久荣先生的《十六国时期的胡汉分治》[2]。除此之外，其他论著中对此问题也有所涉及，如王仲荦先生的《魏晋南北朝史》[3]、王俊杰先生的《西秦史钩沉》[4]、日本学者内田吟风先生的《匈奴史研究》[5]及上引冯君实先生的论文等。这些论著对"胡汉分治"的内容、产生的原因和背景、性质进行了探讨。大部分学者认为在十六国时期，各个政权在官制上存在着胡汉两个系统，在统治政策与机构上实行异族分治，从而使国家机构的设置上出现了双轨制，也就是既保留了原来中原汉族的职官制度不变，又继续沿袭了胡族部落国家系统的旧制。具体的体现是：第一，皇帝、单于二名号同时存在；第二，从中央至地方设立了专门管理胡人的机构，即两套机构同时存在。对此周伟洲先生又提出广义与狭义上的"胡汉分治"之分，认为十六国时期的某些政权虽然只有大单于之号，而无类似单于台之类的机构，但其国内仍然存在着"胡汉分治"。韩狄的《十六国时期的"单于"制度》一文，从文化的角度对"单于"制度进行了研究，

1　周伟洲：《十六国时期的"胡汉分治"》，载《西北历史研究》，三秦出版社，1986。

2　邱久荣：《十六国时期的胡汉分治》，《中央民族学院学报》1987年第3期。

3　王仲荦：《魏晋南北朝史》，上海人民出版社，1979。

4　王俊杰：《西秦史钩沉》，《甘肃师大学报》（哲学社会科学版）1981年第3期。

5　内田吟风：《匈奴史研究》，创元社，1953。

认为此制度虽源于匈奴，但在结构与功能上已发生变化，实际上是魏晋南北朝时期胡、汉两种文化涵化的结果，也是这一时期文化变迁的标识之一。[1] 除此之外，也有学者对十六国时期的选举制度[2]、史官制度[3]进行了研究，由于资料的缺乏，对夏国有关的情况皆不涉及。

军事制度也是十六国研究成果中较多、较深入的一个方面，高敏先生的《魏晋南北朝兵制研究》对十六国时期的兵制着力较多，涉及十六国时期的兵户制、护军制、军镇制等内容。在对兵户制研究的基础上，其对十六国时期的坑士之风进行了分析，认为赫连勃勃的坑士主要与当时普遍实行的兵户制有关，与赫连勃勃的嗜杀成性无关。[4] 陈玉屏先生的《魏晋南北朝兵户制度研究》对十六国时期兵户制进行专门研究。[5] 除了这些专著之外，还有一些相关的论文，如何兹全先生的《十六国时期的兵制》[6]，马欣、张习武的《十六国军制初探》[7]，旷天伟先生的《论十六国时期少

1　韩狄：《十六国时期的"单于"制度》，《内蒙古大学学报》（人文社会科学版）2001 年第 5 期。

2　如高蕴华《十六国选举制度刍议》，《内蒙古民族师院学报》（哲学社会科学版）1994 年第 3 期。

3　如牛润珍、杜英《十六国史官制度述论》，《齐鲁学刊》1998 年第 4 期。

4　高敏：《魏晋南北朝兵制研究》，大象出版社，1998。

5　陈玉屏：《魏晋南北朝兵户制度研究》，巴蜀书社，1988。

6　何兹全：《十六国时期的兵制》，载《燕园论学集》，北京大学出版社，1984。

7　马欣、张习武：《十六国军制初探》，《天津师范大学学报》（社会科学版）1990 年第 1 期。

数部族政权的兵役》[1]和《十六国时期胡族军队的给养》[2]等。
但这些论著主要是对前后赵、前后秦等几个民族政权的有
关情况进行研究，均不涉及夏国。另有如朱大渭、张文强
著《两晋南北朝军事史》[3]等论著，从中央和地方军事领导
指挥系统、军队体制、兵种、兵役制度、后勤供应等角度
分析了十六国时期的军制，也基本不涉及夏国。

对于护军制，学者们用力较多，如叶其峰先生的
《魏晋十六国时期的护军、中护军及护军印》[4]、冯君实先生
的《魏晋官制中的护军》[5]、高敏先生的《十六国前秦、后
秦时期的"护军"制》[6]、张金龙先生的《十六国"地方"
护军制度补正》[7]、吴宏岐先生的《护军制起始时间考辨》[8]、
周伟洲先生的《魏晋南北朝时期的护军制》[9]，另还有一些
著作中也涉及此问题。他们主要从"护军"起始时间、
渊源、性质、发展、建置及与军镇的关系等方面进行了

1　旷天伟：《论十六国时期少数部族政权的兵役》，《历史研究》1991 年第 6 期。
2　旷天伟：《十六国时期胡族军队的给养》，《南昌大学学报》（人文社会科学版）1990 年第 4 期。
3　朱大渭、张文强：《两晋南北朝军事史》，军事科学出版社，1998。
4　叶其峰：《魏晋十六国时期的护军、中护军及护军印》，《文物》1990 年第 1 期。
5　冯君实：《魏晋官制中的护军》，载《魏晋南北朝史论文集》，齐鲁书社，1991。
6　高敏：《十六国前秦、后秦时期的"护军"制》，《中国史研究》1992 年第 2 期。
7　张金龙：《十六国"地方"护军制度补正》，《西北史地》1994 年第 4 期。
8　吴宏岐：《护军制起始时间考辨》，《中国史研究》1997 年第 4 期。
9　周伟洲：《魏晋南北朝时期的护军制》，《燕京学报》1999 年第 6 期。

分析和研究，提出了各自不同的意见和看法。

高敏先生主编的《魏晋南北朝经济史》对十六国时期
的经济问题进行了全面的分析、探讨，但与其他中国经济
通史或魏晋南北朝经济史著作一样，对夏国的经济状况，
大多是一带而过，只是笼统地考察了夏国的经济形态是以
农业为主还是以游牧为主，或是二者并重。[1]还有的学者认
为游牧、农耕、掠夺三种经济形式共同构成了夏国的经济
支柱，对所谈到的几种经济形式的详细情况没有加以深入
研究。刘驰先生的《十六国官营手工业初探》一文，分析
了十六国时期手工业的特征，即官营手工业的畸形发展及
民营手工业的衰微。在此文中，作者谈到了夏国官营手工
业的情况，用相关数据说明夏国官营手工业的发达。[2]朱和
平《试论十六国时期的商业及其特征》从整体上对十六国
时期的商业进行把握，[3]另有胡玉春《大夏国人口问题初探》
一文，分析了夏国境内人口的急剧增减及对夏国农业、畜
牧业与生态环境的影响。[4]除此之外，其他关于十六国时期
经济情况的论文，大都不涉及夏国。

1　高敏主编《魏晋南北朝经济史》，上海人民出版社，1996。

2　刘驰：《十六国官营手工业初探》，《中国史研究》1993 年第 3 期。

3　朱和平：《试论十六国时期的商业及其特征》，《许昌师专学报》（社会科
学版）1996 年第 3 期。

4　胡玉春：《大夏国人口问题初探》，《内蒙古大学学报》（哲学社会科学
版）2008 年第 5 期。

对魏晋南北朝时期文化进行系统研究的主要是几部断代文化史，如万绳楠先生的《魏晋南北朝文化史》[1]、罗宏曾先生的《魏晋南北朝文化史》[2]，对夏国一些情况有所涉及。论文有朱大渭先生的《魏晋南北朝文化的基本特征》，此文分析了这一时期文化的四个基本特征，对十六国时期的文学、史学、宗教、艺术及科技等方面进行了全面的把握，其中对大夏国的冶炼业技术给予高度的评价。[3] 史实的《十六国时西北少数民族政权的文化建设》论述了少数民族政权的文化建设；[4] 刘幼生的《论十六国胡族政权中的汉族士族》分析了汉族士族在胡族政权中的作用；[5] 靳润成的《十六国国号与地域的关系》对十六国时期各政权的国号进行了分析。[6] 这几篇论文都谈到了夏国的相关情况。其他关于十六国时期文化的论文涉及文学、艺术、宗教等各个方面，但大多对夏国的情况没有涉及，如高生记的《十六国时期黄河流域佛教的发展》[7]《佛教与十六国社会》[8]。

1 万绳楠：《魏晋南北朝文化史》，黄山书社，1989。

2 罗宏曾：《魏晋南北朝文化史》，四川人民出版社，1989。

3 朱大渭：《魏晋南北朝文化的基本特征》，《文史哲》1993 年第 3 期。

4 史实：《十六国时西北少数民族政权的文化建设》，《开发研究》1991 年第 4 期。

5 刘幼生：《论十六国胡族政权中的汉族士族》，《晋阳学刊》1990 年第 3 期。

6 靳润成：《十六国国号与地域的关系》，《历史教学》1988 年第 5 期。

7 高生记：《十六国时期黄河流域佛教的发展》，《沧桑》2003 年第 2 期。

8 高生记：《佛教与十六国社会》，《山西师大学报》（社会科学版）1995 年第 4 期。

民族史的研究也是此时期非常重要的内容。综合研究魏晋南北朝民族史的著作，有黄烈先生的《中国古代民族史研究》[1]、白翠琴先生的《魏晋南北朝民族史》[2]及各种民族通史著作。族别史有林幹先生的《匈奴通史》[3]《匈奴史》[4]《中国古代北方民族史新论》[5]，马长寿先生的《乌桓与鲜卑》[6]《北狄与匈奴》[7]等。论文有唐长孺先生的《魏晋杂胡考》[8]，罗君的《十六国时期匈奴四政权建立及其异同》[9]《十六国匈奴政权短祚探缘》[10]《十六国匈奴政权特色再探》[11]，张辉的《论十六国时期少数民族的崛起》[12]等。在这些论著中，铁弗匈奴作为我国古代民族且建立过政权的一支，多有所涉及。

　　从整体上或理论上对十六国时期的民族融合、少数

1　黄烈:《中国古代民族史研究》，人民出版社，1987。

2　白翠琴:《魏晋南北朝民族史》，四川民族出版社，1996。

3　林幹:《匈奴通史》，人民出版社，1986。

4　林幹:《匈奴史》，内蒙古人民出版社，1979。

5　林幹:《中国古代北方民族史新论》，内蒙古人民出版社，2007。

6　马长寿:《乌桓与鲜卑》，上海人民出版社，1962。

7　马长寿:《北狄与匈奴》，生活·读书·新知三联书店，1962。

8　唐长孺:《魏晋杂胡考》，载《魏晋南北朝史论丛（外一种）》，河北教育出版社，2002。

9　罗君:《十六国时期匈奴四政权建立及其异同》，《重庆教育学院学报》2002年第5期。

10　罗君:《十六国匈奴政权短祚探缘》，《西华师范大学学报》（哲学社会科学版）2004年第5期。

11　罗君:《十六国匈奴政权特色再探》，《重庆教育学院学报》2005年第2期。

12　张辉:《论十六国时期少数民族的崛起》，《中央民族大学学报》1994年第2期。

民族政权及其上层贵族的汉化问题进行探讨的论文有：
黄烈先生的《五胡汉化与五胡政权的关系》[1]、朱大渭先生
的《儒家民族观与十六国北朝民族融合及其历史影响》[2]
等。此外，孙季萍的《五胡十六国时期我国少数民族政
权法律制度及其汉化进程》通过对少数民族政权法律化
的过程分析，认为少数民族的汉化，是出于少数民族政
权加强统治的需要。[3]针对这一观点，杨茂盛、刘柏冬
在《"五胡十六国"时期少数民族的汉化是其自身发展的
需要》一文中提出不同观点，认为这些少数民族的汉化
既是其自身经济发展的客观需要，也是其内部结构机制
发展的结果。[4]杨炳祥、陈金凤在《十六国时期胡汉合作
的再认识》中对十六国时期胡汉合作的特点、胡汉合作
对汉民族心理的影响、汉人在胡汉合作中的态度与作用
等问题加以探讨。[5]孔令艳的《简论十六国时期内迁胡族
封建化》从采用汉官制和发展农业生产两个方面分析了

1　黄烈:《五胡汉化与五胡政权的关系》,《历史研究》1963 年第 3 期。

2　朱大渭:《儒家民族观与十六国北朝民族融合及其历史影响》,《中国史
研究》2004 年第 2 期。

3　孙季萍:《五胡十六国时期我国少数民族政权法律制度及其汉化进程》,
《烟台大学学报》(哲学社会科学版) 1995 年第 2 期。

4　杨茂盛、刘柏冬:《"五胡十六国" 时期少数民族的汉化是其自身发展的
需要》,《民族研究》1997 年第 3 期。

5　杨炳祥、陈金凤:《十六国时期胡汉合作的再认识》,《华中理工大学学
报》(社会科学版) 1998 年第 4 期。

内迁胡族的封建化等。[1] 学者们对于胡族汉化问题，多是从汉族在少数民族政权内的入仕情况，上层贵族的崇儒以及重农、劝农等几个方面论述，对于夏国的情况谈论得比较少，即使是对十六国时期的汉化全面研究也有许多不足，大多都注意到了其理性方面，缺乏从感情方面探讨少数民族贵族对汉文化的认同，而在各民族之间的文化认同中，情感是十分重要的一个因素。周伟洲先生的《中国中世西北民族关系史》对这一时期的民族关系研究贡献较多，其中涉及夏国与周边其他政权的关系。[2] 对于少数民族姓氏进行研究的，前有《元和姓纂》《姓谱》《古今姓氏书辩证》等，后有姚薇元先生的《北朝胡姓考》[3]、陈连庆先生的《中国古代少数民族姓氏研究》[4] 等，涉及与夏国相关的姓氏。随着社会生活史在史学研究中日益受到重视和偏爱，关于十六国时期的研究成果也日渐增多，但是关于铁弗匈奴方面的研究目前还比较少见。

总之，关于十六国的研究，内容涉及政治、经济、文化、社会生活等各个方面，可谓是面面俱到，且有大

1　孔令艳:《简论十六国时期内迁胡族封建化》,《辽宁商务职业学院学报》2002 年第 1 期。

2　周伟洲:《中国中世西北民族关系史》,西北大学出版社,1992。

3　姚薇元:《北朝胡姓考》,中华书局,1962。

4　陈连庆:《中国古代少数民族姓氏研究》,吉林文史出版社,1993。

量的研究成果出现。但是这些研究成果都是针对十六国的整体情况做一些研究，就目前十六国的研究状况看，有关夏国的研究不多，而且存在着许多不足。首先，尚未出现系统阐述夏国史的专门性著作。20世纪80年代以来，十六国时期各少数民族建立的政权研究受到学者的重视，出现了许多论文及专著，如蒋福亚先生的《前秦史》[1]，周伟洲先生的《南凉与西秦》《汉赵国史》[3]，赵向群先生的《五凉史探》[4]，洪涛先生的《三秦史》[5]《五凉史略》[6]等，使十六国史的研究进一步深入，对这些少数民族建立政权的全面研究，为十六国时期的宏观研究提供了基础。其次，由于对夏国有关问题的研究大多是在对十六国整体把握的基础上进行的，对夏国的情况涉及较少，因此，这些研究显得比较零散且不够深入，有进一步研究的必要。最后，现有的研究仍然有一些空白点，如铁弗匈奴的形成、夏国的政治制度等。

　　研究夏国史，面临的最大困难是史料问题。十六国

1　蒋福亚:《前秦史》，社会科学文献出版社，2020年再版。

2　周伟洲:《南凉与西秦》，社会科学文献出版社，2021年再版。

3　周伟洲:《汉赵国史》，社会科学文献出版社，2019年再版。

4　赵向群:《五凉史探》，甘肃人民出版社，1996。

5　洪涛:《三秦史》，复旦大学出版社，1992。

6　洪涛:《五凉史略》，中国社会科学出版社，1992。

前后有关大夏国的史书[1]等先后散佚。目前所见关于夏国的史料，主要是魏收《魏书》、房玄龄《晋书》及司马光《资治通鉴》的有关部分。此外，还有宋代类书《太平御览》《册府元龟》等所录崔鸿《十六国春秋》的一些片断。而现存的三种《十六国春秋》[2]均为后人所辑录，错讹较多，只能做参考之用。

在这种情况下，夏国史的研究，只能利用现存的《魏书》《晋书》《资治通鉴》及北宋类书所引的《十六国春秋》。《晋书》载记三十卷，是"兼引伪史十六国书"而成，故在十六国史书散佚的情况下，成为研究十六国民族政权最重要的资料。此书卷130为《赫连勃勃载记》，是研究夏国史最重要的资料。从北宋司马光等修《资治通鉴》时另撰的《资治通鉴考异》得知，当时修《资治通鉴》时，崔鸿的《十六国春秋》及《纂录》可能还存在，故《资治通鉴》保存了许多《晋书》载记所没有的资料，也可作信史引用。至于《太平御览》等类书引《十六国春秋》的资料，除个别字句有错讹外，均系《十六国春秋》或《纂录》的原文，虽然数量不多，但它

1　崔鸿撰《十六国春秋》、萧方等编著《三十国春秋》。
2　《十六国春秋》一百卷，崔鸿撰，实为明代嘉兴人屠乔孙、项琳之所编；《汉魏丛书》本的《十六国春秋》十六卷，《四库提要》卷六十六疑为伪造；清代汤球辑《十六国春秋辑补》一百卷。

们也是所撰论文依据的主要资料之一。由于大夏政权存在的时间比较短，存留和发掘的地上与地下文物也不多，主要有统万城遗址，大夏国将军田兴墓葬的发掘及大夏石马、真兴铜钱等其他一些考古资料。

综上所述，本书主要是在前人研究的基础上，以正史资料为基础，兼及类书中的资料，同时借用一些考古资料，以唯物主义史观为指导，利用传统的历史学方法，以及民族学、心理学的相关理论和方法，对夏国史做一个全面系统的研究，以期构建夏国的整体历史框架。

全书共分六章。分别从铁弗匈奴的形成及其早期活动，夏国的建立及其发展，夏国的衰亡及其影响，夏国的政治、军事制度，夏国的经济、文化和社会生活，大夏国都统万城研究六个方面论述，并拟在以下几个方面有所突破。

对于铁弗匈奴的形成，学界虽然有所涉及，但大都比较简单和粗浅，且有一些不妥之处，基本上都论述为南匈奴与迁居匈奴故地的鲜卑混合而成。实际上，铁弗匈奴是已经迁入内地的南匈奴去卑一支，在中原政权有关民族政策的影响下重返代北之后，与迁居此地的鲜卑混血而成的，直至刘虎之时才正式以"铁弗"为号。关于铁弗匈奴形成之后的早期活动，学界的论述也比较笼统和散乱，本书将其细化，并作一全面、系统的论述，试图分析勃勃放弃汉朝宗室"刘"姓，改胡姓"赫连"的民族心态。

关于夏国的政治制度，学界基本达成共识，认为夏国在中央职官上沿袭了汉魏以后的官制，在地方统治体系上，与其他内迁民族建立的政权不同，只设州不设郡、县，实施的是以镇或以城统民的政策，但从文献及有关考古资料上看，夏国也曾设置郡县，至于所设郡县的职能是什么、是否健全，因资料缺乏无法进一步研究。但从中可以看出，夏国在攻占关中地区之后，试图在地方行政上有所作为，只是历史并没有给它提供这一机会而已。

随着统万城遗址的发现及考古上的发掘，统万城初建时期的生态环境成为一个热点，其中契吴山的地理位置又是一个争论的焦点，分歧比较大，本书第六章有一部分从两个方面论述了契吴山应当在统万城以北。

另外，本书也试图剖释夏国立国的基础、经营的得失及文化上的贡献，从中总结出一些有益的历史经验和教训。

第一章
铁弗匈奴的形成及早期活动

第一节　铁弗匈奴的形成

一　东汉以后南匈奴的内迁

匈奴是公元前 3 世纪兴起于大漠南北的一个民族，最早根据地在今内蒙古的阴山一带，当时匈奴部落首领冒顿征服蒙古草原周围各部，建立匈奴政权，以后与中原地区的秦、汉等政权发生了密切的关系。

两汉时期，匈奴与汉朝长期交往（包括战争），有一批投归汉朝，迁入内地居住。其中最大的一次是在西汉元狩二年（前 121），驻牧在今甘肃河西的浑邪王杀休屠王，率其众四万余人降汉，汉朝于塞外五郡设"属国"以处之，致使河西匈奴四万余人散处在汉边五郡（陇西、北地、上郡、朔方、云中）。[1]西汉神爵二年（前60）后，匈奴衰落，统治阶级内部长期陷入争权夺利的斗争之中，先是五个单于争立，后又演变为郅支单于与呼韩邪单于的对立。西汉甘露三年（前51），呼韩邪单于降汉，请居光禄塞下（今内蒙古固阳北）。从此，匈奴与汉朝的关系更为密切，开创了汉匈两族友好交往的新局面，并为东汉时南匈奴迁入内地，与汉族进一步融合打下了基础。以后，郅支单于西遁，呼韩邪单于势力增强，于西汉初元二年（前47）北徙回蒙古草原单于庭。

东汉建武二十三至二十四年（47~48），因统治阶级内部发生权力斗争，匈奴内部发生了第二次大的分裂，原呼韩邪单于的孙子比因不得立为单于，率所主南边八部众四五万人投降汉朝，八部大人共议立比为呼韩邪单于，沿用其祖父的名号，史称此部为南匈奴。而留在漠北的蒲奴单于，史称北匈奴，匈奴正式分为南北二部。建武二十五年（49），南匈奴破北匈奴单于帐，却地千里，复遣使到东汉，"奉藩称臣，献国珍宝，求使者监

1　班固：《汉书》卷94上《匈奴传上》，中华书局，1962，第3769页；司马迁：《史记》卷110《匈奴列传》，中华书局，1975，第2909页。关于"五郡"之名，学界有争议，王宗维认为是"陇西、北地、西河、上郡、朔方与五原郡"，此中朔方与五原为秦时五原郡之地，故计为一郡，见其《汉代的属国》一文，载《文史》第20辑。

护，遣侍子，修旧约"[1]。建武二十六年（50），东汉遣中郎将段郴等至南匈奴，立单于庭于五原西部塞（今内蒙古包头）八十里处。同年冬，南匈奴为北匈奴所败，于是汉朝令南单于庭徙庭于西河郡的美稷（今内蒙古准格尔旗北），后东汉"悉复缘边八郡"，允许南匈奴部入居。其分布大致是："使韩氏骨都侯屯北地（治富平，今宁夏青铜峡南），右贤王屯朔方（治临戎，今内蒙古磴口北），当于骨都侯屯五原（治九原，今内蒙古包头西），呼衍骨都侯屯云中（治云中，今内蒙古托克托北），郎氏骨都侯屯定襄（治善无，今山西左云西），左南将军屯雁门（治阴馆，今山西代县西北），栗籍骨都侯屯代郡（治高柳，今山西阳高），皆领部众为郡县侦罗耳目。"[2]其地大致相当于今甘肃东北、山西与陕西北部以及内蒙古呼和浩特至包头一带。这是匈奴部众第一次大规模地向汉朝沿边诸郡的迁徙。内附匈奴，"多历年所，户口渐滋，弥漫北朔"[3]。

东汉永和五年（140），南匈奴内部再次发生变乱，左部句龙王吾斯、车纽等叛，招诱右贤王合七八千骑围美稷，杀朔方、代郡长史，但为东汉军队所败。同年秋，吾斯等立车纽为单于，东引乌桓，西收羌戎及诸胡等数

1　范晔：《后汉书》卷89《南匈奴列传》，中华书局，1965，第2943页。
2　范晔：《后汉书》卷89《南匈奴列传》，中华书局，1965，第2945页。
3　房玄龄：《晋书》卷97《四夷列传》，中华书局，1974，第2548页。

万，攻破京兆虎牙营，攻掠并、凉、幽、冀四州。在这种形势下，南单于得到汉朝的允许，迁牙帐于西河离石县的左国城（今山西离石北）。东汉政府为了避免南匈奴叛众的侵扰，"乃徙西河治离石（今山西离石），上郡治夏阳（今陕西韩城），朔方治五原（今内蒙古包头）"[1]。因此，原来居住在西河北部、上郡、朔方等地的南匈奴进一步南下，集中到并州的汾水流域一带。

东汉末年黄巾军起义爆发，东汉逐渐失去了对南匈奴的控制，而南匈奴内部亦不断发生变乱。东汉中平四年（187），即黄巾起义爆发后三年，前中山相张纯反汉，率鲜卑进攻边郡。汉灵帝诏发南匈奴兵配给幽州牧刘虞讨伐叛乱者，于是当时的南匈奴单于羌渠派其子於扶罗率兵助汉，南匈奴部众恐单于发兵无已，群起反对。次年（188），南匈奴右部醢落与休著各胡白马铜等十余万攻杀羌渠单于。羌渠子於扶罗以其所率部众留居汉地，自立为南匈奴单于，至洛阳"诣阙自讼"。南匈奴中杀羌渠者怕於扶罗报杀父之仇，另立须卜骨都侯为单于。中平六年（189），汉灵帝死，国内大乱，於扶罗于是率数千骑与黄巾起义中的一支白波部合兵，攻河内（治今河南武陟西南）、太原（治今山西太原）诸郡，失利，欲

1　范晔：《后汉书》卷89《南匈奴列传》，中华书局，1965，第2962页。

返故地，国人不受，乃屯军于河东郡的平阳（今山西临汾）。[1] 须卜骨都侯立为单于后一年而死，南匈奴部众没有再拥立继位的人，"南庭遂虚其位"，以年老的氏族首长（老王）权行主持南庭的事务。[2]

屯于平阳一带的於扶罗后来参加了袁绍、袁术集团与曹操集团之间的战争。东汉初平二年（191），於扶罗与原并州刺史丁原和假司马张杨合兵依附袁绍，屯军于漳水。接着，於扶罗又劫持张杨叛袁绍，屯于黎阳（今河南浚县东北），董卓以张杨为建义将军、河内太守。[3] 初平三至四年（192~193），於扶罗又与黄巾军黑山部附于袁术，为曹操破于内黄（今河南内黄西）等地。[4] 东汉兴平二年（195），汉献帝由长安返洛阳，南匈奴右贤王去卑受杨奉、董承之招曾与原白波帅韩暹等击败李傕、郭汜等，护卫献帝。同年，於扶罗死，其弟呼厨泉立，仍设王庭于平阳。

关于去卑的一些情况，史书记载略有不同。有的记

1　范晔:《后汉书》卷89《南匈奴列传》，中华书局，1965，第2964~2965页；房玄龄:《晋书》卷101《刘元海载记》，中华书局，1974，第2645页。
2　范晔:《后汉书》卷89《南匈奴列传》，中华书局，1965，第2965页。
3　陈寿撰，裴松之注《三国志》卷8《魏书·张杨传》，中华书局，1959，第251页。
4　陈寿撰，裴松之注《三国志》卷1《魏书·武帝纪》，中华书局，1959，第9页。

为左贤王，如《魏书》卷95《铁弗刘虎传》、《北史》卷93
《刘武传》、《后汉书》卷9；有的则记为右贤王，如《晋书》
卷56、卷130，《太平御览》卷127引崔鸿《十六国春秋·夏
录》，《资治通鉴》卷72，《后汉书》卷89，《三国志》卷1
等。从以上所引的资料看，当时於扶罗率所部归汉之后，自
称南单于，后因其国人不附，不能返回离石，只能驻守在河
东平阳，而且只有数千骑的力量。此时去卑驻守之地在河
东，且所部也只有数千骑，这些情况与於扶罗的情况比较相
近，由此可知去卑是属于於扶罗的，而不归仍在离石单于
庭的老王所统。再加上有史书记载去卑诱骗单于呼厨泉入
（曹）魏，[1] 也可以作为去卑隶属于於扶罗的一个证据。如果
此推测正确，就可以说明去卑只能是右贤王，而不是左贤
王，因为当时刘元海之父刘豹为单于於扶罗的左贤王。[2]

　　到东汉建安七年（202），随着曹操在军阀混战中的
势力不断增强，南迁的大部分匈奴投靠曹操。但是掌握
了东汉大权的曹操对分布于黄河流域诸郡的南匈奴部众
并不放心，"恐其户口滋蔓，浸难禁制，宜豫为之防"[3]。
因此，建安二十一年（216）七月，乘南匈奴单于呼厨泉

1　房玄龄：《晋书》卷56《江统列传》，中华书局，1974，第1534页。
2　房玄龄：《晋书》卷101《刘元海载记》，中华书局，1974，第2645页。
3　司马光：《资治通鉴》卷67汉献帝建安二十一年，中华书局，1956，第
2146页。

及其名王来朝之机，遂留呼厨泉于邺（今河北磁县南），令呼厨泉右贤王去卑去平阳监其国。"单于岁给绵、绢、钱、谷如列侯，子孙传袭其号。"[1]又分原南匈奴为五部，每部立匈奴中贵者为帅，选汉人为司马监督之。曹操所分五部是：左部统万余落，居于太原故兹氏县（今山西汾阳南）；右部统六千余落，居祁县（今山西祁县）；南部统三千余落，居蒲子县（今山西隰县）；北部统四千余落，居新兴县（今山西忻州）；中部统六千余落，居大陵县（今山西文水县东北）。[2]至此南匈奴部众完全处于曹操的控制之下。

曹操分匈奴为五部，留匈奴单于呼厨泉于邺，本意是想瓦解匈奴的团结力量，削弱单于作为匈奴最高统治者的实权地位，使匈奴失去领导核心，以便于控制。这种"单于在内，羌夷失统，合散无主"的状况，虽然使得"单于之尊日疏"，达到了削弱单于实权的目的；但是曹操分匈奴为五部也只是把一统于单于的匈奴分为五个部分而已，并没有打破匈奴的部落组织，由此带来了另外一个后果，即"外土之威日重"。

呼厨泉继为单于时，前单于於扶罗之子刘豹为左贤

1　司马光：《资治通鉴》卷67汉献帝建安二十一年，中华书局，1956，第2147页。

2　房玄龄：《晋书》卷97《四夷列传》，中华书局，1974，第2548页。

王，曹操分五部时，豹为左部帅。左贤王为单于储副，左部在五部匈奴中人数又最多，因此在五部中起到核心作用，失去统帅的匈奴五部很快又团结在了"部族最强"[1]的左贤王刘豹周围，刘豹将五部匈奴"并为一部"[2]，故"其威日重"[3]。

南匈奴内部的聚合力在很大程度上破坏了曹魏分而治之的政策，对当时的曹魏政权产生比较大的威胁，引起当时朝中人士的忧虑。曹魏嘉平三年（251），任城阳太守的邓艾因"刘豹部有叛胡"而建议"因叛割为二国，以分其势"；又因右贤王去卑功显前朝[4]，但子不继业，应该加其子显号，使居雁门，以达到"离国弱寇"的目的。邓艾的着眼点是利用匈奴内部的矛盾，扶持反对刘豹的

1　司马光：《资治通鉴》卷75魏邵陵厉公嘉平三年，中华书局，1956，第2391页。

2　陈寿撰，裴松之注《三国志》卷28《魏书·邓艾传》，中华书局，1959，第776页。此处的"并为一部"应是指刘豹所起的实际作用而言，并不是真正将五部并为一部，部众全部由刘豹统领之意。

3　司马光：《资治通鉴》卷75魏邵陵厉公嘉平三年，中华书局，1956，第2391页。

4　此处的"功显前朝"，多数学者认为是指去卑护卫汉献帝之事，但黄烈认为"大概去卑在刘豹统一五部中起了不少阻碍作用，最少也给了曹魏政府起了通风报信的作用，所以才被誉为'功显前朝'"。去卑之子受排斥，不能有所作为，故"子不继其业"，见其《中国古代民族史研究》，人民出版社，1987，第195页。

力量，以分其势。史书载司马师"皆从之"[1]。对此有学者认为"当时掌握魏政的司马师虽纳艾之言，但事实上并未分割匈奴部众"[2]。这种分析比较准确，从此后匈奴的情况看，分割匈奴部众的目的没有达到，但是加去卑之子以"显号"的建议则极有可能得以实施。对于被加以"显号"的去卑之子，史书没有明确记载，但从此后去卑一支的活动分析，被加以"显号"的有可能是刘猛。对于刘猛的情况，史书所载略有不同，有的记为右贤王[3]，有的记为北部帅[4]，还有的记为单于[5]、中部帅[6]。笔者认为其所谓的"显号"有可能是右贤王。在曹魏分割匈奴势力的政策下，原匈奴的刘氏宗族演变为官僚贵族，统领五部匈奴，单于继承体制实际上被废除。但出于政治的需要，单于及左、右贤王的名号还予以保留，但只是虚号而已。

1　司马光：《资治通鉴》卷75魏邵陵历公嘉平三年，中华书局，1956，第2391~2392页。

2　周伟洲：《汉赵国史》，广西师范大学出版社，2006，第11页。

3　房玄龄：《晋书》卷101《刘元海载记》，中华书局，1974，第2648页。

4　魏收：《魏书》卷95《铁弗刘虎列传》，中华书局，1974，第2054页。

5　房玄龄：《晋书》卷97《四夷列传》，中华书局，1974，第2549页。对于此说，吕思勉在其《两晋南北朝史》一书中推测："盖刘猛时自称单于。"陈勇、雷家骥等人皆认同此观点。见陈勇《去卑监国的败局与屠各刘豹的崛起》（《民族研究》2007年第2期）及雷家骥《试论五胡及其君长的汉化思考》（2003年2月台湾中正大学历史系主办"汉化、胡化、洋化：中国历史文化的质变与多元性格国际学术研讨会"宣读论文）一文注释38。

6　房玄龄：《晋书》卷57《胡奋列传》，中华书局，1974，第1557页。

如惠帝时刘宣所说"我单于虽有虚号"[1]，而且刘宣在惠帝末还任过左贤王。这说明单于，左、右贤王的称号还存在，而且刘猛的父亲去卑曾担任过右贤王。因此刘猛极可能被加以右贤王的"显号"，但其实际统领的部众却是势力比较弱的北部（北部统四千余落，居新兴县，按一落七人计算，北部有二万多人）。[2] 如此，则已经深入至河东平阳一带活动的南匈奴去卑的一支，于刘猛时又迁居到代北一带。

匈奴五部为魏晋所统治，其社会地位和经济生活都发生了一些变化。南匈奴的统治阶级丧失对匈奴部众直接统治的权力，虽然他们保留着原匈奴行政组织系统的官号，但又接受魏晋所给予的封号（如部帅、都尉等），对其部众只能间接统治。这种情况正如刘渊的从祖刘宣所说："自汉亡以来，魏晋代兴，我单于虽有虚号，无复尺土之业，自诸王侯，降同编户。"[3] 因此迁居到代北一带的匈奴右贤王刘猛"不胜其忿"，于西晋泰始七年（271）春正月，叛晋出塞，屯于孔邪城，同年十一月"连接外虏"（此处之"外虏"，当指留在塞外未内徙的各游牧民

1　房玄龄：《晋书》卷101《刘元海载记》，中华书局，1974，第2647页。

2　以右贤王兼北部帅统领五部中的一部这种情况极有可能存在，刘宣就曾以左贤王兼北部都尉，见《晋书》卷101《刘元海载记》，第2647页。

3　房玄龄：《晋书》卷101《刘元海载记》，中华书局，1974，第2647页。

族），寇掠并州，被并州刺史刘钦击破。次年春，监军何桢再次讨伐刘猛，但因刘猛所率部众"凶悍，非少兵所制"，只好用计潜以利诱刘猛之左部帅李恪[1]，"恪杀猛以降"[2]，使得"匈奴震服，积年不敢复反"[3]。

　　关于刘猛叛塞的原因，有学者认为是"一次匈奴贵族为争夺权力、地盘，而不惜对抗匈奴族之汉化和进步，想把匈奴族重新拉回塞外，摆脱统一王朝管辖的叛乱"[4]，这一结论似乎过于简单和概念化。事实上，内迁匈奴入居内地后，曹魏统治者对他们进行分而治之及压迫剥削，匈奴王侯贵族"降同编户"，一般的匈奴部民有的变成魏晋统治阶级的"义从""勇力吏兵"，四处为统治者打仗，有的则沦为汉族士家豪门的"部曲""田客"，有的还沦为汉族豪右的奴隶，因此"从刘猛至刘渊都是从统治者要求恢复部落中的统治出发结合人民解除奴役的要求而发动斗争的"[5]，这一分析当比较合理。

1　《晋书》卷57《胡奋传》（第1557页）载李恪为刘猛"帐下将"。

2　司马光：《资治通鉴》卷79晋武帝泰始八年，中华书局，1956，第2519页。

3　房玄龄：《晋书》卷97《四夷列传》，中华书局，1974，第2549页。

4　祝总斌：《评晋武帝的民族政策——兼论匈奴刘猛、鲜卑树机能反晋之性质》，载中国魏晋南北朝史学会编《魏晋南北朝研究》，四川省社会科学院出版社，1986，第193页。

5　唐长孺：《晋代北境内各族"变乱"的性质及五胡政权在中国的统治》，载《魏晋南北朝史论丛（外一种）》，河北教育出版社，2002，第138页。

刘猛因叛被其部将所杀之后，猛之子副仑投奔拓
跋鲜卑，猛之部众则由去卑另一子诰升爰[1]（又名训儿[2]）
代领。诰升爰似乎不再享有西晋王朝的封号，原因大致
有二。一是西晋王朝对于其父辈有叛逃出塞行为的诰
升爰不可能加以任命，此后因部将叛乱而将其酋长免
官的事情可以作为一个佐证。西晋元康（291~299）末
年，刘元海因其"部人叛出塞"曾被免官。[3]二是从与
诰升爰同时，史书所载担任匈奴都尉、部帅的一些情况
看，西晋王朝对诰升爰的任命也是不可能的。西晋太康
年间（280~290），刘元海为北部都尉，永熙至永兴年间
（290~306），刘宣为北部都尉、左贤王[4]，西晋王朝不可能
同时任命几个北部都尉或部帅，而从诰升爰的游牧区域
及刘猛曾担任北部帅看，诰升爰只能为北部帅。由此可
以推断，自刘猛之后，南匈奴去卑一支与西晋王朝的联
系日渐减少。

　　诰升爰在其兄弟刘猛叛塞被杀之后并没有率所领的
南匈奴部众返回塞内，而是仍旧在塞外（今内蒙古凉城、

1　《北史》卷93《僭伪附庸列传》（第3062页）作"诰汁爰"。

2　《晋书》卷130《赫连勃勃载记》（第3214页）及《太平御览》卷127《偏
霸部》（第616页）引《十六国春秋·夏录》皆作"训儿"。

3　房玄龄：《晋书》卷101《刘元海载记》，中华书局，1974，第2647页。

4　房玄龄：《晋书》卷101《刘元海载记》，中华书局，1974，第2647页。

山西右玉一带）驻牧，[1] 其主要的活动区域在今山西北部、内蒙古中东部一带，也就是所谓的代北地区。

二　铁弗匈奴的形成

匈奴北部帅刘猛叛逃出塞及诰升爰代领部众之时，正是鲜卑中的一支拓跋鲜卑再次南迁之际。

在匈奴南迁的过程中，兴起于我国东北大兴安岭地区的鲜卑也开始向西、向南迁徙。鲜卑是我国古代东胡系统民族之一，西汉初年，东胡被匈奴冒顿单于击破后，鲜卑与在其南边的乌桓均受匈奴的役属，并与汉朝保持时战时和的关系。西汉元狩四年（前119），霍去病击破匈奴左地，西汉政府迁乌桓于上谷、渔阳、右北平、辽西、辽东五郡塞外，即今老哈河、滦河上游以及大小凌河一带，为鲜卑人南下留下极为广阔的生存空间，于是鲜卑也跟着向西、南推进，移居于乌桓先前所在的西拉木伦河流域（即史书所载的饶乐水）。

匈奴分裂后，南匈奴入塞附汉，北匈奴远徙漠北，在漠南活动的比较强大的只有乌桓和鲜卑。建武二十五

---

1 《水经注》卷3《河水》注有黄河支流中陵水（今浑河），右合一水曰诰升袁河。学者认为此"诰升袁"当为刘虎之父"诰升爰"，并由此推断诰升爰领铁弗之部时曾在此一带驻牧，见田余庆《拓跋史探》（生活·读书·新知三联书店，2003，第150页）。

年（49），乌桓得到东汉政府的允许，从塞外移居至辽东属国等缘边十郡塞内，鲜卑跟着向东迁徙至原乌桓占据的老哈河流域，与东汉"始通驿使"。东汉永平元年（58），鲜卑击破赤山乌桓，占领赤山（今内蒙古赤峰市），斩乌桓大人歆志贲。[1]从此，乌桓在塞外的根据地尽失，乌桓大都转入塞内，依附东汉，鲜卑的势力在塞外占了优势。东汉永元（89~105）中，北匈奴为汉朝与乌孙、丁零、乌桓、鲜卑等击败，被迫离开了蒙古草原西迁，于是鲜卑大规模地成扇形南迁西徙，占据了北匈奴曾经盘踞的漠北地区，势力强盛。

东汉后期桓帝时（147~167），鲜卑首领檀石槐"南钞汉边，北拒丁令，东却夫余，西击乌孙，尽据匈奴故地，东西万二千余里，南北七千余里"[2]，建庭于高柳（今山西阳高县）北三百里之弹汗山（今内蒙古商都县附近）啜仇水（今东阳河），建立起一个强大的军事部落联盟。东汉桓帝永寿、延熹年间（155~167），鲜卑屡扰汉朝云中、雁门及其他边郡，拒绝接受封王号及和亲之议。檀

1　范晔：《后汉书》卷90《鲜卑列传》，中华书局，1965，第2986页。又《三国志》卷30《魏书·鲜卑传》（第837页）注引王沈《魏书》作"钦志贲"。
2　陈寿撰，裴松之注《三国志》卷30《魏书·鲜卑传》注引王沈《魏书》，中华书局，1959，第837页。《后汉书》卷90《鲜卑传》（第2989页）作"东西万四千余里"。

石槐把他统治下的蒙古草原划分为三部，每部各设大人统领，"制属檀石槐"。三部中的西部，从上谷以西至敦煌，西接乌孙，约二十余邑，其大人有置鞬落罗、日律推演、宴荔游（一说即燕荔阳）等，皆为大帅。其中的日律推演，即拓跋力微之祖父献帝邻。[1]

檀石槐军事部落联盟至灵帝时（168~189），"大钞略幽、并二州。缘边诸郡，无岁不被其毒"[2]。但由于部落联盟中的各部大人"割地统御，各有分界"[3]，彼此间的结合并不稳固，所以檀石槐一死，这个军事联合体便随之瓦解，鲜卑又分为许多互不相属的分支。虽然自曹魏太和二年至青龙元年（228~233），鲜卑轲比能先后兼并了其他的鲜卑部落集团，统一了漠南地区，从"云中、五原以东抵辽水，皆为鲜卑庭"[4]，但在曹魏政权的离间与征伐之下，轲比能的统治并没有维持多久，鲜卑联盟再一次分崩离析。

在这些南迁西徙的鲜卑集团中，有一支为拓跋鲜卑。

1　马长寿:《乌桓与鲜卑》，上海人民出版社，1962，第242页。但黄烈对此持不同意见，见其《中国古代民族史研究》，人民出版社，1987，第277~278页。

2　陈寿撰，裴松之注《三国志》卷30《魏书·鲜卑传》注引王沈《魏书》，中华书局，1959，第838页。

3　陈寿撰，裴松之注《三国志》卷26《魏书·田豫传》，中华书局，1959，第727页。

4　陈寿撰，裴松之注《三国志》卷30《魏书·鲜卑传》注引王沈《魏书》，中华书局，1959，第831页。

拓跋氏原居于额尔古纳河流域和大兴安岭北段，"统幽都之北，广漠之野，畜牧迁徙，射猎为业"[1]。至拓跋氏远祖成帝毛时（约在公元前2世纪后期至1世纪前期，相当于西汉武帝在位期间），"为远近所推，统国三十六，大姓九十九"。毛下传至宣帝拓跋推寅（约公元1世纪前期）时，正值东汉初年，北匈奴西迁，南匈奴保塞，拓跋鲜卑乘隙第一次南迁，至"大泽"，即今呼伦池。推寅后经六世，至献皇帝邻时，准备第二次南迁，但因年老体弱，以位授子诘汾，诘汾遵命再次率拓跋部众南迁，几经险阻，到达匈奴故地，即今河套北部阴山一带。

到力微之时，拓跋本支主要游牧于上谷（治今河北省怀来县）以西、云中（今内蒙古托克托县）一带。曹魏黄初元年（220），统领拓跋部众的力微遭到西部大人蒲头的侵袭，以至"国民离散"。力微无法抵抗，往依五原郡（治今内蒙古包头市西北）没鹿回部大人窦宾（纥豆陵宾）之下，与宾共同攻打西部。后在窦宾的准许之下，北居长川（今内蒙古兴和县一带），经过十余年经营，诸部旧民渐往归附。至曹魏正始九年即神元二十九年（248），力微杀死了窦宾之子它，并其部众，"控弦上马二十余万"。曹魏甘露三年（258），拓跋部迁居于汉

1　魏收：《魏书》卷1《序纪》，中华书局，1974，第1页。

定襄郡的盛乐（今内蒙古和林格尔县），同年四月，举行
祭天大会，惩杀观望不至的白部大人，[1]拓跋部在部落联盟
中大酋长的地位确立起来。至元康五年（295）猗卢总摄
三部之时，已"控弦骑士四十余万"，成为塞上的一支劲
旅，且"始出并州，迁杂胡北徙云中、五原、朔方。又
西渡河击匈奴、乌桓诸部。自杏城（今陕西黄陵县西南）
以北八十里，迄长城原，夹道立碣，与晋分界"[2]。如此一
来，南下的拓跋部便与率部于代北一带活动的南匈奴去
卑之子诰升爰部紧邻。

　　于是，迁居草原中、西部的鲜卑就与留居及重新
返回塞外的南匈奴等错居杂处，随着时间的推移，各族
间接触频繁、交往加深，出现了许多鲜卑与匈奴等族融
合的后代，铁弗匈奴即其一。至于"铁弗"的含义，按
《魏书》卷95《铁弗刘虎列传》记："北人谓胡父鲜卑母
为'铁弗'，因以为号。"[3]由此可知"铁弗"一词是"胡
父鲜卑母"之意。马长寿先生进一步解释"铁弗"为
"'Tuba'的对音，其义指两种姓杂交而生的新的种姓，
在初时草原部民并无任何卑下之意"[4]。日本学者白鸟库吉

1　魏收：《魏书》卷1《序纪》，中华书局，1974，第3页。

2　魏收：《魏书》卷1《序纪》，中华书局，1974，第6页。

3　魏收：《魏书》卷95《铁弗刘虎列传》，中华书局，1974，第2054页。

4　马长寿：《北狄与匈奴》，生活·读书·新知三联书店，1962，第102页。

则解释为满语"dufe 之对音，野合之义也"[1]。

匈奴与鲜卑两族何时发生融合，史未明载。《魏书》卷1《序纪》中记载率部南迁的鲜卑首领诘汾与匈奴故地的天女结合，于是生有力微，故事有点儿荒诞，有附会之嫌。据史载推断，诘汾率部南迁至匈奴故地之时，大约是东汉桓、灵二帝时期（170 年前后），正是檀石槐部落联盟瓦解之时，因此有些学者推测两族开始通婚可能在东汉末年鲜卑檀石槐部落联盟瓦解、拓跋鲜卑的第七代始祖第二推寅由漠北草原北部西移及后来南移至漠南匈奴故地之后。[2] 鲜卑南迁匈奴故地，为两个民族之间的通婚、融合提供了可能，而且两个民族之间的通婚应该非常普遍，因此出现了"胡父鲜卑母"的铁弗匈奴及"鲜卑父胡母"的拓跋鲜卑。[3] 但是值得注意的是，"鲜卑父胡母"的拓跋鲜卑形成时间比"胡父鲜卑母"的铁弗匈奴早，拓跋鲜卑是"鲜卑人从呼伦贝尔湖区往蒙古草原西部漫长的迁徙旅途中产生的"[4]，而铁弗匈奴则是在去卑的后代（即刘猛）重新回到代北一带活动时才有可能

1　白鸟库吉：《东胡民族考》，方壮猷译，商务印书馆，1934，第 142 页。

2　马长寿：《乌桓与鲜卑》，上海人民出版社，1962，第 3 页；林幹：《匈奴通史》，人民出版社，1986，第 110 页。

3　马长寿：《乌桓与鲜卑》，上海人民出版社，1962，第 3、30 页。

4　马长寿：《乌桓与鲜卑》，上海人民出版社，1962，第 247 页。

出现的。

从《魏书》卷95《铁弗刘虎列传》始称刘虎为"铁弗"看，铁弗匈奴正式形成当在刘虎之时。关于去卑后裔及其所率南匈奴部众与南下的鲜卑部众通婚的情况，在刘虎之前未见记载，但其部首及部众与鲜卑的通婚情况应是普遍存在的，否则就不会有"铁弗"名称的出现。在刘虎之后，两族之间通婚见于记载的有：东晋大兴元年（318），攻打拓跋代国的刘虎被拓跋郁律击败，刘虎之从弟路孤率部逃至拓跋部，拓跋郁律以女妻之。[1]晋成帝咸康七年（341），刘务桓"遣使求和于代"，代王拓跋什翼犍"以女妻之"。[2]晋穆帝升平四年（360），"昭成以女妻卫辰（务桓之子）"[3]。史籍所载这些两族通婚的例子，也可作为铁弗匈奴为"胡父鲜卑母"之说的注释。

对于"铁弗"与"拓跋"的关系，有学者怀疑"拓跋即铁弗之异译，乃匈奴与鲜卑之混血族也。胡俗重母，故拓跋氏自称鲜卑，而讳言匈奴"[4]。也正是因为拓跋鲜卑

1　魏收:《魏书》卷1《序纪》，中华书局，1974，第9页。

2　司马光:《资治通鉴》卷96晋成帝咸康七年，中华书局，1956，第3046页。

3　魏收:《魏书》卷95《铁弗刘虎列传》，中华书局，1974，第2055页；司马光:《资治通鉴》卷101晋穆帝升平四年，中华书局，1956，第3182页。

4　姚薇元:《北朝胡姓考》，中华书局，1962，第6页。

与铁弗匈奴这两个民族之间经常通婚、融合，才会有仇池公杨盛说的"索虏勃勃，匈奴正胤"[1]。对于这句话，马长寿先生认为当时"草原种姓和中国内地一样，是实行父系父权制的，所以以匈奴为父系、鲜卑为母系交配而生的铁弗或铁伐氏仍然称为匈奴"。因此"勃勃既非索虏，亦不能谓为匈奴正胤，想系传闻误"[2]。其实杨盛与马长寿先生的说法都有一定道理，从铁弗匈奴的来源看，其祖去卑为匈奴之右贤王，而且是南单于呼厨泉的叔父[3]，他们都是匈奴单于虚连题氏，因此可以说是匈奴正胤，而且其形成之后，其上层贵族经常与拓跋鲜卑通婚，而拓跋鲜卑又被目为"索虏"。而马先生的说法则是将铁弗匈奴作为匈奴与鲜卑混血后形成的新的族体而言，它既非纯粹的匈奴，也已非纯粹的鲜卑，而是一个新的族体，故有否定上述杨盛所说的论述。对于杨盛所说，台湾学者雷家骥先生认为，"仅是随着赫连氏之宣传，而随便说说罢了"[4]。

值得注意的是，关于铁弗匈奴的族源，有关史书

1　萧子显：《南齐书》卷57《魏虏列传》，中华书局，1972，第984页。

2　马长寿：《北狄与匈奴》，生活·读书·新知三联书店，1962，第103页正文及注释2。

3　李延寿：《北史》卷53《破六韩常列传》，中华书局，1974，第1902~1903页。

4　雷家骥：《试论五胡及其君长的汉化思考》，2003年2月台湾中正大学历史系主办"汉化、胡化、洋化：中国历史文化的质变与多元性格国际学术研讨会"宣读论文。

记载的比较清楚，"赫连勃勃字屈孑，匈奴右贤王去卑之后，刘元海之族也"[1]，其说主要源于崔鸿《十六国春秋·夏录》[2]；《魏书》卷95《铁弗刘虎列传》曰"铁弗刘虎，南单于之苗裔，左贤王去卑之孙，北部帅刘猛之从子"[3]，对于此问题本无太大争议，皆认为铁弗即匈奴左（右）贤王去卑之苗裔。但是由于匈奴经过两次大的内乱之后，分裂为南、北两部分，在此基础上，对于铁弗匈奴的来源就有南、北匈奴之分，如学者林幹认为：公元91年北单于逃亡后，"还有一部分散处漠北各地的北匈奴残留部落，在拓跋鲜卑的祖先由草原的东北角大鲜卑山西移及后来南移的过程中，与鲜卑人互相错居杂处和通婚，因此又出现了匈奴父鲜卑母的铁弗（或称'铁弗匈奴'）"[4]，意即铁弗匈奴是北匈奴残部与鲜卑混血后裔。

---

1 房玄龄：《晋书》卷130《赫连勃勃载记》，中华书局，1974，第3201页。

2 李昉：《太平御览》卷127《偏霸部》，中华书局，1960，第615页。

3 魏收：《魏书》卷95《铁弗刘虎列传》，中华书局，1974，第2054页。

4 林幹：《匈奴通史》，人民出版社，1986，第110页。但同时他在同书的另一章又说："汉代内迁的匈奴，在魏晋南北朝时期有了很大变化。除南匈奴外，这时分解出名为'屠各'（通称屠各胡）的一支却活跃起来。南匈奴和屠各俱散居今甘肃、陕西、内蒙古和山西一带，其中以聚居在山西的为最多最强。这两部分匈奴人，在公元四世纪的头三十年间联合起来，先后在山西和陕西建立了'汉—前赵'政权。……由匈奴与鲜卑两族融合而产生的新的一支——铁弗匈奴，原先居于今内蒙古河套一带，在五世纪的头三十年，在今陕北一带建立了'大夏'政权。"似乎又说铁弗匈奴是南匈奴与鲜卑混血而成，不知孰是孰非。

但是，《魏书·铁弗刘虎传》明确记载，铁弗匈奴为南匈奴左（右）贤王去卑的苗裔。而去卑的活动范围也能说明这一点：汉献帝时期，去卑曾随南匈奴内迁，一度活动在今山西中、南部，河南北部一带。建安二十一年（216），曹操留呼厨泉单于于邺，令去卑去平阳（今山西临汾）监国，只是到了嘉平三年（251），使去卑后裔居雁门[1]，去卑一支才再次回到山西北部地区。因此，准确地说铁弗匈奴应该是由南迁匈奴的一支去卑后裔刘猛，于泰始七年（271）春正月率部叛逃出塞后，与居于此地的南迁鲜卑混血而成。当然铁弗匈奴形成之后，也不断吸收其他民族成分，如夏国桓文皇后勃勃之母苻氏[2]，"苻"是氏族的姓氏，说明勃勃本身也有着氏族的血统，是魏晋南北朝时期的一种"杂胡"。

史书对铁弗匈奴的族源记载为匈奴与鲜卑混血后裔，本无太大争议，但因《十六国春秋》记载赫连勃勃为刘元海之族，而学术界对于刘元海的族属有争议，由此关涉铁弗匈奴族属问题。关于刘渊世系，基本可以分为两种观点：日本学者内田吟风及国内学者姚薇元先生均谓

1　司马光：《资治通鉴》卷75魏邵陵厉公嘉平三年，中华书局，1956，第2391页。

2　房玄龄：《晋书》卷130《赫连勃勃载记》，中华书局，1956，第3213页。

刘渊出于屠各[1]，唐长孺先生进而论证屠各刘渊并非南匈奴一族[2]，学者马长寿、林幹、王仲荦、陈勇等人继之[3]；黄烈、周伟洲先生认为刘渊之祖为南单于后裔，之所以被称为屠各，是因为在当时屠各已经成为一种泛称。[4]陈琳国也认可刘渊是南匈奴单于嫡裔，同时认为，"南匈奴五部都以屠各刘氏为部帅，故五部匈奴都称为屠各，这不是所谓屠各之称的泛化"[5]。

从史书记载的有关事件看，刘豹应是南单于之后。咸熙年间（264~265），刘豹之子刘渊"为任子在洛阳"，

1　内田说见《关于南匈奴的研究》，载《北亚细亚史研究——匈奴篇》，此文原载《史林》第十九卷第二号，题为《从后汉末期至五胡乱华时匈奴五部的形势》；姚说见《北朝胡姓考》内篇"勋臣八姓·刘氏"条，中华书局，1962。（周伟洲先生认为内田吟风详细论述了刘渊一族系出自南匈奴单于一族，并认为刘渊一族及匈奴乔氏、卜氏、兰氏等皆为屠各种，即笼统地把魏晋时期匈奴单于一族及其他匈奴混称为"屠各"的事实，见周伟洲《汉赵国史》，广西师范大学出版社，2006，第23页。）

2　唐长孺：《魏晋杂胡考》，载《魏晋南北朝史论丛（外一种）》，河北教育出版社，2002，第383、388页。

3　马长寿：《北狄与匈奴》，生活·读书·新知三联书店，1962；林幹：《匈奴史》，内蒙古人民出版社，1979；王仲荦：《魏晋南北朝史》，上海人民出版社，1981；陈勇：《去卑监国的败局与屠各刘豹的崛起》，《民族研究》2007年第2期；陈勇：《并州屠各与南匈奴》，载《周一良先生八十生日纪念论文集》，中国社会科学出版社，1993。

4　黄烈：《中国古代民族史研究》，人民出版社，1987，第212页；周伟洲：《汉赵国史》，广西师范大学出版社，2006，第23页。

5　陈琳国：《休屠、屠各和刘渊族姓》，《北京师范大学学报》（社会科学版）2006年第4期。

这证明了刘豹在五部中的特殊地位。刘豹死后刘渊代为左部帅。太康十年（289），刘渊改任北部都尉，刘渊以北部人任左部帅，又以左部帅任北部都尉，招致史家质疑。刘渊能在左部、北部之间调动，与其说"是因为左部、北部都是并州屠各的势力范围，其职位的变更，不过是在并州屠各内部的移动"[1]，不如说刘渊是南单于后裔的一个有力证明。而且从刘豹、刘渊及刘聪的婚姻关系也完全可以证明刘渊是南单于之后。《晋书·刘元海载记》有刘豹妻呼延氏嘉平年间（249~254）至龙门祈子而得元海的故事。此事虽系汉赵史官附会之辞，然屠各刘豹与南匈奴"名族"呼延氏通婚，应是事实。自刘豹起，渊、聪皆娶呼延氏女为妻。[2] 而史书记载，"呼衍氏、兰氏，其后有须卜氏，此三姓，其贵种也"[3]，"常与单于婚姻"[4]。从以上几个方面看，刘渊是匈奴单于后裔应该是可信的，铁弗匈奴也应是匈奴单于后裔。况且，即使认为刘渊为

1　陈勇：《去卑监国的败局与屠各刘豹的崛起》，《民族研究》2007年第2期。

2　《晋书·刘元海载记》："元海……僭即汉王位……立其妻呼延氏为王后。"（第2649~2650页）刘渊妻即呼延翼女、呼延攸姊（妹）。同书《刘聪载记》："（聪）僭即皇帝位……立其妻呼延氏为皇后。"（第2658页）《太平御览》卷142《皇亲部》引《三十国春秋·前赵录》载："刘聪皇后呼延氏，渊后之从父妹。"（第694页）

3　班固：《汉书》卷94上《匈奴传上》，中华书局，1962，第3751页。

4　范晔：《后汉书》卷89《南匈奴列传》，中华书局，1965，第2945页。

屠各的学者，仍确信刘虎是南单于之苗裔。[1]

田余庆也认为铁弗匈奴是屠各后裔[2]，同时他又认为"铁弗与独孤，早就具有乌桓名称"[3]。对于铁弗匈奴的这一称呼，李志敏认为原因是"刘虎所部自刘猛时已为乌丸别部"[4]。唐长孺先生的解释则是："铁弗之被称为乌丸是由于在血统上与所领部落上都有混杂之嫌"，"此时乌丸已是'杂人''杂类'的泛称"。[5] 陈琳国也认为："铁弗还与当时的乌桓发生深刻的混杂关系，而被冠以乌桓之名。"[6]唐长孺与陈琳国的解释，主要来自《魏书·官氏志》记载，"其诸方杂人来附者，总谓之'乌丸'，各以多少称酋、庶长，分为南北部，复置二部大人以统摄之"[7]。但是田余庆认为："铁弗、独孤在西晋以来数十年中有被称为乌桓的资料，而除铁弗、独孤之外，又不见有资料把其他杂类称作乌桓，证明这是时人对铁弗、独孤的特称，已成共识，并不是所有诸方杂都称乌桓。"[8]

1　陈勇：《去卑监国的败局与屠各刘豹的崛起》，《民族研究》2007年第2期。

2　田余庆：《拓跋史探》，生活·读书·新知三联书店，2003，第149~151页。

3　学界认为铁弗被称为乌丸主要据《资治通鉴》中的记载：永嘉三年（309）记铁弗刘虎叛晋事，"考异引《刘琨集》谓'乌丸刘虎构为变逆'"。

4　李志敏：《魏晋六朝"杂胡"之称释义问题》，《民族研究》1996年第1期。

5　唐长孺：《魏晋杂胡考》，载《魏晋南北朝史论丛（外一种）》，河北教育出版社，2002，第413~414页。

6　陈琳国：《西晋内迁杂胡与杂胡化趋势》，《学术月刊》2007年第10期。

7　《资治通鉴》卷96晋成帝咸康五年记载："代人谓他国之民来附者皆为乌桓，什翼犍分之为二部，各置大人以监之。"中华书局，1956，第3030页。

8　田余庆：《拓跋史探》，生活·读书·新知三联书店，2003，第152页。

但是，将刘虎称为乌桓的也只有一处，也是所谓的"孤证"，而且在《资治通鉴》对于刘虎作乱之事的记载中，学者是将乌桓与刘虎断开的[1]，这说明也有人不认同将刘虎称为乌桓，只不过在当时刘虎和乌桓的关系比较密切或深刻一些而已。即使田先生认为刘虎有乌桓之称，但他也不得不承认，"十六国中的夏，其种属是匈奴屠各，在西晋时有乌桓铁弗之称，但毕竟不是原来的乌桓"，而是"成为代北地区另一个类型的乌桓"。[2]

我国塞外游牧民族众多，由于地理上的隔离、文化上的差异和语言上的障碍，也由于各民族内部并非一成不变，所以中国古代史家对于各游牧民族内部部族及其社会结构的了解是逐步丰富和深入的，因此有一些失误和错讹之处也是难免的。

第二节　铁弗匈奴的早期活动

一　西迁朔方

迁入代北的南匈奴去卑一支，在与南迁的拓跋鲜卑

1　"当聪、弥之未走，乌丸、刘虎构为变逆，西招白部，遣使致任，称臣于渊，残州困弱，内外受敌，辄背聪而讨虎，自四月八日攻围。"（司马光：《资治通鉴》卷87晋怀帝永嘉三年，中华书局，1956，第2744页）
2　田余庆：《拓跋史探》，生活·读书·新知三联书店，2003，第110页注释1，第151页。

混居杂处之时，一方面两个民族部落贵族与部众之间通婚增多，形成号为铁弗匈奴的部众，另一方面匈奴与鲜卑各部为扩大各自的势力范围又不时发生冲突。

西晋永嘉三年（309），居于代北一带的匈奴首领诰升爰死，子刘虎代立，率领着已经号称铁弗匈奴的部众。刘虎一名乌路孤[1]，时居于新兴郡虑虒县（今山西五台县东北）之北，雄踞肆庐川[2]（今山西忻州北）一带。[3]

刘虎率领部众之时，正值西晋末年"八王之乱"，中原动荡。于永兴元年（304）起兵反晋的刘渊势力迅速向东扩展到冀、司、青、徐、兖、豫诸州，向西发展到雍州之东，以致各"郡县莫能自保"[4]，给西晋王朝造成很大

1　魏收：《魏书》卷95《铁弗刘虎列传》，中华书局，1974，第2054页。
2　对于肆庐川的地理位置，学界有争议。《资治通鉴》卷87晋怀帝永嘉四年条胡注："肆庐川，在朔方塞内，后拓跋氏于其地置肆庐郡，真君七年（446），并入秀容郡。"（第2754页）但王仲荦认为："肆庐川，在今山西忻州北，现称云中河，或以为在朔方（今内蒙古伊克昭盟），大误。"见其《魏晋南北朝史》，上海人民出版社，1979，第316页。笔者以为王仲荦的说法比较准确，从《晋书》卷130《赫连勃勃载记》的记载看，此时刘虎未出"塞表"，后在拓跋猗卢的攻打之下，失利之后被迫率众迁居朔方，由此推断肆庐川不应在朔方地区，而铁弗匈奴进入朔方地区之前，其主要的活动区域是在代北一带，忻州北部地区正好是南匈奴去卑一支重新回到代北之后的主要活动区域，因此可以断定肆庐川当在今忻州地区。
3　房玄龄：《晋书》卷130《赫连勃勃载记》，中华书局，1974，第3201页。
4　司马光：《资治通鉴》卷86晋惠帝光熙元年，中华书局，1956，第2724页。

的威胁。西晋于是先后任命王浚为幽州刺史、刘琨为并
州刺史，与冀州刺史王斌遥相呼应，共同对付刘渊。

当时的并州饥馑，并多次为刘渊所掠，并州诸将
及吏民万余人悉随东燕王司马腾就谷冀州，并州所余之
户不满二万，并州刺史刘琨的力量仅有在上党所募兵士
五百人而已。永嘉四年（310），时居并州东北的拓跋鲜
卑联盟中的白部鲜卑背叛拓跋鲜卑，进入西河地区（治
在今山西离石），于是居于新兴郡的刘虎趁刘琨还未站稳
脚跟率众于雁门（今山西代县北）与白部鲜卑联合，进
攻刘琨控制下的新兴（治九原，今山西忻府区）、雁门
（治在今山西代县北）二郡。

刘琨力不能支，请时据盛乐（今内蒙古和林格尔县
北）的鲜卑拓跋猗卢相救，猗卢派拓跋郁律（即后来的
平文皇帝）率骑兵二万，帮助刘琨先击破白部鲜卑，次
击刘虎，摧毁了他们的营帐。虎收集余众，西渡黄河，
入居朔方（今内蒙古河套一带）。从此，刘虎及所部离
开了活动多年的晋北老家，逃到了黄河以西的朔方地区
（今鄂尔多斯高原地区），此后铁弗匈奴主要以此为中心
活动。对于此事，《魏书》卷95《铁弗刘虎列传》与同书
卷1《序纪》记载略有不同。《魏书》卷95《铁弗刘虎列传》
载铁弗匈奴在刘虎时臣服于拓跋鲜卑，后"自以众落稍
多，举兵外叛"才导致"平文与晋并州刺史刘琨共讨

之，虎走据朔方"。[1] 笔者以为《序纪》的记载比较令人信服。因为此时拓跋的势力还不足以让在代北活动多年的铁弗刘虎臣服，即使是刘虎"始臣附于国"，实际上也只是建立一般联系而已，由此才会有所谓的"举兵外叛"之事。

在拓跋鲜卑与并州刺史刘琨的联合攻击下，被迫入居朔方地区的铁弗匈奴刘虎并不甘心自己的失败，为了谋求自存及增强与拓跋争战的实力，只好依附势力不断强盛、时已都于平阳（今山西临汾市西南）的汉国刘聪。聪以其为匈奴之宗室，封他为楼烦公，拜安北将军、监鲜卑诸军事、丁零中郎将[2]，"使虎统辖鲜卑也"[3]。此后刘虎又伺机与拓跋鲜卑展开了对朔方、代北一带的争夺。

击败白部鲜卑及刘虎之后，西晋并州刺史刘琨为了酬谢拓跋猗卢之功，向晋朝上表奏请以猗卢为大单于，以代郡封之为代公，但猗卢嫌代地这个封邑离拓跋本部太远，于是率部落万余家自云中入雁门，向刘琨求让勾注山陉岭（今山西代县西）以北地区，刘琨答应了猗卢的要求，将陉岭以北楼烦、马邑等五县的汉人迁移至岭

1　魏收：《魏书》卷 95《铁弗刘虎列传》，中华书局，1974，第 2054 页。

2　房玄龄：《晋书》卷 130《赫连勃勃载记》，中华书局，1974，第 3201 页。

3　吕思勉：《两晋南北朝史》，上海古籍出版社，2005，第 194 页。

南。于是"东接代郡，西连西河、朔方，方数百里"[1]的地方被拓跋鲜卑占据，猗卢迁十万户牧民充实这一地区。从此拓跋占据并州北部地区，疆域更广，实力更强。不久猗卢自称代王，改元"建国"，以盛乐为北都、平城（今山西大同市东北）为南都，拓跋鲜卑在代北一带站稳了脚跟。

西晋建兴四年（316），拓跋鲜卑内部发生一场变乱，猗卢被其子六修杀死，而普根又攻杀六修，国内大乱，拓跋"部落四散"，箕（姬）澹等率"卢众三万"来归刘琨，[2]拓跋鲜卑的实力有所削弱。再加上郁律新立，东晋大兴元年（318），在朔方一带活动的刘虎"自以众落稍多"，攻打拓跋代国的西部，但被拓跋郁律击破。刘虎逃至塞外，其从弟路孤率领一部分铁弗部众，从朔方东渡黄河，降于拓跋代国的郁律，郁律以女妻之。拓跋郁律获得路孤所率这支部众之后，又"西取乌孙故地，东兼勿吉以西，士马精强，雄于北方"[3]，"控弦上马将有百万"[4]，并试图向南发展。故而在得知西晋愍帝为刘曜所

1　魏收：《魏书》卷1《序纪》，中华书局，1974，第7页。
2　房玄龄：《晋书》卷62《刘琨列传》，中华书局，1974，第1684页。
3　司马光：《资治通鉴》卷90晋元帝太兴元年，中华书局，1956，第2860~2861页。
4　魏收：《魏书》卷1《序纪》，中华书局，1974，第9页。

害后，郁律顾谓其大臣曰："今中原无主，天其资我乎？"东晋大兴二年（319），石勒自称赵王，遣使求和于代，请为兄弟，但郁律"斩其使以绝之"[1]。大兴四年（321），东晋司马睿"遣使韩畅加崇爵服，帝（郁律）绝之。治民讲武，有平南夏之意"[2]。

但是新立的拓跋代国国主郁律在位时间不长就死去，此后的拓跋代国陷入拓跋纥那（即炀帝）与翳槐（即烈帝）之间十余年的争斗（325~338）。其间，后赵石氏攻打拓跋代国的边境，并介入其内部的争斗。

逃至塞外的刘虎此时实力有所增强，于东晋咸康七年（341）十月再次进攻拓跋代国的西境，但再次被击败。同年，刘虎死，子务桓（豹子）代领其部众，重新"招集种落，为诸部雄"[3]。

拓跋代国内部纷争以什翼犍继立而暂告结束。什翼犍"雄勇有智略，能修祖业，国人附之"[4]。但此时的拓跋代国虽名为王国，实际上仍然不过是一个庞大的部落联盟。这个部落联盟是由以拓跋部为首的几个大部落联盟

1　魏收：《魏书》卷1《序纪》，中华书局，1974，第9页。

2　魏收：《魏书》卷1《序纪》，中华书局，1974，第10页。

3　魏收：《魏书》卷95《铁弗刘虎列传》，中华书局，1974，第2054页。

4　司马光：《资治通鉴》卷96晋成帝咸康四年，中华书局，1956，第3025页。

组合而成，而每个部落之下又包含若干个小的部落，部落与部落之间、部落联盟与部落联盟之间的联盟都比较松散。在代国的周边，东南部有后赵石虎，东北部有前燕，两股势力都比拓跋鲜卑强大。于是什翼犍采取与其东北部的前燕联姻结盟的策略，以抗后赵。对内则采取了一系列措施，如置百官分掌众务、制定律令等。因此，什翼犍时，拓跋鲜卑的势力进一步壮大，"东自濊貊（今朝鲜北部一带），西及破落那（今中亚费尔干纳盆地），南距阴山，北尽沙漠，率皆归服，有众数十万人"[1]。

刘务桓在多次进攻代国皆失利的情况下，只好改变了与拓跋代国交恶的策略，于咸康七年（341）以其子悉勿祈等十二人为质子，遣使求和，"始来归顺"[2]，正式加入了以拓跋鲜卑为主的联盟。而拓跋什翼犍也需要安定这支一直与拓跋鲜卑作对的力量，欲对其进行拉拢，故以自己的女儿妻刘务桓。[3]与此同时，务桓也采取远交的策略，又与都襄国（今河北邢台市）的后赵石虎相通，虎拜务桓为平北将军、左贤王[4]。

1　司马光：《资治通鉴》卷96成帝咸康四年，中华书局，1956，第3025页。

2　魏收：《魏书》卷1《序纪》，中华书局，1974，第12页。

3　魏收：《魏书》卷1《序纪》，中华书局，1974，第12页。

4　李昉：《太平御览》卷127《偏霸部》引《十六国春秋·夏录》，中华书局，1960，第615页；《晋书》卷130《赫连勃勃载记》多"丁零单于"，《资治通鉴》卷96同《太平御览》。

刘务桓代领铁弗部众的十余年，是与拓跋鲜卑和平相处的十余年。这一时期铁弗匈奴的力量有所增强。东晋永和十二年（356）刘务桓死，其弟阏陋头[1]代立，又开始试图密谋反叛代国。后拓跋什翼犍西巡至河（黄河）起到震慑作用，同时派人招谕阏陋头，使铁弗匈奴再次臣服于代。

阏陋头谋叛代国时，刘务桓的儿子悉勿祈兄弟（包括刘卫辰在内）十二人，在拓跋代国做人质，为了分裂铁弗匈奴部的势力，升平二年（358）拓跋代国遣送悉勿祈兄弟回铁弗部。作为一支拓跋鲜卑培养起来并给予支持的力量，回到铁弗部的悉勿祈于当年就发动叛乱，试图推翻阏陋头的统治。阏陋头因害怕而向东逃去，在渡黄河渡到一半时，冰陷，最后也只有"穷而归命"，归附拓跋鲜卑。[2]至此，什翼犍分割铁弗匈奴部众的"良苦用心"基本上达到。阏陋头东逃之后，亲拓跋鲜卑的悉勿祈统领阏陋头原有的铁弗部落。但是好景不长，悉勿祈统领铁弗部落的第二年（359）就去世了，其子继立，但悉勿祈之弟刘卫辰杀悉勿祈之子而代之。

1　《魏书》卷95《铁弗刘虎列传》（第2054页）作"阏陋头"，《北史》卷93《僭伪附庸列传》（第3062页）同；《魏书》卷1《序纪》（第14页）及《资治通鉴》卷100（第3153页）则俱作"阏头"，无"陋"字。

2　魏收：《魏书》卷1《序纪》，中华书局，1974，第14页。

刘卫辰是刘务桓第三子，为人"狡猾多变"[1]。这正如什翼犍遣刘卫辰兄悉勿祈返回铁弗部时，什翼犍之妻慕容氏曾对悉勿祈叮嘱时所说："汝还，必深防卫辰，辰奸滑，终当灭汝。"[2] 刘卫辰既立，为了巩固自己的力量，继续采取与拓跋鲜卑结好的策略，连续两次向代王朝献，并于代领部落的次年，亲自参加慕容氏的葬礼，并乘机向什翼犍请婚，于是什翼犍也妻之以女。[3] 但是联姻并未改变拓跋部与铁弗部竞争对立的局面，双方之间的矛盾还在不断激化。

二 助秦灭代

在铁弗匈奴与拓跋鲜卑在代北明争暗斗之时，关中地区的局势也发生了一些变化。东晋永和七年（351）正月，氐族苻健南面称尊，自立为天王、大单于，建国号为"大秦"，定都长安，史称"前秦"。第二年苻健称帝，后赵残余势力中盘据并州的张平、荥阳的高昌及李历、许昌的张遇等相继归附，前秦的势力伸展到了并州和河南的许、洛之间。后苻健又击退了东晋桓温以及梁州刺

1　司马光：《资治通鉴》卷104晋孝武帝太元元年，中华书局，1956，第3279页。

2　魏收：《魏书》卷13《昭成皇后慕容氏列传》，中华书局，1974，第323页。

3　魏收：《魏书》卷1《序纪》，中华书局，1974，第14页。

史司马勋、前凉秦州刺史王擢的进攻，关陇地区的局势基本稳定。东晋升平元年（357），苻坚发动政变，执掌了前秦政权，并在王猛的协助下采取了一系列措施，前秦的实力不断增强。

升平四年（360），刘卫辰遣使前秦，请田内地，春去秋返。此时的苻坚刚发动政变成功不久，内部有待于安定，国力亟须增强，且外受强敌前燕和东晋的威胁，对于大漠草原的政治变幻无力过问，因此欲"修魏绛和戎之术"[1]，"以恩信怀戎狄"[2]，对各方"夷狄"加以安抚。居于朔方塞外的铁弗匈奴刘卫辰，部落有千余户，控地东西千余里，[3]实力不弱，因之苻坚企图拉拢利用卫辰以安其北边。于是在卫辰主动示好的情况下，苻坚答应了卫辰"请田内地"的要求，并封卫辰为左贤王。[4]但是，同年四月，苻坚的云中护军贾雍遣司马徐赟[5]率骑兵袭击卫辰，大获而还。因这一行动影响了苻坚对刘卫辰的怀柔策略，苻坚非常气愤，黜贾雍以白衣领职，并遣使抚慰卫辰，归还徐赟所获。于是卫辰入居

1　房玄龄:《晋书》卷113《苻坚载记上》，中华书局，1974，第2887页。

2　司马光:《资治通鉴》卷101晋穆帝升平四年，中华书局，1956，第3182页。

3　沈约:《宋书》卷95《索虏列传》，中华书局，1974，第2331页。

4　魏收:《魏书》卷95《铁弗刘虎列传》，中华书局，1974，第2055页。

5　《晋书》卷113《苻坚载记上》作"徐斌"（第2887页）。

塞内，"贡献相寻"。[1]但是，苻坚笼络的目的并没有达到，升平五年（361），刘卫辰掠前秦边民五十余口为奴婢献给前秦，借以邀赏，秦王苻坚不领情，并让他归还所掠的人口。卫辰一怒之下背叛前秦，并遣使至代国朝聘，做出一副专心依附于拓跋代国的样子。东晋兴宁三年（365），卫辰再次叛代，不过最终仍被什翼犍击退。

随着卫辰力量逐渐增大，兴宁三年，卫辰联合原居于贰城（今陕西黄陵西北）的匈奴右贤王曹毂，共同出兵二万，进攻苻秦的杏城（今陕西黄陵西南）以南郡县，屯兵于马兰山。当时苻坚属下的一支鲜卑乌延部[2]也趁此背叛前秦，与卫辰、曹毂相通。苻坚"率中外精锐以讨之，以其前将军杨安、镇军毛盛等为前锋都督"。曹毂遣其弟曹活拒战于同官川（今陕西铜川一带），被杨安打败，斩曹活及其部众四千余级，毂惧而降。坚徙其酋豪六千余户于长安。接着又进击乌延，斩杀之。坚使邓羌征讨卫辰，擒之于木根山（今宁夏盐池西北）。[3]但此时苻生胞弟淮南公苻幼却乘苻坚北巡朔方、

1　司马光：《资治通鉴》卷101晋穆帝升平四年，中华书局，1956，第3182页。

2　田余庆先生在其《拓跋史探》一书中认为"乌延当即乌桓"。

3　房玄龄：《晋书》卷113《苻坚载记》，中华书局，1974，第2889页。

长安空虚的机会，自杏城兴兵，奔长安。苻幼得到镇守蒲坂（今山西永济市）的镇东大将军、并州刺史、晋公苻柳和镇守上邽（今甘肃天水）的征西大将军、秦州刺史、赵公苻双的支持。再加上燕公苻武、魏公苻庾于太和二年（367）十月也同时起兵，进逼长安。一时间，前秦"国分为五"[1]，形势万分危急。

因此，尽管刘卫辰对前秦时叛时服，并联合曹毂等内侵，但当时正在经略中原的苻坚分析了各方面的情况，认为这毕竟是一支可以利用的势力，遂以曹毂为雁门公、刘卫辰为夏阳公，使他们各自统领其部落。太和二年，曹毂死，苻坚分其部落为二：贰城以西二万余落，使毂之长子玺统之；贰城以东二万余落，使毂之小子寅统之，号"东、西曹"[2]。苻坚死后，曹寅投向后秦羌族姚苌。东晋义熙十二年（416），并州、定阳、贰城匈奴人数万落背叛后秦，进入平阳（今山西临汾西南），攻击后秦的立义将军姚成都于匈奴堡，共推曹弘（曹寅之后）为大单于。后秦主姚泓派兵讨伐，战于平阳，曹弘战败，被擒送长安，匈奴豪右有一万五千余落被徙至雍州（后秦雍

1　司马光：《资治通鉴》卷101晋海西公太和三年，中华书局，1956，第3209页。

2　司马光：《资治通鉴》卷101晋海西公太和二年，中华书局，1956，第3206页。

州治安定，今甘肃泾川县北）。从此东、西曹的活动不再见于史册。[1]

太和二年冬十月，拓跋什翼犍因刘卫辰再次依附于苻坚，进兵朔方，攻击卫辰。代国的军队抵达黄河渡口时，黄河还没有结冰，什翼犍只好散苇于河上，使冰草相结，河水有如浮梁，代兵才得以顺利渡河。卫辰没有料到代兵突袭而至，只好率部与其宗族西逃，投奔至前秦。代王什翼犍收卫辰部落十之六七，俘获生口及马牛羊数十万头而还。[2] 这次铁弗匈奴与拓跋鲜卑之战，刘卫辰损失惨重。这是拓跋什翼犍时期拓跋部与铁弗部最后也是最激烈的一次冲突，从拓跋部所获可以看出当时铁弗部实力之强。什翼犍率其军队返回之后，苻坚派人护送卫辰还朔方，并分给一部分兵力，令其继续戍守朔方。

其实拓跋代国自建国之日起就把铁弗匈奴部作为一个进攻目标和潜在对手，这不仅仅是因为他们是近邻，更主要的是他们之间存在着权力之争。北方少数民族自两汉内迁之后，经过多年的争战，在代北地区形成实力比较强大的两个部落集团，一为以铁弗匈奴为主的部落

1　房玄龄：《晋书》卷119《姚泓载记》，中华书局，1974，第3009页。
2　魏收：《魏书》卷1《序纪》，中华书局，1974，第15页；司马光：《资治通鉴》卷101晋海西公太和二年，中华书局，1956，第3208页。

集团，一为以拓跋鲜卑为主的部落集团，这两大集团间为了争夺更多的生存空间，必定要发生战争。因此，自猗卢讨刘虎以后，双方一直争战不断；虽然也有和平相处的时候，但那不过是双方势均力敌之下的暂时现象。而他们部落首领上层之间的通婚关系，也只是一种权宜的策略而已。什翼犍早在进攻刘卫辰之前，曾几次西巡，如东晋永和五年（349）西巡至黄河而还，永和十二年（356）西巡也是至黄河岸边，东晋隆和元年（362）又曾巡至君子津，这几次巡视皆是针对黄河西岸的铁弗匈奴，其目的是威慑、分化及刺探敌情，为打击刘卫辰做积极的准备。而此时刘卫辰的盟党曹毂已死，其部众被苻坚分为东西两部，力量分化，因此什翼犍趁此时机进攻，得以一举成功。

虽然铁弗匈奴与拓跋鲜卑在这一时期时常发生战事，且多以拓跋驱逐铁弗回朔方告终，但双方力量都不足以消灭对方，因此，由于局势的需要仍维持着隔河相峙的状况。占据中原地区的前秦，随着苻坚的一系列政治、军事政策的实施，逐渐强大起来。地处南方的东晋，虽然也是野心勃勃的苻坚征讨的对象，但是统一北方地区却是苻坚的当务之急。东晋太和五年（370）前秦灭掉前燕后，其统治区域从黄河中上游扩展到黄河中下游地区，拓跋代国就完全暴露在苻秦面前，因此扫平代北地区便提上议事日程。

拓跋代国也一直以南进为主要目标，而其南进大概有三种方案：一是奔袭幽、冀、并三州，席卷河北，造成中土倒悬之势；二是突破前秦朔方防线，直指关中，袭击前秦腹心；三是西引乌孙，横扫凉州，威逼关陇。[1] 对于这种用兵策略苻坚本人也深有体察。三种方案中的任何一种，都会使苻坚南进的意图成为泡影，陷入腹背受敌的窘境。因此只有击灭代国，苻坚才能真正筹措南进。

因此，早在升平三年（359），苻坚就任命参与其政变的核心人物之一、具有统兵治军之才的梁平老为使持节、都督北垂诸军事、镇北大将军，屯朔方之西，职责就是对付代国。与此同时，还设置了云中护军，以丞相司马贾雍为护军，屯云中之南[2]，和梁平老合力防御北线。史称"平老在镇十余年，鲜卑、匈奴惮而爱之"[3]。前燕灭亡后，苻坚又在和龙（今辽宁朝阳）、蓟城（今北京西南）、晋阳（今山西太原南）等重镇屯驻重兵，统领该地，兼防什翼犍的突然袭击。

东晋宁康二年（374），代王什翼犍再次出兵征讨在

1 蒋福亚：《前秦史》，北京师范学院出版社，1993，第157页。
2 司马光：《资治通鉴》卷100晋穆帝升平三年，中华书局，1956，第3178页。
3 司马光：《资治通鉴》卷103晋简文帝咸安二年，中华书局，1956，第3261页。

苻坚支持下回到朔方的刘卫辰，卫辰又一次不敌南走。宁康三年（375），南走的卫辰向苻坚求救。次年十月，前秦在已经灭掉前凉的情况下，以幽州刺史苻洛为北讨大都督，率幽、冀兵十万击代；使并州刺史俱难、镇军将军邓羌、尚书赵迁与李柔、前将军朱肜、前禁将军张蚝、右禁将军郭庆率步骑二十万，东出和龙（今辽宁朝阳），西出上郡（今陕西榆林），与大都督苻洛会合，以卫辰为向导，分东、南、西三路攻击代国。什翼犍使鲜卑白部、独孤部南御秦兵，皆不得胜，又使南部大人刘库仁（匈奴独孤部，什翼犍之甥）率领十万骑兵抵御。刘库仁与前秦兵战于石子岭（今山西偏关县北口外），刘库仁大败；什翼犍率领诸将逃往阴山（今内蒙古阴山，俗称大青山）之北高车的游牧区，秦军追击不及，退驻君子津（今内蒙古托克托西南的黄河渡口），以待后举。逃至阴山以北的什翼犍遭到原来附属于拓跋部的高车人的反戈一击及大肆抄掠，拓跋部不得安宁。后闻前秦兵稍退，什翼犍才得以于十二月返回云中（今内蒙古托克托县东北），但其子寔君勾结拓跋斤（什翼犍之侄）突然发难，什翼犍被害，其余诸子大都被杀，代国大乱。秦兵遂占领云中，执杀寔君，[1]代国灭亡，拓跋珪随其母贺氏

1　司马光：《资治通鉴》卷104晋孝武帝太元元年，中华书局，1956，第3279页。

依附贺兰部。

符坚灭代之后，"散其部落于汉鄣边故地，立尉、监行事，官僚领押，课之治业营生，三五取丁，优复三年无税租。其渠帅岁终令朝献，出入行来为之制限"[1]。其中的鄣边故地当指云中、定襄、雁门、五原四郡。原代国统治下的部落四处逃散，代王什翼犍的儿子大多在内乱中被杀，其遗孙拓跋珪年幼，不能统率拓跋鲜卑部，而符坚又想培植一种力量互相制衡，以达到控制代北的目的，因此听从代国长史燕凤的建议，分原代政权的辖境为两部分。在统率这两部分的人选上，符坚却是费了一番心思，因代国原部属中势力比较强的两部，独孤部的刘库仁"勇而有智"，而铁弗部的刘卫辰又"狡猾多变"，因此都不能单独信任；但是"两人素有深仇，其势莫敢先发"。这种情况正合符坚相互牵制的心意，因此代国分两部之后，黄河以东云中、雁门一带归属库仁，黄河以西朔方一带归属卫辰，各拜官爵，使统其众。

符坚分代国为二之后，拓跋珪随其母贺氏南逃依附独孤部刘库仁，跟随的代国旧臣有南部大人长孙嵩、元伭等人。[2]此时独孤部比较强大，势力扩及恒代以东，澶

1　房玄龄:《晋书》卷113《符坚载记上》，中华书局，1974，第2899页。
2　司马光:《资治通鉴》卷104晋孝武帝太元元年，中华书局，1956，第3279~3280页。

水中游，以及太行山东麓。尽管如此，但刘库仁认为前
来依附的拓跋珪"有高天下之志，必能恢隆祖业"，因
此对拓跋珪母子"尽忠奉事，不以兴废易节"，并以拓
跋珪为旗号"抚纳离散"，故而"恩信甚彰"。[1]史载
"及昭成崩，缊纥提附卫辰而贰于我"[2]，刘卫辰的力量也
随着柔然中的西部缊纥提部等游牧民族部落的依附日益
强盛。[3]

　　但是，苻坚让刘卫辰及刘库仁统领代国原有的部
众，并不是想让这两股势力坐大，只是利用他们的力量
为其戍守当时的代北及朔方地区而已。因此，此二人力
量的增强必定引起苻坚的担心，苻坚意欲打破二者之
间的平衡，让二者之间发生争斗，便于控制，于是"进
库仁广武将军，给幢麾鼓盖，仪比诸侯。处卫辰在库仁
之下"[4]。

　　苻坚的这一做法引发了两者原有的矛盾，因卫辰耻
在库仁之下，于是怒杀苻秦五原太守而叛，攻打刘库仁
的西部。刘库仁反击，攻破刘卫辰，并追赶至阴山西北

1　魏收:《魏书》卷23《刘库仁列传》，中华书局，1974，第605页。
2　魏收:《魏书》卷103《蠕蠕列传》，中华书局，1974，第2289页。
3　司马光:《资治通鉴》卷107晋孝武帝太元十六年，中华书局，1956，第
3401页。
4　魏收:《魏书》卷23《刘库仁列传》，中华书局，1974，第605页。

千余里，俘获刘卫辰妻子。苻坚在卫辰被击败的情况下，为了羁縻卫辰，不久（376）又以卫辰为西单于，使其督摄河西杂类，并筑代来城给他居住，[1]同时也"赐库仁妻公孙氏，厚其资送"，并"加库仁振威将军"。[2]

除此之外，苻坚为了笼络刘卫辰，曾把其女或宗室之女嫁给刘卫辰。据《晋书》卷130《赫连勃勃载记》载，夏昌武元年（418），卫辰之子赫连勃勃曾追尊其母苻氏为桓文皇后，苻氏应属苻坚一族，为下嫁卫辰者，也就是说赫连勃勃母为氐族，勃勃带有氐族之血统。此事也至少说明以下几点：一是相对于刘库仁来说，苻坚与刘卫辰的关系更为密切；二是独孤部与拓跋部累世婚姻，刘库仁母为平文帝女，昭成帝又以宗女妻刘库仁，库仁子亢泥也娶昭成帝女；再加之原拓跋一部分旧臣投奔，因此势力比较强大，双方力量的失衡，引起苻坚的担忧，故以苻氏女子嫁与卫辰，以笼络之。其目的仍然是企图继续保持二者之间的平衡，以控制二部。

太元七年（382），统辖原代国东部的刘库仁被后燕慕容垂之将慕容文等攻杀，库仁弟刘眷[3]继统其众。刘眷引并

---

1 司马光：《资治通鉴》卷104晋孝武帝太元元年，中华书局，1956，第3281页。

2 魏收：《魏书》卷23《刘库仁列传》，中华书局，1974，第605页。

3 《资治通鉴》卷106晋孝武帝太元十年，"刘眷"作"鲜卑刘头眷"（第3349页）。

州刺史张蚝击败内部叛乱的白部大人契佛，又在善无（今山西右玉）击破贺兰部，在意辛山（在今牛川之北）击破柔然别部帅肺涅，获牛羊数十万头，声势大增。但就在刘眷徙牧于牛川后不久，即被刘库仁子刘显所杀。刘眷系刘库仁之弟，与铁弗刘虎原为同宗，但库仁之祖依附拓跋鲜卑之后属独孤部[1]，为拓跋鲜卑的南部大人。他母亲是平文帝拓跋郁律之女，本人娶昭成帝拓跋什翼犍之宗女为妻，而刘眷子刘罗辰又为拓跋珪宣穆皇后之兄[2]，一直与拓跋部通好。刘显继位之后，"地广兵强，雄于北方"[3]，恃部众之强，每为谋逆，甚至欲谋杀拓跋珪以绝代人望。当时原代国大人梁盖盆之子六眷为刘显谋主，在得知刘显计谋之后，联合其部人穆崇，告知拓跋珪。同时，拓跋珪姑母为显弟亢泥妻，也得知此事，秘密派人告知拓跋珪之母贺氏。贺氏即命拓跋珪与旧臣长孙犍、元他[4]等出逃。珪轻骑北逃至贺兰部，依附其母舅贺讷。[5]从此刘显与拓跋珪结下了冤仇，拓跋珪建魏后，刘显成为其重要的敌人。

1　李延寿：《北史》卷20《刘库仁列传》，中华书局，1974，第732页。

2　李延寿：《北史》卷20《刘库仁列传》，中华书局，1974，第733页。

3　司马光：《资治通鉴》卷107晋孝武帝太元十二年，中华书局，1956，第3378页。

4　《资治通鉴》卷104晋孝武帝太元元年，"长孙犍"作"长孙嵩"，"元他"作"元佗"（第3279~3280页）。

5　魏收：《魏书》卷2《太祖纪》，中华书局，1974，第20页。

三　代来失守

太元八年（383）苻坚发动对东晋的战争，结果淝水一战秦兵大败，实力大减，原来在苻坚控制下的各族上层分子纷纷割据一方，建立政权，黄河流域又陷入了分裂的局面。太元十一年（386），拓跋珪在其母舅贺兰部大人贺讷及诸部大人的劝说之下，也乘此机会大会各部于牛川（今内蒙古乌兰察布市境内塔布河），即代王位，年号登国，后改国号为魏，故后世称之为北魏或后魏。北魏建国后，脱离拓跋部联盟的独孤部刘显害怕拓跋珪的报复以及贺兰部的攻击，欲从善无（今山西右玉）南迁马邑（今山西朔县）。在刘显南迁的过程中，其族人奴真（田余庆认为此"奴真"当为"罗辰"[1]）率所部降魏。其后刘显弟肺泥（即亢泥）也率部众降魏。刘显的势力削弱，南迁之后，继续与北魏为敌，但又不考虑与西边的刘卫辰、东边的后燕慕容垂结好，甚至惹怒这二人。当时刘卫辰与后燕慕容垂通好，接受后燕的封号。太元十二年（387）刘卫辰献马于慕容垂，慕容良前去迎接，但在经过刘显辖境时，慕容良被刘显击败，马匹被抢掠。刘显的这一行为引起刘卫辰和慕容垂的共同愤恨。而在

1　田余庆：《拓跋史探》，生活·读书·新知三联书店，2003，第87页。

刘显之南的西燕慕容永也与刘卫辰交好，对慕容垂臣服，自然也不会与刘显为伍。刘显四面树敌，局势十分不利。在这种四面危机的情况下，其内部又不和，兄弟之间发生权力之争。魏长史张衮劝拓跋珪乘机进攻刘显，拓跋珪自度力不能克，向慕容垂求取救兵。慕容垂顺势遣太原王慕容楷，率兵助慕容麟攻击刘显，将其打败，刘显逃往马邑西山。六月，拓跋珪出兵与慕容麟在弥泽（今山西朔州以南）再次进击刘显，刘显逃奔西燕，慕容麟获马牛羊以千万数。[1]与独孤部刘显之战使得拓跋鲜卑的周边危机减轻，拓跋氏的势力得以巩固和加强，且将活动范围向南推进到了雁门、代郡一带。此后在代北地区基本再无与拓跋部作对的强大势力，故胡三省注《资治通鉴》时说"刘显灭而拓跋氏强矣"[2]。

此后北魏开始主动出击，不断向四周各部落发动战争，从北魏登国三年（388）至登国六年（391）间，先后征服或击溃了西拉木伦河一带的鲜卑宇文种的库莫奚部（388）、吐突邻部（389），嫩江流域的解如部、漠北的高车诸部，意辛山以北的叱突邻部、纥奚部（390）

1　司马光:《资治通鉴》卷107晋孝武帝太元十二年，中华书局，1956，第3379页。

2　司马光:《资治通鉴》卷107晋孝武帝太元十二年，中华书局，1956，第3379页。

等，这些征服战争为拓跋鲜卑对铁弗匈奴的征讨荡涤了障碍，此后拓跋珪开始把注意力放在另一个比较强大的敌对势力刘卫辰身上。

铁弗刘卫辰在苻坚的支持下，居朔方代来城（今内蒙古伊金霍洛旗）[1]，势力扩张，士马强盛，以至"控弦之士三万八千"[2]，成为朔方地区一支不可忽视的力量。前秦灭亡之后，刘卫辰的实力仍然得以保存，因此在其周边建立的政权对刘卫辰极力笼络。太元十一年（386）十月，西燕慕容永拜卫辰为大将军、朔方牧，节制河西诸军事。后秦姚苌亦遣使与卫辰结好，拜刘卫辰为大将军、

1　《资治通鉴》卷 104 胡注云："代来城，在北河西，盖秦筑以居卫辰。言自代来者居此城也。"（3281 页）同书卷 107"悦跋城"下有胡注："考之《载记》，悦跋城即代来城也。"（3402 页）《魏书》卷 95《铁弗刘虎列传》作"悦跋城"。《北史》卷 93《僭伪附庸列传》作"悦跂城"。对于此城的位置，目前尚未有定论。顾祖禹《读史方舆纪要》卷 3《州域形势》记"代来城"在"今榆林卫北"，卷 61《陕西》中记作"在镇北"。杨守敬《水经注图》《历代舆地沿革图》中指出"代来城"的位置在乌兰木伦河上游，即今内蒙古伊金霍洛旗附近，此说后被谭其骧《中国历史地图集》沿袭。日本学者前田正名认为代来城应在窟野河和无定河上游以西地区，见其《平城历史地理学研究》；戴应新在其《赫连勃勃与统万城》一书中，从四个方面论述"代来城"故城址应在今陕西榆林巴拉素乡白城台村；日本学者市来弘志认同这种说法，认为胡注"代来城在北河（阴山山脉南方分流的北流黄河）之西"，脱离了刘卫辰的活动范围，因此此说不能成立，见其《代来城的位置与现状》一文。本书沿袭杨守敬等人的说法。
2　房玄龄：《晋书》卷 130《赫连勃勃载记》，中华书局，1974，第 3201 页。

大单于、河西王、幽州牧，令其节制北朔杂夷。[1]

太元十一年刘卫辰仍在扩大自己的势力，成为北魏拓跋珪的一个重要威胁。北魏登国五年（390），刘卫辰派其子直力鞮进攻原拓跋联盟中的贺兰部（此时贺兰部的主要游牧区域在盛乐西北，阴山以北至意辛山一带，即今内蒙古乌兰察布市境内塔布河及其西北地区）。贺兰部帅贺讷在情况紧急之下，请求降于北魏。拓跋珪引兵救援，将直力鞮击退。为了使贺兰部避开刘卫辰的进攻及置于自己的势力范围之内，拓跋珪把贺兰部迁至北魏东境。[2]登国六年（391），刘卫辰又遣子直力鞮率众八九万攻魏南部，把拓跋珪及其将士五六千人围困起来。拓跋珪面对强敌沉着应战，命战车排为方营，且战且进，至铁岐山（今内蒙古固阳县西北）南部，将直力鞮击败。直力鞮单骑落荒而逃，拓跋珪获其牛羊二十余万，并乘胜对铁弗匈奴进行追击，从五原金津（今内蒙古包头西南黄河）南渡河，直入刘卫辰领地。卫辰境内居民惊慌失措，部落溃散。魏军如入无人之地，直抵卫辰所居的代来城，卫辰父子在惊乱中逃走。拓跋珪又部署众将分头追赶卫辰残部：陈留公拓跋虔南至白盐池（今陕西定

1　魏收：《魏书》卷95《铁弗刘虎列传》，中华书局，1974，第2055页。
2　司马光：《资治通鉴》卷107晋孝武帝太元十五年，中华书局，1956，第3397页。

边苟白池），俘获卫辰家属；将军伊谓至木根山，擒直力
鞮，尽收其降之部众。在亲属遭擒、部众降散的情况下，
卫辰单骑遁走，后为其部下所杀。[1] 拓跋珪大胜，为了报
卫辰勾引苻坚灭代之恨，诛杀卫辰宗党五千余人，并将
尸体投于河。自是黄河以南诸部尽降于魏，魏获马三十
余万匹、牛羊四百余万头，大大增强了经济实力，北魏
"国用由是遂饶"[2]。但是，因北魏建国不久，攻下铁弗部代
来城之后，无力经营、管理这一地区，因此在拓跋鲜卑
的主要兵力撤回之后不久，铁弗匈奴的势力在后秦的支
持下得以重新崛起。

1　魏收：《魏书》卷95《铁弗刘虎列传》，中华书局，1974，第2055页。
但《魏书》卷2记载与此记载略有不同。公元402年（晋安帝元兴元年），
北魏攻打高平的鲜卑没奕于时，"木易于（即没奕于）率数千骑与卫辰、屈
丐弃国遁走"（第39页），但《魏书》其他各处则记卫辰早在拓跋代国攻
破代来城之后不久被其部下所杀，与他书相同。《魏书》卷2记载当为误。
2　司马光：《资治通鉴》卷107晋孝武帝太元十六年，中华书局，1956，
第3402页。

第二章
夏国的建立及其发展

第一节　铁弗匈奴的再度兴起

一　再度兴起的背景

十六国时期，朔方之地是指今内蒙古乌拉特旗南、河套南岸，此地北接阴山。北魏登国六年（391），铁弗匈奴的活动中心代来城被攻破之后，史书皆载原由铁弗匈奴控制的"自河以南诸部悉降"[1]。这虽不免有夸大之嫌，但北魏在攻破代来城之后的一段时间内确实曾一度不同程度地控制过朔方地区。只是实际情况比较复杂，而且在北魏控制的时期，时有叛乱，后随着后秦势力的扩张以及北魏注意力的转移，朔方地区被后秦控制。河套以

1　司马光:《资治通鉴》卷107晋孝武帝太元十六年，中华书局，1956，第3402页。

南、靠近关中平原的部落对北魏和后秦则时叛时降，最终落入后秦之手。铁弗匈奴部的再度兴起就是在这样一个大背景下实现的。

随着后秦势力的扩张，河套以南、关中平原以北的一些部落依附于后秦，如后秦建初七年（392），破多兰部没奕于降后秦，朔方地区原刘卫辰的旧部也陆续归属后秦，因此才使姚兴欲以勃勃为安远将军，封阳川侯，使助没奕于镇高平，以三城、朔方杂夷及卫辰部众三万配之，使为伐魏侦候。[1]此事因其弟姚邕的劝谏而未果。但不久，以勃勃为持节、安北将军、五原公，配以三交五部鲜卑及杂虏二万余落，使其镇朔方，[2]说明至此，朔方地区已经完全由后秦控制。

登国六年（391）十月，北魏攻破代来城之后，年仅十一岁[3]的卫辰子刘勃勃侥幸逃出，辗转逃依鲜卑薛干部[4]（史籍又称此部为"叱干部"）。此部经常于三城（今陕西延安附近）一带驻牧，曾依附于刘卫辰，拓跋魏攻灭刘卫辰之后，归附代国。拓跋珪返回后，得知刘卫辰

1　房玄龄：《晋书》卷130《赫连勃勃载记》，中华书局，1974，第3202页。
2　房玄龄：《晋书》卷130《赫连勃勃载记》，中华书局，1974，第3202页。
3　《太平御览》卷127引崔鸿《十六国春秋·夏录》记载赫连勃勃真兴七年（425）死，年45岁，由此推测勃勃当时的年龄。
4　《资治通鉴》卷114晋安帝义熙三年作"薛千"（第3602页）。

子刘勃勃已投奔薛干部部帅太悉伏[1]，遣官前来索要。但太悉伏对拓跋珪派来的使者说："勃勃国破家亡，以穷归我，我宁与之俱亡，何忍执以与魏。"[2]又据《晋书》卷130《赫连勃勃载记》载：太悉伏想送勃勃于魏，但被其部下叱干阿利潜送至当时的前秦骠骑将军没奕于[3]处。没奕于即木易于，是鲜卑之别种破多兰部帅，"有武力壮勇"，率部居于牵屯山（在高平，今宁夏固原西）附近，经常劫掠左右，"西及金城（今甘肃兰州附近），东侵安定（今甘肃泾川北），数年间诸种患之"[4]。晋穆帝升平四年（360）冬十月，没奕于率部众数万降于前秦苻坚，苻坚本欲将其处之塞内，但阳平公苻融说："戎狄人面兽心，不知仁义。其稽颡内附，实贪地利，非怀德也；不敢犯边，实惮兵威，非感恩也。今处之塞内，与民杂居，彼窥郡县虚实，必为边患。"因而苻融建议苻坚"不如徙之

1　《魏书》卷2《太祖纪》为"太悉佛"（第25页），同书卷103《高车列传》又为"太悉伏"（第2312页），《北史》卷98《高车列传》为"太悉伏"（第3276页），显系沿袭《魏书》卷103《高车列传》；《晋书》卷130《赫连勃勃载记》为"他斗伏"（第3201页）。

2　司马光：《资治通鉴》卷108晋孝武帝太元十六年，中华书局，1956，第3402页。

3　《资治通鉴》卷107晋孝武帝太元十六年作"没弈干"（第3402页）。《北史》卷93《僭伪附庸列传》同（第3063页）。

4　魏收：《魏书》卷103《高车列传》，中华书局，1974，第2313页。

塞外以防未然"，苻坚听从这一建议。[1] 没奕于先后被前秦任命为安定都尉[2] 及骠骑将军。

前秦太初六年（391）八月，没奕于曾以二子为质于西秦金城王乾归，请乾归共击时据安阳城（唐秦州陇城县界）的鲜卑大兜，双方战于鸣蝉堡，没奕于打败大兜，大兜微服逃走，乾归收部众而还，并归还为质于乾归的没奕于之子。但是不久，没奕于又背叛西秦，与东面的刘卫辰联合。乾归率骑一万讨伐没奕于，没奕于逃奔到高平的他楼城。[3] 当勃勃被送至高平没奕于处之后，没奕于以女妻之。

太悉伏未送勃勃之事，惹怒了拓跋珪，登国八年（393）八月，拓跋珪以此为由，南征薛干部所居之三城。此时太悉伏正出兵攻击曹覆（此曹覆当为被苻坚分为"东、西曹"的西曹，主要活动于貳城的西边）。[4] 拓跋珪乘虚屠其城，俘获太悉伏子并掠其珍宝，并徙其民而还。太悉伏

1　司马光:《资治通鉴》卷101晋穆帝升平四年，中华书局，1956，第3183页。

2　司马光:《资治通鉴》卷106晋孝武帝太元十一年，中华书局，1956，第3366页。

3　司马光:《资治通鉴》卷107晋孝武帝太元十六年，中华书局，1956，第3400页。

4　《魏书》卷103《高车列传》作"曹覆寅"（第2313页），《北史》卷98《高车列传》同（第3276页）。

于是投奔后秦羌族姚兴。[1]后秦皇初二年（395），太悉伏自长安逃归岭北，"上郡以西诸鲜卑、杂胡闻而皆应之"[2]。

　　淝水之战后，前秦势力衰弱，羌族姚氏乘机于关中建立政权，史称"后秦"。随着后秦在关中地区力量的增强，前秦太初七年（392），前秦骠骑将军没奕于降于后秦，为后秦车骑将军，封高平公，勃勃作为其属下当也同时归降后秦。由于勃勃身材魁梧（身长八尺五寸，腰带十围），仪表俊美，性情辩慧，姚兴见面之后，非常赏识，于是拜勃勃为骁骑将军，加奉车都尉，且常与他讨论军国大事，宠遇逾于勋旧。姚兴之弟姚邕看到这种情形，劝谏姚兴说："勃勃不可近也。"但姚兴认为勃勃有济世之才，且欲"与之共平天下"，打算以勃勃为安远将军，使其协助没奕于镇守高平，并欲以三城[3]、朔方杂夷及卫辰部众三万配之，使其伺魏间隙。姚邕则劝说："勃勃奉上慢，御众残，贪暴无亲，轻为去就，宠之逾分，终为边害。"[4]姚兴才作罢。

1　魏收：《魏书》卷2《太祖纪》，中华书局，1974，第25页（此处"珍宝"之下加人名号，似乎表示珍宝为人名，但同书卷103《薛干列传》第2313页，"珍宝"下又不加人名号。今从《魏书》卷103）。
2　李延寿：《北史》卷98《高车列传》，中华书局，1974，第3276页；司马光：《资治通鉴》卷108晋孝武帝太元二十年，中华书局，1956，第3419页。
3　《魏书》卷95《铁弗刘虎列传》作"义城"（第2056页）。
4　房玄龄：《晋书》卷130《赫连勃勃载记》，中华书局，1974，第3202页。

后秦皇初四年（397），姚兴讨伐为魏所攻降而后叛的鲜卑薛勃部（即鲜卑薛干部），[1] 把后秦的疆域向北扩展到上郡（今陕西榆林），形成了其最终的势力范围："南至汉川，东逾汝、颍，西控西河，北守上郡。"[2] 即使如此，对于勃勃所在的朔方地区，后秦并没有太多的精力去经营。姚兴知道勃勃与北魏有世仇，且勃勃有"济世之才"，虽然姚邕一再劝谏，姚兴最终还是约在弘始四年（402）后，[3] 以勃勃为持节、安北将军、五原公，并配给他三交（今陕西省榆林市横山区西）[4] 五部鲜卑及杂虏二万余落，使其镇守朔方（今内蒙古河套一带）[5]。这样，刘勃勃在后秦姚兴的帮助下，又回到其父祖经营了多年的地方。

勃勃回到朔方之后，身边很快就聚集了许多其父原有的旧部，不断扩大自己的势力，等待和寻找时机，以期在条件成熟的情况下，建立自己的政权。

1　房玄龄：《晋书》卷 117《姚兴载记上》，中华书局，1974，第 2978 页。

2　顾祖禹：《读史方舆纪要》卷 3《历代州域形势》，中华书局，2005，第 133 页。

3　勃勃得以回朔方的时间在晋安帝元兴元年（402）之后。《资治通鉴》卷 112 晋安帝元兴元年条载："魏常山王遵等至高平，没弈干弃其部众，帅数千骑与刘勃勃奔秦州（治上邽，今甘肃天水）。"（第 3535~3536 页）说明此前勃勃自代来城逃出之后，直至此时仍没有回到朔方地区。

4　《中国古今地名大辞典》第 26 页认为三交在山西阳曲县北十五里。

5　房玄龄：《晋书》卷 130《赫连勃勃载记》，中华书局，1974，第 3202 页。

二　勃勃崛起于朔方

勃勃在姚兴的扶持下回到朔方积蓄力量的时候，朔方周边的形势发生一些变化，为铁弗匈奴的崛起提供了一个非常好的机会。

朔方地区是铁弗匈奴盘踞和经营了多年的根据地。从西晋永嘉四年（310）铁弗刘虎因拓跋猗卢所攻，进入朔方地区，至北魏登国六年（391）代来城被攻破，铁弗匈奴在这一地区已经活动了八十余年时间。铁弗匈奴的势力在朔方逐渐稳定并获得了长足的发展。在刘卫辰时，有"控弦之士三万八千"[1]，到登国六年，刘卫辰之子直力鞬侵扰北魏南部之时，所率部众已多达八九万。[2]除此之外，拥有的牲畜数量也较多，这从拓跋鲜卑两次攻打铁弗匈奴的活动中心代来城所获得的牲畜数量即可看出：东晋太和二年（367）冬十月拓跋鲜卑第一次攻打代来城，俘获生口及马牛羊数十万头而还；[3]登国六年拓跋鲜卑攻破代来城，获名马三十余万匹、牛羊四百余

1　房玄龄:《晋书》卷130《赫连勃勃载记》，中华书局，1974，第3201页。
2　司马光:《资治通鉴》卷108晋孝武帝太元十六年，中华书局，1956，第3402页。
3　魏收:《魏书》卷1《序纪》，中华书局，1974，第15页。

万头。[1]因此，它成为一支北方各方政治势力不能忽视的力量，是四周割据政权，如前秦、后赵等努力争取联合的力量。铁弗匈奴也曾依附于四周的政权（如前后赵、前秦等），以获得支持，但这种依附是比较松散的。拓跋鲜卑曾攻破其活动中心代来城，杀刘卫辰宗党五千余人，俘获大量的马牛羊等牲畜，铁弗匈奴的势力有所减弱。但由于当时北方的复杂局势，拓跋鲜卑与崛起于关中地区的后秦均没有可能对这一地区实行长期有效的管理。因此，当后秦姚兴以刘卫辰旧部三万余人配给勃勃镇守朔方之后，勃勃的势力很快得到恢复和发展。

刘勃勃再次回到朔方之后，当时朔方周边的情况是：其北部有柔然，东部有北魏，南部是勃勃所依附的后秦，西边是西秦和南凉。此时的柔然因与后秦通好，并没有把注意力放在勃勃镇守的朔方地区，却经常侵扰北魏，成为北魏北部地区的一个主要劲敌。

从北魏方面看，从代来城被攻破至东晋义熙三年（407）夏政权建立这段时间，北魏虽然能阻止铁弗匈奴的东进，但是其内部也面临着一些危机。北魏政权内部比较大的两个势力，即道武帝的妻族与母族贺兰部、独

1　魏收：《魏书》卷2《太祖纪》，中华书局，1974，第24页。

孤部经常介入拓跋鲜卑内部的权力斗争。因此，道武帝继位后，主要致力于解决内部矛盾，采取"分土定居""劝课农桑"的政策，离散这两个部落组织，使其由游牧经济向定居化农业转变。而这一政策的实施是北魏政权与其所属部落之间持续的对抗过程。从北魏的外部环境看，其南方为东晋政权，在山西南部与后秦相接，东边为后燕、西燕。这些独立势力或政权，都牵扯了北魏太多的精力，因此北魏无暇顾及曾经的对手铁弗匈奴。虽然铁弗匈奴经常骚扰北魏西部边境，但每次都被击败，因此，铁弗匈奴的骚扰还不足以对北魏构成太大的威胁。再加上双方之间有一个天然屏障——黄河，因此双方暂时可以相安无事。这就为铁弗匈奴势力的重新聚集和扩大提供了时机和可能。

从后秦方面看，无论其内部还是外部形势，皆使其无力干涉远在朔方地区的勃勃。后秦东面是慕容垂建立的后燕，后燕于建兴六年（391）灭了建都于滑台（今河南滑县东南）的翟魏，取得翟魏所统的七郡三万余户。后燕建兴八年（393）又攻下长子（今山西长子县）和晋阳，消灭了慕容永的西燕，取得了西燕所统八郡七万余户，势力有所增强。北魏随着势力的不断向外扩张，于登国十年（395）在参合陂（今内蒙古凉城县）大败后燕军，燕军死亡将士四五万人。登国十二年（397），魏军又攻下后燕都城中山，燕主慕容宝退往龙城（今辽宁朝阳），为鲜卑贵族兰汗所杀。鲜卑贵族拥慕容垂少子慕容熙为主，后燕建始元年（407），慕容熙被杀，后燕亡。自慕容宝退出中山后，河北、山西大部分成为北魏的疆土。

随着北魏势力的不断增强，原属后秦的渭北、河东各族地方势力纷纷降于北魏，如鄜城屠各董羌、杏城卢水胡郝奴、氐帅符兴等[1]。后秦与北魏之间还于天兴三年（400）互相遣使者通好[2]，未曾发生过直接冲突。但随着情况逐渐变化，拓跋珪于天兴四年（401）十二月，遣征西大将军、常山王拓跋遵，定陵公和跋率众五万袭击属后秦的破多兰部帅没奕于于高平[3]，又遣其材官将军和突攻打时属后秦的鲜卑黜弗、素古延等诸部。同年，北魏平阳太守贰尘再次侵扰后秦河东，引起长安震惊，以至于关中地区各城白天都大门紧闭，双方矛盾加剧。姚兴于是开始练兵讲武，并与群臣商议伐魏之事。为此拓跋珪也检训士马，命在并州诸郡征集粮草，运往平阳之乾

1　魏收：《魏书》卷2《太祖纪》，中华书局，1974，第32页。

2　魏收：《魏书》卷2《太祖纪》，中华书局，1974，第36页。

3　司马光：《资治通鉴》卷112晋安帝隆安五年，中华书局，1956，第3530页；魏收：《魏书》卷2《太祖纪》，中华书局，1974，第39页。

壁[1]（今山西临汾市南），以防备后秦的攻击，一场大战在所难免。[2]

后秦弘始四年（402），姚兴遣义阳公姚平、尚书仆射狄伯支率兵四万伐魏，攻陷乾壁，北魏以十万大军迎击。此战后秦大败，魏军俘获狄伯支及越骑校尉唐小方等四十余人，余众二万余人皆束手就擒。战后，姚兴多次遣使向魏求和，拓跋珪不许，反而乘胜进攻蒲坂（今山西永济），秦晋公姚绪固守不战。恰值此时柔然谋伐北魏，且来势凶猛，拓跋珪只好退兵。这就是魏晋南北朝历史上有名的"柴壁之战"。此战后秦竭全力以赴，但为魏军所挫，此后后秦再无力东进与北魏抗争，实际上已失去了逐鹿中原的希望。而当时北魏新得北燕土地，也需一段时间用以站稳脚跟，而且柔然也是其北方的一个劲敌，所以也不能大举进攻后秦。弘始九年（407），姚兴遣使北魏，献良马千匹，以赎柴壁之战被俘之狄伯支、唐小方等，并同意放还前来求婚被扣留的北魏大臣贺狄干。拓跋珪想以此离间赫连勃勃与后秦之间的关系，答应了后秦的请求，拓跋珪于是诏北新侯安同送所虏后秦

1　《晋书》卷117《姚兴载记上》"乾壁"为"乾城"（第2982页）。
2　司马光：《资治通鉴》卷112晋安帝元兴元年，中华书局，1956，第3534页。

将领唐小方返长安，双方关系趋于缓和。[1]

至于后秦的西边，弘始二年（400）后秦灭掉西秦，不久，姚兴又遣西秦王乞伏乾归还镇苑川（今甘肃兰州东苑川），尽以其部众配之。弘始四年（402），时为南凉质子的乞伏炽磐从南凉西平逃至苑川，与其父乞伏乾归会合，姚兴以炽磐为兴晋太守，镇枹罕（今甘肃临夏），加封乾归为散骑常侍、左贤王。此时乞伏氏也在寻找机会东山再起。从河西地区看，弘始四年（402）十二月，姚兴遣使拜南凉秃发傉檀为车骑将军、广武公，北凉沮渠蒙逊为镇西将军、沙州刺史、西海侯，西凉李暠为安西将军、高昌侯。[2]南凉和北凉虽然接受了后秦的封号，但它们基本上是一个独立的政权，而且这两个政权在河西势力的增强和扩张，也牵扯了一部分后秦的精力。

后秦的南边与东晋为邻，双方时有战争。后秦建初八年（393）有东晋平远将军、护氐校尉杨佛嵩率氐、胡三千余户叛降后秦，姚苌以佛嵩为镇东将军。[3]到皇初四年（397），姚兴安定了秦陇并取河东之地，开始向东晋

1　司马光：《资治通鉴》卷114晋安帝义熙三年，中华书局，1956，第3597页；魏收：《魏书》卷28《贺狄干列传》，中华书局，1974，第685页。

2　司马光：《资治通鉴》卷112晋安帝元兴元年，中华书局，1956，第3547页。

3　房玄龄：《晋书》卷116《姚苌载记》，中华书局，1974，第2972页。

弘农郡（治今河南灵宝）湖城戍进攻，遂进至陕城（今河南三门峡），攻拔上洛郡（治今陕西商县）。姚兴又别遣姚崇攻晋洛阳，不克，乃"徙流人西河严彦、河东裴岐、韩袭等二万余户而还"[1]。过了两年（399），后秦镇东将军杨佛嵩等攻陷洛阳，"自淮汉已北诸城，多请降送任"[2]于后秦。后秦势力向东扩展到了淮水、汉水以北。但是刘裕取得东晋的大权之后，局势稳定，势力增强，开始有北伐之意。

这样一来，后秦可以说是四面出击，兵力、精力分散，无力顾及回到朔方积极活动的勃勃。所有这一切都为铁弗匈奴在朔方的兴起提供了有利时机。

第二节　夏国的建立和发展

一　夏国的建立及立国方针的制定

重返朔方地区伺机而动的勃勃终于等到了一个绝好的机会。东晋义熙三年（407），姚兴遣使北魏，并献良马千匹，以赎柴壁之战被俘的狄伯支、唐小方等人，并同意放还前来求婚而被扣留的北魏大臣贺狄干。拓跋珪

1　房玄龄：《晋书》卷117《姚兴载记上》，中华书局，1974，第2978页。
2　房玄龄：《晋书》卷117《姚兴载记上》，中华书局，1974，第2980页。

想趁此离间勃勃与后秦之间的关系，于是答应了后秦的请求。拓跋珪诏北新侯安同送后秦将领唐小方返长安，双方的关系自柴壁之战后开始趋于缓和。[1]

勃勃闻姚兴与己之世仇北魏重新通好，故谋划叛秦。当时正值柔然可汗杜仑献马八千匹于后秦，至大城（今内蒙古杭锦旗东南）时，勃勃派人前去劫掠。接着勃勃集合自己的部众三万人，伪装至高平川畋猎，袭杀其岳父后秦高平公没奕于，吞并其部众，众至数万。[2]

同年六月，勃勃自认为其乃夏后氏之苗裔，[3]于是自称大夏天王、大单于，建号"大夏"，建元"龙升"。仿照中原汉族王朝的政制设置百官，以其长兄右地代为丞

1　司马光：《资治通鉴》卷114晋安帝义熙三年，中华书局，1956，第3597页；魏收：《魏书》卷28《贺狄干列传》，中华书局，1974，第685页。
2　房玄龄：《晋书》卷130《赫连勃勃载记》，中华书局，1974，第3202页。
3　《史记》及《汉书》皆云匈奴为夏后氏苗裔淳维之后，故建国号曰"大夏"。赫连勃勃建国称"夏"，笔者在拙文《十六国时期铁弗匈奴的自我认同》[《陕西师范大学学报》（哲学社会科学版）2010年第5期］进行了分析。雷家骥先生的《试论五胡及其君长的汉化思考》对此也进行了阐释，认为："此举在政治上较前更能呈现出汉化思考的特点，但在族群认同上则反而有回归匈奴——不是六夷——之势。而此势要降到赫连勃勃本《史》、《汉》（匈奴传）所载匈奴系出有夏氏之说，'自以匈奴，夏后氏之苗裔也，国称大夏'，复用胡姓胡名，并建'统万'城为都，改元'真兴'，歌颂匈奴当初强大到曾令'诸夏不得高枕，平阳挫汉祖'之说，其国家认同与种族认同始在心理意识上复合为一，然而观勃勃之仍不以虚连题氏为己姓，表示其人内心尚知己种属于屠各，而本非单于王统钦。至于仇池公杨盛，于其表内声言'索虏勃勃，匈奴正胤'，恐怕是随着赫连氏之宣传而随便说说罢了。"

相，封代公；次兄力俟提为大将军，封魏公；叱干阿利为御史大夫，封梁公；弟阿（利）罗引为征南将军、司隶校尉；若门为尚书令；叱以鞬为征西将军、尚书左仆射；乙斗为征北将军、尚书右仆射，"自余以次授任"[1]。

当时新建立的大夏政权，其周边的情况是淝水之战后的北方分裂割据：北有强大的柔然，东与其世仇拓跋魏隔河相望，西有西秦乞伏氏（385~431）、北凉沮渠氏（401~439）、南凉秃发氏（397~414），南有后秦姚氏（384~417）。新建的夏国若想在这些政权的夹缝中生存并站稳脚跟，必须要有一个明确并可行的立国方略。

北方少数民族自南迁以后，皆是继续向南发展，极少有退回草原地区的。而对于新建立的夏国来说，只能向西或向南发展，因为其东边是已经日益强大且为世仇的北魏政权，北面是强大的柔然。南凉和北凉两个政权，势力虽弱，但远在西边。只有南边立国关中的后秦，正日益衰弱，勃勃在臣服于后秦协助其岳父没奕于镇守高平这一时期，应该对后秦的各种形势有比较清楚的了解。再加上后秦所据的关中是"累帝旧都"，这对具有雄心的勃勃来说非常具有吸引力。因此，新建的夏国将进攻的目标和对象锁定为后秦关中

1　房玄龄:《晋书》卷130《赫连勃勃载记》，中华书局，1974，第3202页。

地区。

就在夏国建立的第一年，勃勃首先对活动在南边三城（今陕西延安境内）一带、隶属后秦的鲜卑薛干部发动进攻，攻破其部，降其众以万数。[1]首战告捷，勃勃接着进攻后秦三城以北诸戍，斩其将领杨丕、姚石生等。取得这些胜利之后，勃勃诸将劝勃勃定都高平："陛下将欲经营宇内，南取长安，宜先固根本，使人心有所凭系，然后大业可成。高平险固，山川沃饶，可以都也。"但是，勃勃认为此时的后秦仍然是"一时之雄"，因此"关中未可图也"。[2]而且在"大业草创，众旅未多"的情况下，大夏以"游食自若"的方式，逐渐蚕食后秦的领土，可以说是最妥善的一种战略方针。对此勃勃充满了自信，他认为如果按此计划行事，循序渐进，那么"不及十年，岭北、河东"就会尽为夏政权所有，然后"待姚兴死后，徐取长安"。这是勃勃为夏政权明确描绘出的一幅最终夺取关中的战略宏图。此后就按原计划侵掠岭北，致使"岭北诸城门不昼启"[3]。

1　司马光：《资治通鉴》卷114晋安帝义熙三年，中华书局，1956，第3602页。

2　房玄龄：《晋书》卷130《赫连勃勃载记》，中华书局，1974，第3203页。

3　房玄龄：《晋书》卷130《赫连勃勃载记》，中华书局，1974，第3203页。

对于勃勃不固守一城的游击战术，有学者认为这是勃勃落后、保守的体现，并说："北魏与夏均为淝水之战后兴起的国家，道武帝与赫连勃勃又都出生于北方的游牧部落，何以前者如此进步而后者如此保守呢？"他以勃勃与拓跋珪的个人经历去解释，认为主要是由于勃勃一直生活在草原，而道武帝在建国以前有在中原长期生活的经历。[1]这固然可能是其中的一个原因，但这并不能说明勃勃就是保守，道武帝就是进步。事实上这恰恰说明勃勃能够审时度势，出于现实情况考虑而做出明智决定。诚然，北魏与夏国均是在淝水之战后兴起的国家，但具体情况还是有所不同的。在淝水之战前，拓跋鲜卑就建立过代国，而且存在了39年的时间。其间，"烈帝死后，昭成帝什翼犍统治时，我们看到国家的机构又建立了。国王的周围以贵族为核心吸收了一批人作他的侍从，并且设置了新的适应于经济基础的政权机构"；而且"从力微以后直到猗卢，这个新兴国家业已逐渐向南发展……那末即使原来的游牧人民没有立刻向农业转化，逃亡晋人以及业已接受农耕技术的乌丸也必然会在那里从事农业劳动"[2]。因此，重新建国后

1　李凭：《北魏平城时代》，社会科学文献出版社，2000，第35页。
2　唐长孺：《拓跋国家的建立及其封建化》，载《魏晋南北朝史论丛（外一种）》，河北教育出版社，2002，第193、210~211页。

的北魏自然可以采取定居方式。而勃勃的夏政权此时的生产方式主要还是游牧。北魏经过了代国这一阶段，起点比铁弗匈奴高，在政治上、经济上都有了一定的基础，许多方面也已初具规模，因此具备了定都与定居的条件。

何况在当时北方混战的局面下，游牧经济以及其作战方式还是有非常大的优势的。关于这一点，代国的燕凤有过比较精辟的分析："北人壮悍，上马持三仗，驱驰若飞。……军无辎重樵爨之苦，轻行速捷，因敌取资。此南方所以疲弊，而北方之所常胜也。"[1]

在不固守一城及是否建都立邑这一问题上，新建的大夏政权与原为游牧部落后于河湟地区建国的南凉情况比较相似。东晋隆安五年（401），武威王利鹿孤欲称帝，其安国将军鏀勿仑劝谏时说："吾国自上世以来，被发左衽，无冠带之饰，逐水草迁徙，无城郭室庐，故能雄视沙漠，抗衡中夏。今举大号，诚顺民心。然建都立邑，难以避患，储蓄仓库，启敌人心；不如处晋民于城郭，劝课农桑以供资储，帅国人以习战射，邻国弱则乘之，强则避之，此久长之良策也。"[2]这正与

---

1 魏收：《魏书》卷 24《燕凤列传》，中华书局，1974，第 609 页。

2 司马光：《资治通鉴》卷 112 晋安帝隆安五年，中华书局，1956，第 3517 页；参见《晋书》卷 126《秃发利鹿孤载记》，中华书局，1974，第 3145 页。

勃勃不固守一城的看法不谋而合。而且另一游牧民族拓跋鲜卑的王皇后也有过与勃勃基本相同的想法："昭成初欲定都于灅源川，筑城郭，起宫室，议不决。后（王氏）闻之，曰：'国自上世，迁徙为业。今事难之后，基业未固。若城郭而居，一旦寇来，难卒迁动。'乃止。"[1]

这说明不固守一城不仅不是保守落后的表现，而且还是游牧民族刚开始建立政权之时所普遍采取的一种比较稳妥的措施，是勃勃能审时度势的体现。建立政权之后，勃勃没有盲目地定居、建都，成为众矢之的，而是根据自身的实际情况和周边的形势，采取游牧生活方式保存实力。实际上铁弗匈奴和秃发南凉等民族政权在条件成熟之后，都顺应形势不同程度地开始了定都或定居生活。

二　蚕食后秦岭北

夏政权建立之后的军事活动及领土扩大过程基本上是按照勃勃的既定目标进行的，首先是逐渐蚕食后秦的岭北地区。

对于"岭北"地名的解释，学者说法不一。胡三省

1　魏收：《魏书》卷13《平文皇后王氏列传》，第323页。

云"岭北，谓九嵕岭北"[1]；马长寿先生根据胡注进而阐发为"古代以九嵕山以北为岭北，在今礼泉县北"[2]。谭其骧先生定其为"今甘肃庆阳西北"[3]。史念海先生对"岭北"一词的解释又有所不同："这次战役（指后秦与夏的河曲之战）之后，岭北夷夏降附于勃勃的数以万计。两方既战于河曲，河曲之南的山以横山为最大。所谓岭北当指横山而言。"[4]侯甬坚先生认为岭北当为甘肃马岭以北，"即指泾河上游支流环江岸边的马领县以北地区"[5]。吴宏岐的看法是："后秦'岭北'非仅限于九嵕山以北，而是泛指关中北缘山系（古称'北山'）以北广大的范围。"[6]

胡三省的"岭北，谓九嵕岭北"及马长寿先生的说法，似有不妥。按九嵕岭位置在今陕西礼泉县东北，地处北山之南、关中平原北缘，与十六国时期勃勃"寻进

---

1 司马光：《资治通鉴》卷108晋孝武帝太元二十年，中华书局，1956，第3419页。

2 马长寿：《碑铭中所见前秦至隋初的关中部落》，中华书局，1985，第14页。

3 谭其骧：《中国历史地图集》图说部分，中国地图出版社，1991，第18页。

4 史念海：《十六国时期各割据霸主的人口迁徙》，载氏著《河山集》第七集，陕西师范大学出版社，1999，第429页注释。

5 侯甬坚：《十六国北朝"岭北"地名溯源》，《中国历史地理论丛》2001年第1辑，第124页。

6 吴宏岐：《后秦"岭北"考》，《中国历史地理论丛》1995年第2辑，第183页。

据安定（今甘肃泾川县北），姚泓岭北镇戍郡县悉降，勃勃于是尽有岭北之地"[1]不符。从史书记载十六国时期在岭北附近发生的相关事件，可以看出岭北不应是一个单一的地理坐标的北部，而应该是九嵕山向西、庆阳以北一线山岭比较合适，吴说近似。

　　新建的夏国以后秦作为首要进攻对象的同时，也试图联合周边一些力量。西边力量较强的南凉成为其首选。在建国的当年，勃勃就遣使向南凉求婚，但被秃发傉檀拒绝，勃勃一怒之下于此年十一月率二万骑兵攻打南凉，双方发生战争。在这场战争中，勃勃先败傉檀于支阳（今甘肃永登县），"杀伤万余人，驱掠二万七千余口、牛马羊数十万而还"。后因傉檀不甘失败，以为勃勃不过是"败亡之余，乌合之众"，于是率部众追击勃勃，双方又战于阳武下峡（今甘肃靖远县），致使南凉随行名臣勇将死者十之六七，战士损失万余人，傉檀率数骑奔南山，几为勃勃追骑所得。[2]与勃勃一战使得南凉的元气大伤，虽然此后与后秦姑臧之战获胜，但其统治根基已经发生动摇。攻打南凉的同时，勃勃又顺势于青石原（今甘肃

1　房玄龄：《晋书》卷130《赫连勃勃载记》，中华书局，1974，第3208页。
2　司马光：《资治通鉴》卷114晋安帝义熙三年，中华书局，1956，第3603页。

泾川县）打败秦将张佛生，俘斩五千余人。[1]

在南凉外败内乱（成七儿与边宪之乱）的情况下，姚兴乘虚而入，于夏龙升二年（408）五月授予姚弼、姚剑、乞伏乾归等三万兵力攻打秃发傉檀，同时亦分拨齐难两万兵马进攻赫连勃勃。因受讨伐赫连勃勃分兵的影响，姚弼等人对秃发傉檀的作战能力大大减弱，秦兵对南凉一战，无功而返。对于前来的后秦大军，勃勃并不与其正面交锋，而是采取迂回战术，放弃其现有的势力范围，退保河曲（朔方东北黄河河曲），致使齐难扑空。齐难在引兵返回的途中纵兵掠野，勃勃的伏兵对其进行袭击，遂大破齐难之军，俘获七千余人，收其戎马兵杖。齐难引军而退，勃勃再次追击于木城（今陕西榆林市），擒获齐难，俘其将士一万三千人、戎马万匹。勃勃与齐难之战，使新建的夏国声威大震，岭北地区原属于姚兴的夷夏数万计纷纷转向勃勃，勃勃对所征服的地区拜置守宰以抚之。[2]此战改变了秦强夏弱的局面，故史称"齐难之败，则赫连之患炽矣"[3]。此后勃勃与姚兴连年互相攻战于秦、陇之间。

1　房玄龄：《晋书》卷130《赫连勃勃载记》，中华书局，1974，第3204页。

2　房玄龄：《晋书》卷130《赫连勃勃载记》，中华书局，1974，第3204页。

3　司马光：《资治通鉴》卷114晋安帝义熙四年，中华书局，1956，第3608页。

夏国龙升三年（409），姚兴重新调整兵力，派出以其弟姚冲为主帅、大将狄伯支为副帅的四万骑兵袭击勃勃，不料事情中途有变，姚冲企图回长安夺取政权，狄伯支拒绝参与阴谋，被冲毒死。事变虽然被姚兴迅速平息，但是预期的军事目的没有达到。三个月后，勃勃却成功地袭击了后秦的高冈、五井，掠平凉杂胡七千余户以配后军，并进屯平凉以南的依力川（今宁夏固原市东南）。[1]

九月，姚兴率兵来到贰城，要与勃勃决一死战。到贰城后，姚兴遣安远将军姚详及敛曼嵬、镇军将军彭白狼分督租运。勃勃趁姚兴诸军兵力分散之际，率骑兵袭击姚兴的老营。后秦将军姚榆生被勃勃所擒，勃勃乘胜洗劫了周围的郡县，将当地七千余户居民迁徙到大城（今内蒙古杭锦旗东南），退兵。姚兴给姚详留下禁兵五千守贰城，自己返还长安。[2]

不久，勃勃又击败姚兴敕奇堡的王奚、黄石固的金洛生、我罗城的弥姐豪地等，迁徙黄石固、我罗城（均在陕西黄陵北）的七千余家居民于大城，以其丞相右地代领幽州牧以镇之。

龙升四年（410），赫连勃勃遣尚书金纂率骑一万攻

1　司马光：《资治通鉴》卷115晋安帝义熙五年，中华书局，1956，第3614页。

2　房玄龄：《晋书》卷118《姚兴载记下》，中华书局，1974，第2993页。

后秦的平凉（今甘肃平凉市西北）。姚兴亲自率兵来救，金纂为兴所败，被生擒。秦、夏相攻，这是后秦取得的比较少的胜利中的一次。接着勃勃兄子左将军罗提[1] 率步骑一万攻打驻守于定阳（今陕西延长县）的后秦北中郎将姚广都，坑杀姚之将士四千余人，以其女弱为军赏。秦将曹炽、曹云、王肆佛等各自率数千户内徙，姚兴为了避免更多的人口落入勃勃手中，将这批内迁居民安置到内地的湟山泽及陈仓。勃勃又于清水城（今甘肃清水县西北）击败姚兴将领姚寿都，迁徙一万六千家于大城。姚兴自安定追击，至寿渠川，但不及而还。[2]

龙升五年（411），勃勃率骑三万攻安定。姚兴雍州刺史杨佛嵩统帅岭北见兵[3] 迎击夏军，为勃勃所败，降其众四万五千，获戎马二万匹。杨佛嵩被俘，绝食而死，[4] 勃勃又进攻姚兴将党智隆于东乡。党智隆投降，勃勃署智隆为光禄勋，徙其三千余户于贰城。此战之后，姚兴镇北参军王买德前来投奔。勃勃以王买德为军师中郎将，从此王买德成为夏国的重要谋臣，勃勃的许多军事策略

1　《晋书》卷 118《姚兴载记下》"罗提"为"提"（第 2994 页）。

2　房玄龄：《晋书》卷 118《姚兴载记下》，中华书局，1974，第 2994 页。

3　所谓"见兵"即收编来的当时由西晋将领与地方官统领的军队，见高敏《魏晋南北朝兵制研究》，大象出版社，1998，第 191 页。

4　司马光：《资治通鉴》卷 116 晋安帝义熙八年，中华书局，1956，第 3654 页。

都出自王买德。

自夏国建立，在不到十年的时间里，勃勃按既定的战略，以骁骑风驰的夏军使平凉、杏城、定阳等重镇几度易手，先后消灭秦军近十万人，抢掠人口两万多户，牲畜财产不计其数，将其统治区域向南推进到杏城、安定一线。

在这种形势下，勃勃开始改变以前不专一城、游击作战的策略，于夏龙升七年（413）三月，改元凤翔，以叱干阿利为将作大匠[1]，征发岭北夷、夏十万人，筑都城于朔方水北、黑水之南，自谓"方统一天下，君临万邦，可以统万为名"[2]。史载叱干阿利性巧而残忍，在筑统万城时采取"蒸土筑城"的方式，并用锥刺城墙，如果"锥入一寸，即杀作者而并筑之"；与此同时，还制造了许多兵器，兵器制成之后呈之，"射甲不入则斩弓人，入则斩甲匠"；"铸铜为一大鼓，飞廉、翁仲、铜驼、龙虎之属，饰以黄金，列于宫殿之前"。因为修筑统万城及制造器物之时杀工匠数千人之多，"由是器物皆精利"[3]。

对于其来自汉朝宗室的姓氏"刘"，勃勃认为"其

1　"叱干"即"薛干"之异译，叱干阿利原为薛干部人，因有恩于勃勃，故夏建国伊始，即被封为御史大夫、梁公，承担修建统万城的重任。
2　房玄龄：《晋书》卷130《赫连勃勃载记》，中华书局，1974，第3205页。
3　司马光：《资治通鉴》卷116晋安帝义熙九年，中华书局，1956，第3659页。

祖从母姓为刘，非礼也"。乃改姓赫连，其理由是："帝王系天为子，其徽赫与天连也。"对于铁弗匈奴中非正统者，"皆以铁伐为氏"，因"其刚锐如铁，皆堪伐人也"[1]。

凤翔二年（414）十二月，夏王勃勃立夫人梁氏为王后，子璝为太子；封子延为阳平公，昌为太原公，伦为酒泉公，定为平原公，满为河南公，安为中山公。[2]同年后秦的后将军姚敛成因讨伐贰城叛羌失败而投奔勃勃。[3]

一个民族或一个政权，都免不了要和周围的民族及政权交往，因而在交往过程中都有一些原则和政策。一般说来，其与邻国交往的政策主要取决于其所处时代的客观形势及自身发展。十六国时期战乱频仍，政权更替无常，因此赫连勃勃建立夏政权之后，为了在周围政权林立的情况下站住脚，也采取了一些对外策略，这些对外策略具有明显的双重性：一方面结交强国、远国，另一方面征伐和吞并弱国、近邻。凤翔三年（415），夏国一面遣使河西北凉，与之结盟，[4]一面向后秦步步进逼。

1　司马光：《资治通鉴》卷116晋安帝义熙九年，中华书局，1956，第3659页。

2　司马光：《资治通鉴》卷116晋安帝义熙十年，中华书局，1956，第3672页。

3　房玄龄：《晋书》卷118《姚兴载记下》，中华书局，1974，第2997页。

4　司马光：《资治通鉴》卷117晋安帝义熙十一年，中华书局，1956，第3679页。

　　凤翔二年（414），姚兴病重，后秦皇室内部发生了权力之争，姚弼阴谋夺取皇太子姚泓之位，几乎演变成大规模的内战。翌年（415），姚弼诬陷姚宣，姚兴信以为真，派人到杏城（今陕西黄陵县西南）将姚宣逮捕下狱。夏国乘机攻取后秦杏城，执后秦守将姚逵，坑士卒二万人。勃勃攻后秦杏城时，姚兴遣姚弼前去营救，弼至冠泉时，杏城已被勃勃攻陷。姚兴至北地，姚弼驻军于三树，姚兴遣广平公姚弼及辅国将军敛曼嵬向新平（治今陕西彬州市）进军，姚兴则返还长安。[1]

　　勃勃在进攻后秦杏城的同时，还遣其将赫连建攻贰城，赫连建率数千骑进入平凉，姚恢与赫连建战于五井，后秦平凉太守姚周都[2]为赫连建所获，夏军进入新平。秦广平公姚弼出兵讨伐，双方又战于龙尾堡，此战姚弼击破赫连建，建被擒送于长安。当时，勃勃正在攻击驻守于石堡的彭双方，闻赫连建败，遂退兵。[3]

　　凤翔四年（416）后秦姚兴死，其子姚泓继位，内部矛盾激化。首先是李闰（今陕西大荔县东）羌酋党容率所部反，党容败后投降，姚赞徙其豪右数百户于长安。

1　司马光：《资治通鉴》卷 117 晋安帝义熙十一年，中华书局，1956，第 3676~3677 页。

2　《资治通鉴》卷 117 晋安帝义熙十一年作"姚军都"（第 3681 页）。

3　房玄龄：《晋书》卷 118《姚兴载记下》，中华书局，1974，第 3001 页。

接着北地太守（郡治泥阳，今陕西铜川市南）毛雍反。[1]
此后，皇室内部也出现问题，就是姚宣之叛。时姚宣镇
守李闰，听从了参军韦宗的劝告，率户三万八千弃李闰，
南保邢望。李闰诸羌随即反叛。姚泓遣姚绍率兵讨伐，
镇压了反叛，又乘机捕杀了姚宣。[2]接着并州（今山西太
原）、定阳（今陕西延长）、贰城胡数万落反，进攻平
阳（今山西临汾），攻击驻守匈奴堡的后秦立义将军姚成
都，推匈奴人曹弘为大单于。曹弘败后，后秦徙其豪右
万五千落于雍州（治安定，今甘肃泾川县）。仇池公杨盛
也起兵反秦，并俘后秦建节将军王总，逼近秦州（治上
邽，今甘肃天水市）。[3]

就在此时，勃勃乘机率骑四万进兵上邽，杀后秦
秦州刺史姚平都及将士五千人，毁城而去；又进攻阴密
（今甘肃灵台），杀后秦将领姚良子及将士万余人，以其
子赫连昌为使持节、前将军、雍州刺史，镇阴密。后秦
征北将军姚恢弃安定（今甘肃泾川北）奔于长安，安定
人胡俨、华韬率户五万据安定降于勃勃，勃勃以胡俨为
侍中，华韬为尚书，留镇东将军羊苟儿镇安定，配以鲜
卑兵五千。又攻后秦将姚谌于雍城（陕西宝鸡市东北），

1　房玄龄:《晋书》卷119《姚泓载记》，中华书局，1974，第3008页。
2　房玄龄:《晋书》卷119《姚泓载记》，中华书局，1974，第3009页。
3　房玄龄:《晋书》卷119《姚泓载记》，中华书局，1974，第3009页。

姚谌败逃长安。[1]

　　勃勃占据雍城之后，又乘胜进攻郿城（今陕西眉县东北），后秦东平公姚绍及征虏将军尹昭、镇军将军姚洽率步骑五万迎击夏军，姚恢以一万继之，军次于横水，勃勃只好退趋安定，但为其侍中胡俨所拒，胡俨等人杀夏镇东将军羊苟儿及所将鲜卑，以安定降后秦。姚绍又进兵马鞍坂击破勃勃，并追勃勃至朝那（今甘肃平凉西北），不及而还，于是勃勃退还杏城。[2]不久，勃勃又遣其兄子提南侵池阳（今陕西泾阳）[3]，秦车骑将军姚裕、前将军彭白狼、建义将军蛇玄击却之。[4]

　　安定对于后秦有着非同寻常的意义，[5]此距长安仅四百余里。凤翔四年（416）勃勃占据安定后，虽然不久退出，但仍使得后秦内部大为恐慌，并就此事专门进行讨论。有人主张放弃安定："安定孤远，难以救卫，宜迁其

1　房玄龄:《晋书》卷 130《赫连勃勃载记》，中华书局，1974，第 3207 页。

2　房玄龄:《晋书》卷 130《赫连勃勃载记》，中华书局，1974，第 3207 页。

3　《资治通鉴》卷 117 晋安帝义熙十二年作"泄阳"（3688 页）。

4　房玄龄:《晋书》卷 119《姚泓载记》，中华书局，1974，第 3010 页。

5　胡三省注:"姚苌之兴也，以安定为根本；后得关中，以安定为重镇，徙民以实之，谓之镇户。"司马光:《资治通鉴》卷 117 晋安帝义熙十二年，中华书局，1956，第 3692 页。

镇户，内实京畿。"[1] 但姚泓最终还是听从了左仆射梁喜的意见，派遣姚恢镇守安定。

同年八月，东晋的权臣刘裕亲统大军，北伐姚泓。刘裕北伐军沿途破关斩将，所向皆捷，很快占据洛阳，前锋进抵潼关。在大敌当前的情况下，后秦内部再次发生动乱，镇守蒲坂的姚懿突然举兵称帝，姚泓调集重兵，将其平定。镇守安定的姚恢也于夏凤翔五年（417），率镇户三万八千，自称大都督、建义大将军，从北雍州出发向长安方向进发，攻陷郿城，长安大震，扶风太守姚儁等皆降于姚恢。姚泓被迫撤回防守潼关的军队，全力应付内乱。东晋军队乘势拿下潼关，进入关中。

凤翔五年（417），长安为东晋所破，后秦亡。同年，勃勃乘东晋军队进攻潼关之际，再次"进据安定，姚泓岭北镇戍郡县悉降，勃勃于是尽有岭北之地"[2]，兵锋开始接近后秦的政治中心长安。

三 与北魏的零星冲突

铁弗匈奴建立夏国之后，最初与北魏之间并未发生

---

1 司马光：《资治通鉴》卷117晋安帝义熙十二年，中华书局，1956，第3692页。

2 房玄龄：《晋书》卷130《赫连勃勃载记》，中华书局，1974，第3208页。

直接的冲突，然而随着夏国势力的壮大，以及北魏向山西、河西地区扩张地盘，两国边境开始接壤，双方边防军之间发生了冲突。夏凤翔二年（414）二月，"赫连屈丐入寇河东蒲子（今山西隰县境内），杀掠吏民，三城护军张昌等要击走之"[1]。这是夏、魏边境发生的首次军事交锋，北魏边防军击退了进攻北魏西部边境河东郡境的夏国军队。与此同时，北魏利用三河胡民对夏国边境军事设施进行破坏，"西河胡曹成、吐京民刘初原攻杀屈丐所置吐京护军及其守士三百余人"[2]。按夏国与北魏交界的三河（河东、河西、河内）地区是胡人的聚居地这一记载，夏国与北魏都在利用当地胡人的力量与对方抗衡。西河胡曹成的族属最大可能是昭武九姓。北魏明元帝时，夏国还与北魏发生过其他冲突。《魏书》卷 30《丘堆列传》载："姚泓既灭，堆留镇并州。赫连屈丐遣三千骑寇河西，堆自并州与游击将军王洛生击走之。"同卷《安原列传》载："太宗时为猎郎，出监云中军事。时赫连屈丐犯河西，原发数十骑击之，杀十余人。太宗以原轻敌，违节度，加其罪责。"同卷《周观传列》载："以功进为军将长

1　魏收:《魏书》卷 3《太宗纪》，中华书局，1974，第 54 页；同书卷 105《天象志二》，第 2351 页。

2　魏收:《魏书》卷 3《太宗纪》，中华书局，1974，第 54 页；同书卷 30《楼伏连列传》也有记载（第 717 页）。

史，寻转军将。击赫连屈丐有功，赐爵安川子，迁北镇军将。"卷14《拓跋屈列传》载："太宗东巡，命屈行右丞相，山阳侯奚斤行左丞相，命掌军国，甚有声誉。后吐京胡与离石胡出以兵等叛，置立将校，外引赫连屈丐。屈督会稽公刘洁、永安侯魏勤捍之，勤没于阵，洁坠马，胡执送屈丐，唯屈众犹存。"总的看来，在近二十年的时间里，夏国与北魏之间直接的冲突较少，可以说基本上没有发生大的正面交锋。最主要的原因是，夏魏双方共同的边境线极为有限，而且其间还有吐京胡与离石胡等胡人聚居地作为缓冲区，在当时进行越境战争既无必要也不可能。

后秦姚氏政权被刘裕大军所消灭，赫连勃勃乘机占据关中地区，称帝于灞上，定都统万，以长安为南都。与此同时，北魏在河北地区的拓地亦取得了很大进展，至元嘉二年（425）魏夏两国发生大规模冲突之时，中国北方地区除辽东、河西及河南一部分外，全都处于北魏及夏国的控制之下，北魏在东，夏国在西，两个政权有着绵长的边境线，双方的冲突在所难免。再加之北魏泰常八年（423）北魏明元帝病逝，太子拓跋焘即位，他继续奉行道武帝、明元帝的开疆拓土政策，把发动兼并战争以实现北方地区的统一作为主要的政治目标，因此双方必定会有一场你死我活的战争。

四 攻占关中及称帝长安

夏凤翔五年（417），刘裕大军攻下后秦长安，但因急于回洛阳策划篡夺东晋政权，故留其太尉谘议参军王修及傅弘之等辅其次子刘义真（时年十二岁）镇守长安，自己东还。对于此种情况，早在刘裕伐秦之初，勃勃就已预测到，曾对群臣分析说："姚泓非裕敌也。且其兄弟内叛，安能拒人！裕取关中必矣。然裕不能久留，必将南归；留子弟及诸将守之，吾取之如拾芥耳。"[1] 其实对于当时刘裕攻打长安的结果，北魏的谋臣崔浩也认识得非常清楚："昔姚兴好事虚名而少实用，子泓懦而多病，兄弟乖争。裕乘其危，兵精将勇，何故不克！"[2]

因此，早在刘裕进攻后秦长安之时，勃勃就厉兵秣马，训养士卒，准备进取。而刘裕亦预感到赫连勃勃的威胁，因此于灭秦之后，遣使遗勃勃书，约为兄弟。勃勃为了抬高自己的声望，事先命臣下草拟一封复书，暗中把它背熟，然后面对刘裕使者口授舍人而命书之，以还报刘裕，使裕读其文而自叹不如。

---

1 司马光:《资治通鉴》卷118晋安帝义熙十三年，中华书局，1956，第3711页。

2 司马光:《资治通鉴》卷118晋安帝义熙十三年，中华书局，1956，第3705页。

赫连勃勃闻刘裕东还，非常高兴，问计于谋臣王买德：
"朕欲取关中，卿试言其方略。"买德建议说："关中形胜
之地，而裕以幼子守之，狼狈而归，正欲急成篡事耳，不
暇复以中原为意。此天以关中赐我，不可失也。青泥（今
陕西蓝田）、上洛（今陕西商洛市商州区），南北之险要，
宜先遣游军断之；东塞潼关，绝其水陆之路；然后传檄三
辅，施以威德，则义真在网罟之中，不足取也。"王买德
对关中地形了然于胸，其所言"关中形胜之地"，只要断
青泥、上洛要冲（即从武关向西北进入关中的门户），守
住潼关，断自东而西的崤山之道，把住崤函道、陕之水陆
通道，使东晋的军队不能从南道和关东前来增援，便可袭
取长安。于是勃勃以其子抚军大将军赫连璝都督前锋诸军
事，率骑兵两万向长安进发，前将军赫连昌屯潼关。以买
德为抚军右长史，屯青泥，勃勃将大军为后继。[1]

　　刘裕攻占长安之后，曾置东秦州，使其子义真领东
秦州刺史，这一行为使当时陇上百姓明白刘裕根本"无
复经略陇右、固关中之意"[2]。夏凤翔六年（418）春，赫
连璝进军至渭阳之时，对刘裕失望之余的关中民众纷纷
归附于赫连璝。东晋龙骧将军沈田子率领军队拒之，但

1　司马光：《资治通鉴》卷118晋安帝义熙十三年，中华书局，1956，第
3715页。
2　沈约：《宋书》卷61《刘义真列传》，中华书局，1974，第1634页。

害怕赫连璝人多势众，故退屯刘回堡。[1]

　　在双方的争战处于胶着状态之时，东晋北伐将领王镇恶与沈田子之间发生矛盾。沈田子退屯刘回堡之后，遣使太尉谘议参军王修向司马王镇恶报告情况。镇恶对王修说："公（刘裕）以十岁儿付吾属，当共思竭力；而（沈田子）拥兵不进，虏何由得平！"言外之意埋怨沈田子退兵。使者还，将情况告知沈田子，促使田子与镇恶之间旧有的矛盾加深。此后不久，镇恶与田子俱出北地以拒夏兵，因王镇恶是关中人，因此晋军中有传言说镇恶欲尽杀南人，据关中反。田子请镇恶至傅弘之营计事，使其宗人沈敬仁斩王镇恶，并矫称受太尉令诛之。但傅弘之奔告刘义真，义真与王修又斩沈田子，以冠军将军毛修之代镇恶为安西司马。[2]刘义真年少，赐予左右无节，王修每裁抑之。刘义真左右皆有怨言，于是对义真曰："王镇恶欲反，故沈田子杀之。修杀田子，是亦欲反也。"义真信之，使左右刘乞等杀修。[3]王修死后，人情离骇，莫相统一。

　　晋将傅弘之率兵对夏国发起反击，一败夏国于池阳，

1　《南史》卷16《王镇恶列传》作"刘因堡"（第456页）。

2　司马光：《资治通鉴》卷118晋安帝义熙十四年，中华书局，1956，第3716页。

3　司马光：《资治通鉴》卷118晋安帝义熙十四年，中华书局，1956，第3720页。

再败之于寡妇渡（今甘肃庆城县北），由于损失甚众，夏国不得不暂时退兵。[1] 义真悉召外军（谓屯蒲坂以捍魏，屯渭北以捍夏之军也）入长安，闭门拒守。关中郡悉降于夏。赫连璝夜袭长安，但没有成功。夏王勃勃进据咸阳，长安樵采路绝。[2]

刘裕闻讯，使辅国将军蒯恩入长安，乃召义真东归，而以相国右司马朱龄石为都督关中诸军事、右将军、雍州刺史，代镇长安。刘裕谓龄石曰："卿至，可敕义真轻装速发，既出关，然可徐行。若关右必不可守，可与义真俱归。"又命中书侍郎朱超石慰劳河、洛。[3]

十一月，龄石至长安。义真在东归的路程中，纵容所率将士大肆掠夺，因掠夺太多的宝货、子女，导致辎重过多，军队行动比较缓慢。赫连璝率众三万追义真。建威将军傅弘之因为夏军追骑且至，建议"弃车轻行"，但刘义真不从。不久，夏国大军至，傅弘之、蒯恩断后，力战连日，至青泥，晋兵大败，弘之、恩皆为王买德所擒。司马毛修之与义真失去联系，最后为夏兵所擒。义

1　司马光:《资治通鉴》卷118晋安帝义熙十四年，中华书局，1956，第3716页。

2　司马光:《资治通鉴》卷118晋安帝义熙十四年，中华书局，1956，第3720页。

3　司马光:《资治通鉴》卷118晋安帝义熙十四年，中华书局，1956，第3720页。

真行军在前，到日暮时分，夏兵不再继续追赶，故而免于被擒；但其左右全部逃散，义真独自躲在草中。[1]傅弘之被夏军俘获后，赫连勃勃想劝其归附，弘之不从，勃勃裸之，当时天气寒冷，傅弘之最后叫骂而死。勃勃积人头为京观，号曰"髑髅台"。长安百姓驱逐镇守长安的晋将朱龄石，龄石焚烧长安的宫殿，逃向潼关，至成守潼关曹公故垒的晋龙骧将军王敬先处，前来慰劳在河、洛一带作战将士的晋中书侍郎朱超石（龄石之弟）行至蒲坂后，得知其兄所在，亦前去曹公故垒。赫连昌攻打曹公故垒的王敬先，采取断其水道的策略，攻陷其城。朱氏兄弟、王敬先及右军参军刘钦之皆被擒，送至长安，后被勃勃所杀。勃勃进入长安之后，大飨将士，因王买德"算无遗策"，其往日之言"一期而验"，遂以买德为都官尚书，封河阳侯。[2]

刘裕得知青泥之败，但不知其子刘义真的存亡，准备再次北伐，后得知义真逃脱夏军的追赶，才作罢，然后以天水太守毛德祖为河东太守，守卫蒲坂（今山西永济市）。

夏凤翔六年（418），赫连勃勃筑坛于灞上，即皇帝位，

1　司马光：《资治通鉴》卷118晋安帝义熙十四年，中华书局，1956，第3720~3721页。

2　司马光：《资治通鉴》卷118晋安帝义熙十四年，中华书局，1956，第3721页。

改元昌武。至此，勃勃多年的夙愿终于实现，大夏国走到了极盛时期。史书记载其最强盛时期的疆土："南阻秦岭，东戍蒲津，西收秦、陇，北薄于河。置幽州于大城，朔州于三城，雍州于长安，并州于蒲阪（坂），秦州于上邽，梁州于安定，北秦州于武功，豫州于李闰，荆州于陕。其地不逮于姚秦，而雄悍则过之矣。"[1]大概大夏的疆域包括今陕西渭水以北、内蒙古河套地区、山西西南部及甘肃东南部。攻占长安是大夏政权发展的鼎盛时期，但也是大夏从盛转衰的开始，大夏国到达顶峰的同时也为它的覆亡埋下了伏笔。

昌武二年（419），夏将叱奴侯提率步骑两万攻东晋河东太守毛德祖于蒲坂，德祖无法抵御，奔于彭城。[2]勃勃以侯提为并州刺史，镇蒲坂。

史载勃勃性情骄虐，视民如草芥。"常居城上，置弓剑于侧，有所嫌忿，手自杀之。群臣忤视者凿其目，笑者决其唇，谏者先截其舌而后斩之。"[3]不仅如此，勃勃还杀害了京兆士人韦祖思。[4]勃勃在群臣的劝谏下称帝之后，

---

1 顾祖禹:《读史方舆纪要》卷3《历代州域形势》,中华书局,2005,第145页。

2 司马光:《资治通鉴》卷118晋恭帝元熙元年,中华书局,1956,第3725页。

3 司马光:《资治通鉴》卷118晋恭帝元熙元年,中华书局,1956,第3726页。

4 房玄龄:《晋书》卷130《赫连勃勃载记》,中华书局,1974,第3209页。

征隐士韦祖思，祖思到后，由于其恭惧过甚，勃勃大怒，说："我以国士征汝，汝乃以非类遇我！汝昔不拜姚兴，今何独拜我？我在，汝犹不以我为帝王；我死，汝曹弄笔，当置我于何地邪！"遂杀之。[1]

对于勃勃杀害韦祖思一事，学者们大多从勃勃性格残暴来解释，但笔者以为这种解释稍嫌简单和程式化。魏晋南北朝时期，大量的北方游牧民族南迁，进入中原内地，随着与农业民族（汉族）接触的日益频繁和深入，这些游牧民族对汉族文化的了解和体会也进一步深入，他们开始意识到两种文化及经济模式的不同与差距。这些游牧民族进入农耕地区之后，失去了草原这一基础，其旧有游牧经济生活的优势逐渐削弱，加之中国传统文化中非常浓厚、根深蒂固的"非我族类，其心必异"的民族观念，从而使游牧民族原有的"强胡"心理丧失存在的根基，由于"各族与汉族相比，社会经济、文化程度的发展都比较低，他们向经济、文化发展比较高的汉族转化，表现在民族心理上更多的是卑怯的心理，而不是民族的自傲自大"[2]。由"强胡"至"卑怯"，这种心理上的巨大落差，往往使他们无所适从，因此在

1　司马光:《资治通鉴》卷 118 晋恭帝元熙元年，中华书局，1956，第 3725 页。
2　黄烈:《中国古代民族史研究》，人民出版社，1987，第 34 页。

对待汉族人士的政策上难免会有许多失当之处，勃勃杀害韦祖思一事当从这方面分析和考虑。对于勃勃这种心理，从现代心理学中也能找到理论依据："一个民族当与本民族成员在一起时，所显露的是个体意识，而当与其他民族在一起时，更多显露的则是民族意识。……当所属民族团体衰落时，所显露于外的则是民族自卑与民族压抑感。"[1] 而且，心理学也认为如果"一个民族长期受到文化上的攻击和迫害，因为他们的文化和民族特征而遭受污辱和歧视，就会使这一民族的成员产生一种文化上的自我拒绝的自卑心理，在这一阶段民族成员羞于他们自己本民族的特征与文化，民族同一性失调。在行为上会有意躲避与其他民族接触，或者过分地追求使自己成为一个文化上被认同的人……自卑的民族意识只在异质文化的冲突中体验和表现出来，弱小的、相对落后的少数民族体验较深，在单独一个民族内部则很少有自卑的体验"[2]。

从史书的记载看，勃勃之所以杀害韦祖思，主要是因为韦祖思表现得太过"恭惧"，这种"恭惧"使得勃勃认为韦祖思把他作为"非类"对待，是一种不平等的状态。姚

1　孙玉兰、徐良玉：《民族心理学》，知识出版社，1990，第31页。

2　张世富：《民族心理学》，山东教育出版社，1996，第46页。

兴征召时,韦祖思"不拜姚兴",却前来拜会勃勃,这又让勃勃认为是韦祖思"不以我为帝王"。从此可以看出,勃勃对于所征服地区的人民具有非常强的防范心理,而这种防范心理很大程度上来自于勃勃的自卑心理,因此,勃勃最不愿意看到或者可以说比较惧怕的是被汉族目为"非类",他希望的是汉族士人把他当作同类,至少是平等地对待他,绝对不是把他当作"非类"式的毕恭毕敬和畏惧,同时还要让汉族士人把他当作真正的"帝王"。而勃勃从心里认为汉族士人把他当作了"非类",也没有把他当作一个真正的"帝王",这是一种面对汉族士人时所表现出的极度敏感的自卑,正如胡三省所说,"勃勃之杀祖思,虐矣。然祖思之恭惧过甚,勃勃以为薄己而杀之,则勃勃为有见,而祖思为无所守也"[1]。

五 放弃定都长安

长安作为当时北方的政治、经济中心,为许多割据政权所向往,勃勃对长安也是心向往之,早在其建立政权之初就定下目标,先后秦岭北、河西,后长安。经过近十年的东征西讨,赫连勃勃终于实现了自己的目标,得

---

1 司马光:《资治通鉴》卷118晋恭帝元熙元年,中华书局,1956,第3725页。

以称帝于长安附近的灞上。但是，当群臣请求定都于此时，勃勃却拒绝说："朕岂不知长安历世帝王之都，沃饶险固！然晋人僻远，终不能为吾患。魏与我风俗略同，土壤邻接，自统万距魏境裁百余里，朕在长安，统万必危；若在统万，魏必不敢济河而西。诸卿适未见此耳。"[1]最终在勃勃的坚持之下，放弃定都长安。夏昌武二年（419）二月，乃于长安置南台，以太子璝领大将军、雍州牧、录南台尚书事，镇守长安。勃勃还统万，改元真兴。

国都的选择是否得当，关乎国家的盛衰，故有人言："天下之形势，视乎建都。"[2]对于勃勃放弃长安，学者们多有议论。但笔者以为在讨论这一问题时，学者们都忽略了一个最关键的问题，即铁弗匈奴当时所处的发展阶段及当时的形势。

对于长安的"沃饶险固"及其他方面的意义，勃勃认识得非常清楚，但是长安是当时各民族或各政权的夺取目标，以长安为都城有可能使其成为众矢之的。而当时铁弗匈奴的实力无法应付几面受敌的危险，尤其是与东晋、北魏相比，赫连夏的实力更是有限。比较北魏和

1　司马光：《资治通鉴》卷118晋恭帝元熙元年，中华书局，1956，第3725页。
2　顾祖禹：《读史方舆纪要》"魏禧叙"，中华书局，2005，第1页。

东晋，"晋人僻远，终不能为吾患"，而且此时刘裕专注于江南，"无暇有意于中原"[1]，更不必说关中了。刘裕伐秦姚泓，北魏曾发兵乘隙攻击，使刘裕陷于被动，有此前车之鉴，刘裕必定不会冒险行事。而"魏与我风俗略同，土壤邻接，自统万距魏境才百余里，朕在长安，统万必危；若在统万，魏必不敢济河而西"。这样赫连夏南部的疆域安全形势相对宽松，而与东晋相比，近在咫尺的东邻北魏却是夏国最直接的威胁。正如学者所说："勃勃所重者，魏也！所恨者，魏也！所惧者，魏也！"[2]

勃勃放弃以长安为都恐怕与当时铁弗匈奴的经济形态也有关。正如一学者所说："究其原因，很要紧的一条，恐怕是这位习惯马上生活的'匈奴正胤'对关中的农耕经济不适应，不习惯，没有信心。"[3]铁弗匈奴自形成以后，主要生活在草原地区，其经济生活方式也以游牧为主。太和二年（367），拓跋代攻铁弗刘卫辰，"收其部落而还，俘获生口及马牛羊数十万头"[4]。承光二年（426），

1　房玄龄：《晋书》卷 130《赫连勃勃载记》，中华书局，1974，第 3208 页。

2　杨满忠：《统万城建筑规模及其历史作用》，载《统万城遗址综合研究》，三秦出版社，2004，第 175 页。

3　胡戟：《十六国时期丝绸之路重镇统万城》，载《统万城遗址综合研究》，三秦出版社，2004，第 108~109 页。

4　魏收：《魏书》卷 1《序纪》，中华书局，1974，第 15 页。

北魏第一次攻统万城时，"魏军夜宿城北，癸未，分兵四掠，杀获数万，得牛马十余万"[1]。承光三年（427），北魏第二次攻统万城时，又"获马三十余万匹，牛羊数千万"[2]。如此大量的畜群，没有一定规模的畜牧业是不可能的。在如此情况下，将都城迁至长安，势必会使得铁弗匈奴失去立足之根本。

对于少数民族建立政权之后的迁都问题，与其同时的近邻拓跋鲜卑也同样面临过。甘露三年（258）拓跋力微迁居定襄之盛乐（今内蒙古和林格尔），此后拓跋鲜卑主要以盛乐为活动中心，建兴元年（313），力微子猗卢"城盛乐，以为北都"，力微重孙什翼犍"移都于云中之盛乐宫"，因此可以说盛乐是拓跋鲜卑的旧都。太元十一年（386）道武帝拓跋珪迁都平城（今山西大同），永明十一年（493）北魏孝文帝迁都洛阳，每次其政治中心南迁都相隔一百年左右，即使是这样，在孝文帝南迁之时还是遭到了许多人的极力反对。因此对于勃勃放弃长安，有学者认为是"犯了一个使大夏政权注定没希望的错误"，并进而认为勃勃与北魏孝文帝"二人之间，一

1　司马光:《资治通鉴》卷 120 宋文帝元嘉三年，中华书局，1956，第3789 页。
2　魏收:《魏书》卷 4《世祖纪上》，中华书局，1974，第 73 页。

成一败的结局，由此判定"[1]，"放弃坐镇长安的机遇，这
也是他短期内基业衰败的重要原因"[2]，对于这一说法，笔
者认为并不妥当。相反，笔者认为放弃长安是勃勃审时
度势的结果，当时各方面的形势都决定了勃勃只能以统
万城为都。放弃定都长安，仍以偏居一隅的统万城为国
都，对赫连勃勃来说是迫不得已而作的决定。对勃勃来
说，是否定都长安，是一个两难的选择。自秦汉以后，
中国北部形成两个文化中心，一是长安，一是洛阳。北
方汉族人士在内迁民族纷纷建立政权后，已经接受了这
种状况，开始不以江左政权为归依，也并不向往南朝
了，而且学者认为当时的"北朝汉人有认庙不认神"[3]的
观念。因此，在这种情况下，谁能定鼎长安或洛阳，谁
便是文化正统之所在。可以说长安已经成为一种符号，
一种具有强烈象征意义的符号。关于这一点，勃勃非常
清楚，但是，对铁弗匈奴来说，定都长安，毕竟时机不
成熟，故而勃勃不得不忍痛放弃。离开长安之后，勃勃
仍然心系长安，因此，真兴二年（420）十月于统万城

1　胡戟：《十六国时期丝绸之路重镇统万城》，载《统万城遗址综合研究》，
三秦出版社，2004，第 109 页。

2　薛正昌：《赫连勃勃与统万城》，载《统万城遗址综合研究》，三秦出版
社，2004，第 59 页。

3　万绳楠整理《陈寅恪魏晋南北朝讲演录》，黄山书社，1987，第 234 页。

南山起冲天台，为了使其能"登之以望长安"[1]。而且事实也证明了，统万城被北魏攻破之后，夏政权就只能苟延残喘了。

六 关于勃勃改姓"赫连"氏的问题[2]

铁弗匈奴作为匈奴与鲜卑的混血后代，被当时的草原民族呼为"铁弗"，意即"胡父鲜卑母"，至刘虎统领其部众时，因以为号。[3]刘虎系南匈奴左（右）贤王去卑的后裔，南匈奴入迁内地以后，其单于宗族大约从於扶罗单于之子豹开始改姓"刘"氏[4]，史载其原因是汉高祖曾"以宗女为公主，以妻冒顿，约为兄弟，故其子孙遂冒姓刘氏"[5]，由于铁弗匈奴的先祖去卑为南匈奴单于一族，故铁弗匈奴之祖也随之姓"刘"。铁弗匈奴之先祖姓"刘"似乎始于刘猛之时，刘猛之父兄子弟仍然大多取胡族之名，如刘猛父去卑，猛兄弟辈有诰升爰，诰升爰一名训

1 李昉：《太平御览》卷127《偏霸部》引崔鸿《十六国春秋·夏录》，中华书局，1960，第616页。
2 关于铁弗匈奴改姓赫连及赫连勃勃杀害韦祖思一事的心理分析，详见拙文《十六国时期铁弗匈奴的民族心态——以赫连勃勃为主》，《陕西师范大学学报》（哲学社会科学版）2006年第5期。
3 魏收：《魏书》卷95《铁弗刘虎列传》，中华书局，1974，第2054页。
4 黄烈：《中国古代民族史研究》，人民出版社，1987，第193页。
5 房玄龄：《晋书》卷101《刘元海载记》，中华书局，1974，第2645页。

兜，刘虎一名乌路孤，猛子有副仑等。刘猛改姓"刘"，与其他匈奴改刘姓的目的是相同的，主要是为了适应内迁，号召汉人，以使自己政权合法化。对于铁弗匈奴前后姓氏的变化情况可参见另一拙作[1]。

东晋义熙三年（407）勃勃建立政权，随着不断的东征西讨，其实力不断增强，于是于夏国凤翔元年（413）筑都城统万城的同时，把其冒姓汉朝皇室之"刘"姓改为"赫连"氏。改姓原因如勃勃所说"子而从母之姓，非礼也"，之所以改为"赫连"氏是因为"匈奴呼天为祁连"[2]，而勃勃又以"帝王者，系天为子，是为徽赫实与天连"，"今改姓曰赫连氏，庶协皇天之意"[3]。勃勃将其帝王之姓改为"赫连"的同时，又规定其非正统支庶子孙，"皆以铁伐为氏，庶朕宗族子孙刚锐如铁，皆堪伐人"[4]。

从勃勃改姓诏书看，其改姓"赫连"的原因有两方面：一是受宗法意识的影响，认为"子而从母之姓，非礼也"；二是"赫连"有"徽赫实与天连"之意，改姓

1　吴洪琳：《十六国时期铁弗匈奴的自我认同》，《陕西师范大学学报》（哲学社会科学版）2010年第5期。

2　班固：《汉书》卷6《武帝纪》，中华书局，1962，第203页；同书卷55《霍去病传》，第2481页。

3　李昉：《太平御览》卷127《偏霸部》引崔鸿《十六国春秋·夏录》，中华书局，1960，第615页。

4　房玄龄：《晋书》卷130《赫连勃勃载记》，中华书局，1974，第3206页。

"赫连"是希望其部族及政权能"永享无疆大庆"。对于其宗族支庶改姓"铁伐",是因为帝王的"系天之尊,不可令支庶同之",因此改姓"铁伐",以示其"宗族子孙刚锐如铁,皆堪伐人"[1]。

学者姚薇元先生认为勃勃冒称姒氏及刘氏皆系"伪托之辞",唯"改姓赫连,必有所本。按《魏书·官氏志》有綦连氏,乃居于祁连山之西部鲜卑,'祁连'为鲜卑语称'天'之意。勃勃改译为'赫连',从汉语字面释为'徽赫实与天连';盖译音而兼译意,借以夸示其'系天之尊'也。疑勃勃先世本居于祁连山之西部鲜卑,以役属于匈奴,被号'铁弗'。迨勃勃称帝,乃复其本姓,而其宗族仍以'铁伐'为氏。古轻唇读如重唇,'铁伐'当即'铁弗'之异译,勃勃曲解为'刚锐如铁,皆堪伐人',俾掩饰其先世之丑迹耳"[2]。颜师古注《汉书·武帝纪》之天山及《霍去病传》中之祁连山皆曰"匈奴谓天为祁连"。因此,姚先生认为勃勃取天之意的"祁连"改译为"赫连","从汉语字面释为'徽赫实与天连';盖译音而兼译意,借以夸示其'系天之尊'也"有一定的道理。但是他认为勃勃先世有可能是祁连山之西部鲜卑,

---

1　房玄龄:《晋书》卷130《赫连勃勃载记》,中华书局,1974,第3206页。
2　姚薇元:《北朝胡姓考》,中华书局,1962,第245~246页。

以役属于匈奴，被号"铁弗"的看法有点牵强，史书明确记载"胡父鲜卑母"为铁弗，并不是因鲜卑役属于匈奴而被号铁弗。

对于赫连与铁伐之意，日本学者白鸟库吉认为："玩其文面，赫连与铁伐等姓，视之似汉名，然退而考之，此二名实皆系胡语，而以汉字表示之。赫连之原语为 Kulun，即由天之义而音译者，由是以表示'徽赫与天连'之义。又铁伐之原语，乃音译 Mongol 语与 Turk 语铁之义之 temur 者，由是以表示'刚锐堪伐人'之意。职是之故，铁伐与铁弗皆同名而异译也。"[1]周建奇先生认为"赫连"即"山顶"之意。[2]对于原先同姓的"铁弗"氏被别而二之，分为正统的赫连氏与支庶的铁伐氏，有学者分析其"除了企图改观铁弗匈奴的杂类形象外，还含有神化王权、区分嫡庶、维护王室赫连氏在铁弗匈奴中'正统'地位的目的在内"[3]。可以说分析得比较深刻，但似乎不尽全面。

笔者以为学者分析的赫连勃勃改姓意图也只是表面

1　白鸟库吉：《匈奴民族考》，载《匈奴史论文选集》，中华书局，1983，第 204~205 页。

2　周建奇：《释"赫连"》，《内蒙古大学学报》（哲学社会科学版）1989 年第 2 期。

3　汪福宝：《秃发、拓跋"分姓"目的辨析》，载《魏晋南北朝史论文集》，齐鲁书社，1991，第 254 页。

上的原因而已，其深层的原因是赫连勃勃的民族意识或民族心态。无论学者们如何解释"赫连""铁伐"之意，没有异议的是这二姓肯定是胡语。在当时内迁民族改汉姓、习汉语成为一种风气的情况下，勃勃却放弃其沿用已久的汉朝宗室之"刘"姓，而使用一个少数民族特征比较明显的姓氏，应该蕴含着更加深刻的含义，即刻意强调和凸显其民族特征，这从其宗族子孙改姓"铁伐"体现得更加明显："其非正统，皆以铁伐为氏，庶朕宗族子孙刚锐如铁，皆堪伐人。"[1]即使是如学者所说，"赫连"即"山顶"之意，也明显表现出了铁弗匈奴民族的自豪感。对于铁弗匈奴支庶改姓铁伐，如学者分析所说："铁弗之改姓为赫连，主要还是改正草原诸部族的观感而言的，对于中原的汉人则'又号其支庶为铁伐氏，云其宗族刚锐如铁，皆堪伐人'。此'铁伐'正是'铁弗'的异译，只从字面上看有'以钢铁伐人'之义罢了。"[2]从此分析也可以看出，在赫连勃勃看来，铁弗匈奴值得自豪和骄傲之处是其武力的强大及其部属的勇猛善战，因此其试图以这一优势军事力量征服广大的汉人地区，以达到他统一天下的目的。

1　房玄龄：《晋书》卷130《赫连勃勃载记》，中华书局，1974，第3206页。
2　马长寿：《北狄与匈奴》，生活·读书·新知三联书店，1962，第103页。

一个民族或一个具体的人，其民族意识或民族自信心不是凭空产生的，因为民族意识是社会化过程中的一个重要内容，在不同的环境、不同的场合，人们的认同意识会在不同的层次上强化或弱化。因此，赫连勃勃的这些行为、表现有一定的根源，分析说来，铁弗匈奴民族意识的增强主要来自以下几个方面。

一是历史的原因。在众多的南迁游牧民族之中，匈奴民族是唯一一个建立过草原帝国的民族，而且自秦汉以后，与中原王朝无论是和是战，匈奴都是中原王朝不可忽视的一支力量。匈奴奴隶制国家曾经依靠强大的军事力量，统一了大漠南北，东并东胡，西服西域，形成了"长百蛮"抗大汉的强盛局面。因此西汉时期，匈奴孤鹿姑单于遣使遗汉之书曾经说过："南有大汉，北有强胡。胡者，天之骄子也。"[1] 这充分表达了匈奴在强盛时期民族自豪的感情及其强烈的民族意识。对于匈奴民族曾经的辉煌历史，夏国秘书监胡义周所作《统万城铭》中也有所反映："然纯曜未渝，庆绵万祀，龙飞漠南，凤峙朔北。长辔远驭，则西罩昆山之外；密网遐张，则东缅沧海之表。爰始逮今，二千余载，虽三统迭制于崤函，五德革运于伊洛，秦雍成篡弑之墟，周豫为争夺之数，

1　班固:《汉书》卷94上《匈奴传上》，中华书局，1962，第3780页。

而幽朔谧尔，主有常尊于上；海代晏然，物无异望于下。故能控弦之众百有余万，跃马长驱，鼓行秦赵，使中原疲于奔命，诸夏不得高枕，为日久矣。是以偏师暂拟，泾阳摧隆周之锋；赫斯一奋，平阳挫汉祖之锐。虽霸王继踪，犹朝日之升扶桑；英豪接踵，若夕月之登濛汜。自开辟已来，未始闻也。非夫卜世与乾坤比长，鸿基与山岳齐固，孰能本枝于千叶，重光于万祀，履寒霜而逾荣，蒙重氛而弥耀者哉！"[1]匈奴民族的自豪感跃然纸上。除此之外，西晋末年，匈奴刘渊最早建立"汉"国，此后，内迁的各支匈奴纷纷在北方建立政权，如此一来，历史上的荣耀及眼前的辉煌足以使铁弗匈奴作为匈奴一支而自豪。

二是其生活环境的原因。南匈奴内迁之后，其他的各支都深入到中原腹地，虽然铁弗匈奴先祖去卑也曾在中原内地一带活动过，但是在曹操的政策干涉下，曹魏嘉平三年（251），已经深入至河东平阳一带活动的去卑一支迁居到代北一带。这一支匈奴返回代北地区之后，基本上一直在代北地区生活，与拓跋鲜卑争夺代北的领导权，一直到夏凤翔六年（418）攻入当时后秦的都城长安，铁弗匈奴部众才得以再次进入中原腹地。铁弗匈奴

1　房玄龄：《晋书》卷130《赫连勃勃载记》，中华书局，1974，第3210~3211页。

的首领刘勃勃更是自幼生活在草原。登国六年（391），北魏攻破其世居之代来城，年仅十一二岁的勃勃逃至驻牧在三城一带的薛干部，后又被送至镇守高平的没奕于处，勃勃先后所至的这些部族在当时主要以游牧业为主。夏真兴七年（425）勃勃在统万城病死，他一生大多数时间生活在草原。因此，长期的北方草原生活使得勃勃的"思想观念与文化素养必然涂着十分浓厚的游牧部落习俗的色彩"[1]，从而对本民族有一种偏执的热爱和情结。这种对于草原生活的热爱与自豪感并不是铁弗匈奴所独有的，拓跋鲜卑也与铁弗匈奴有着同样的感情。宋元嘉二十七年（450），宋文帝欲北伐，魏世祖与宋文帝书曰："彼年已五十，未尝出户，虽自力而来，如三岁婴儿，复何知我鲜卑常马背中领上生活。"[2]表达的也是一种身为游牧民族的自豪感。

三是现实状况的原因。铁弗匈奴与当时游牧特性比较浓厚的拓跋鲜卑在长期较量中大多以失利而告终，但是在被拓跋所逼进入朔方地区之后，将注意力转而向南扩展的过程中，其游牧民族的游牧特性及所拥有的骑兵优势得到充分的显现，因此与汉化较深的后秦氏族作战

1　李凭：《北魏平城时代》，社会科学文献出版社，2000，第36页。

2　沈约：《宋书》卷95《索虏列传》，中华书局，1974，第2347~2348页。

却是比较顺利，其原有的既定目标基本实现。这一过程使得铁弗匈奴对其所归属民族的自信心及民族自豪感进一步加深，两汉以来"南有大汉，北有强胡"这种"胡"强心理得以延伸。

对于勃勃的这种行为，也可以从心理学上找到依据。现代心理学认为"当所从属的民族处于上升时期时，他在其他民族面前表现于外的是民族的自尊意识"[1]。

民族意识和民族自豪感本是无可厚非的，但是在当时的历史潮流下，内迁少数民族的汉化成为一种必然的趋势，尤其在改汉姓已经成为一种风气的情况下，勃勃却反其道而行之，因此可以说是一种"不识时务"。也正是这种民族意识决定了赫连勃勃所建的夏政权在政治、经济上的一系列措施的不合理，使这一政权最终不可能得到汉族人民的有力支持，其统治自然也不会稳固和长久，灭亡就成为一种必然。

1　孙玉兰、徐良玉：《民族心理学》，知识出版社，1990，第31页。

第三章
夏国的衰亡及其影响

第一节　夏国的衰弱与覆亡

一　由盛转衰的夏国

夏凤翔六年（418）八月，赫连勃勃攻占长安，同年，即皇帝位。至此，勃勃的预期目标基本达到，夏国走向鼎盛时期。次年二月，勃勃于长安置南台，以其太子赫连璝领大将军、雍州牧、录南台尚书事，镇守长安，自己则于十一月返回统万城。

勃勃返回统万城至北魏攻打统万城之前，有关夏国的情况，史书记载极少，涉及比较多的主要是勃勃统治的残暴、内部的叛乱、大兴土木以及大肆追封等情况。如真兴元年（419）四月，追尊其高祖训兀曰元皇帝，曾祖武（"武"即"虎"，唐房玄龄避李虎讳也）曰景皇帝，祖豹子曰宣皇帝，父卫辰曰桓皇帝，庙号太祖，母苻氏

曰桓文皇后。[1]昌武二年（419），勃勃因其宫殿大成，改
元"真兴"，并令人勒石刻铭，歌颂其功德，此铭即夏国
历史上有名的《统万城铭》。

史载勃勃"性凶暴好杀，无顺守之规"。返回统万城
的勃勃时常居于城上，置弓剑于左右，臣下如果有所嫌
忿，便亲手杀之。群臣之中如有忤视者即毁其目，笑者
则决其唇，谏者谓之诽谤，先截其舌而后斩之，致使其
境内"夷夏嚣然，人无生赖"[2]，一些部落叛离，如夏真兴
二年（420）十二月，杏城羌酋狄温子率三千余家降魏，
胡注曰"背夏降魏也"[3]。

所有这一切，都让人以为攻占长安的预期目标达到
之后，勃勃开始沉湎于一种自满的情绪之中，似乎丧失
了原有的斗志，其注意力转移至大兴土木、追求享乐之
上。但从种种迹象看，实际上"好自矜大"的勃勃并不
想停止对外的扩张。真兴二年（420）十月，勃勃于统万

1　房玄龄：《晋书》卷130《赫连勃勃载记》，中华书局，1974，第3213页；
李昉：《太平御览》卷127《偏霸部》引崔鸿《十六国春秋·夏录》，中华
书局，1960，第616页。
2　房玄龄：《晋书》卷130《赫连勃勃载记》，中华书局，1974，第3213页。
3　司马光：《资治通鉴》卷119宋武帝永初元年，中华书局，1956，第
3738页。

城南山修建冲天台，"欲登之以望长安"[1]，表明迫于形势放弃定都长安、重返统万城的勃勃仍然心系长安。真兴六年（424），勃勃命名其国都统万城四个城门东曰"招魏"（此魏即黄河以东的北魏），南曰"朝宋"（南朝刘宋），西曰"服凉"（指在河西、陇右一带立国的西秦和北凉），北曰"平朔"（笼统地指北方少数民族）。[2] 由此可以看出勃勃并不仅仅满足于偏居一隅，只不过迫于隔河相望的北魏国力日渐强盛，南方的刘宋在刘裕父子的治理下也呈现勃勃生机，向东、向南都没有发展的空间，故而只能改变其扩张方向，转而向西。因此，在自长安返回统万城期间，赫连勃勃一个比较重要的行动就是联合沮渠氏北凉，不断地对西秦进行骚扰，试图将其势力向西发展。西秦不胜其扰，多次向北魏遣使求和，请求出兵攻打夏国。

夏国建立之后，赫连勃勃在不断地攻扰后秦的同时，曾于夏凤翔二年（414），遣其御史中丞乌洛孤与北凉沮渠蒙逊结盟，蒙逊遣其弟湟河太守汉平莅盟于夏，[3] 这是

1　李昉：《太平御览》卷127《偏霸部》引崔鸿《十六国春秋·夏录》，中华书局，1960，第616页。

2　司马光：《资治通鉴》卷119宋文帝元嘉元年，中华书局，1956，第3775页。

3　司马光：《资治通鉴》卷117晋安帝义熙十一年，中华书局，1956，第3679页。

夏、凉第一次结盟。此后一直至承光二年（426）八月，蒙逊遣使请求夏国出兵攻打西秦，赫连昌派兵两路援救，两国之间的关系，史书再无记载。但是，从传世及出土文献中有关沮渠北凉建置年号的相关资料看，夏国与北凉在此期间仍保持着联系。北凉存续期间曾经奉用许多年号，其中"真兴""承阳"两个年号，学术界确定奉用的为大夏年号。"真兴"为赫连勃勃的年号，起自东晋元熙元年（419）二月，止刘宋元嘉二年（425）八月，一共七年，这七年是夏国比较强盛的时期；"承阳"年号，学者认为是来自于赫连昌之"承光"，起自刘宋元嘉二年（425）八月，止元嘉五年（428）二月，共四年。对于沮渠氏为何改"承光"为"承阳"，有学者认为是"史籍所记承光为承阳之误"，或者"承光本不误，是北凉用韵同义近的阳字代替了光字"[1]，另有学者对此的解释是"阳、光二字音义皆可互通"[2]。日本学者关尾史郎认为北凉将"承光"意通为"承阳"，至于何以用意通而不用音

1　朱雷：《出土石刻及文书中北凉沮渠氏不见于史籍的年号》，载《出土文献研究》，文物出版社，1985，第207~208页。

2　吴震：《吐鲁番文书中的若干年号及相关问题》，《文物》1983年第1期，第26页。

通，难以回答，恐怕与夏国的影响力低下有关系。[1]在关尾史郎分析的基础上，王素认为北凉"明里奉用承光年号，暗里改为承阳自搞一套"[2]。从北凉奉用的夏国这两个年号以及夏承光二年（426）八月，蒙逊遣使大夏，请袭西秦，大夏立即做出反应，说明此前两者曾有联系，[3]日本学者由此认为北凉曾经臣服过大夏。[4]

夏龙升三年（409），伺机从后秦逃回苑川的乞伏乾归重新复国，龙升六年（412），西秦统治阶级内部发生了一次大的内乱。乞伏乾归及其诸子十余人为乞伏国仁之子乞伏公府所杀，乞伏炽磐率文武及民两万余户迁都枹罕（今甘肃临夏）。夏王勃勃欲乘此机会攻打炽磐，但其军师中郎将王买德认为："炽磐，吾之与国，今遭丧乱，吾不能恤，又恃众力而伐之，匹夫犹且耻为，况万乘

1　关尾史郎:《"缘禾"と"延和"のぁいだ——〈吐鲁番文书〉札记（五）》,《纪尾井史学》第5号，1985，转引自王素《沮渠氏北凉建置年号规律新探》,《历史研究》1998年第4期，第11~26页。

2　王素:《沮渠氏北凉建置年号规律新探》,《历史研究》1998年第4期，第11~26页。

3　王素:《沮渠氏北凉建置年号规律新探》,《历史研究》1998年第4期，第11~26页。

4　关尾史郎:《北凉政权と"真兴"奉用》,《东洋史苑》21，1982，转引自三崎良章《大夏纪年墓志铭中"大夏二年"的意义》，载《北朝史研究》，商务印书馆，2004，第546页；王素:《沮渠氏北凉建置年号规律新探》,《历史研究》1998年第4期，第11页。

乎！"在王买德的劝谏下，勃勃攻打西秦的计划最终没有实施。[1]在此值得注意的是王买德说的一句话："炽磐，吾之与国。"从此话可以推断夏国立国之后极有可能与西秦建立过短暂的联盟关系，只是遍检史籍，没有夏国与西秦结好的记载而已。

夏真兴五年（423）四月，北魏攻败南朝刘宋，取许昌，围洛阳，秦王乞伏炽磐见北魏势力比较强，认为"今宋虽奄有江南，夏人雄据关中，皆不足与也。独魏主奕世英武，贤能为用，且谶云，'恒代之北当有真人'"，决定"举国而事之"。于是派遣尚书郎莫者阿胡[2]等入见于魏，贡黄金二百斤，并陈伐夏方略。[3]

赫连璝坐镇长安，部众逐渐强盛。夏真兴六年（424），勃勃想废太子赫连璝为秦王，以酒泉公伦为太子。[4]冬十二月，璝得知自己即将被废的消息之后，领兵

---

1 司马光:《资治通鉴》卷116晋安帝义熙八年，中华书局，1956，第3650页。

2 《魏书》卷99《乞伏国仁列传》"莫者阿胡"作"莫胡"（第2199页），"莫者"，羌姓，"阿胡"，其名也。

3 司马光:《资治通鉴》卷119宋营阳王景平元年，中华书局，1956，第3757页。

4 李昉:《太平御览》卷127《偏霸部》引崔鸿《十六国春秋·夏录》，中华书局，1960，第616页。《魏书》卷95《铁弗刘虎列传》载为："议废长子璝，璝自长安起兵攻屈子，屈子中子太原公昌破璝，杀之。"（第2057页）《北史》卷93《僭伪附庸列传》同（第3064页）。

七万北上攻打赫连伦。伦率骑兵三万拒之，双方战于平
凉[1]，伦战败而死。勃勃另一子太原公赫连昌率骑一万，杀
瓒而兼并其众八万五千，返归统万城，夏国这场内部的
权力斗争最后以赫连昌被立为太子而告终。[2]

　　真兴七年（425）七月，勃勃病重，八月，赫连勃勃
死于永安殿，埋葬于嘉平陵，庙号世祖[3]，时年四十五岁[4]。
赫连勃勃第三子昌[5]继位。昌一名折，史载其"身长八尺，
魁岸美姿貌"[6]，昌继位后改元承光。

　　夏国的内乱以及勃勃之死，使得强盛一时的夏国开
始呈现出衰落的迹象。于是在承光二年（426）春正月，

1　《资治通鉴》卷120宋文帝元嘉元年"平凉"作"高平"（第3774页），
《太平御览》卷127《偏霸部》引崔鸿《十六国春秋·夏录》记"平凉"作
"平"（第616页）。

2　魏收：《魏书》卷95《铁弗刘虎列传》，中华书局，1974，第2057页；
李昉：《太平御览》卷127《偏霸部》引崔鸿《十六国春秋·夏录》，中华书
局，1960，第616页。

3　李昉：《太平御览》卷127《偏霸部》引崔鸿《十六国春秋·夏录》，中
华书局，1960，第616页。

4　李昉：《太平御览》卷127《偏霸部》引崔鸿《十六国春秋·夏录》，中
华书局，1960，第616页。

5　《北史》卷93《僭伪附庸列传》载"昌"为勃勃第二子（第3064页），
《太平御览》卷127引崔鸿《十六国春秋·夏录》同《魏书》为第三子，
《晋书》卷130《赫连勃勃载记》没有明确记载，但从勃勃所授几个儿子爵
位的顺序看，昌亦应为赫连勃勃第三子。

6　李昉：《太平御览》卷127《偏霸部》引崔鸿《十六国春秋·夏录》，中
华书局，1960，第616页。

秦王乞伏炽磐再次遣使至北魏，请求北魏派兵攻打夏国。[1]
从西秦两次向北魏遣使请求派兵攻打夏国，并积极贡献
伐夏方略可以看出，在西秦复国之后，夏国有可能多次
骚扰过西秦，或是此间夏国与北凉的联系使西秦感觉到
了潜在的危险。

　　虽然勃勃之死意味着夏国开始走向衰落，但其军事力
量仍然比较强大。夏国面临的危机并没有很快爆发，在北
凉请求之下，夏国仍旧出兵攻打西秦。承光二年（426）
八月，秦王炽磐率大军击北凉，至廉川，命太子暮末等率
步骑三万攻西安郡（治今甘肃张掖东），不克，又攻番禾
郡（治今甘肃永昌县）。河西王沮渠蒙逊一面发兵抗御，
一面遣使夏国请求出兵，乘机击西秦国都城枹罕。夏主赫
连昌遣征南大将军呼庐古为一路，将骑两万出高平，攻
苑川；车骑大将军韦伐（吕思勉著《两晋南北朝史》误
为"韦代"，认为其即"谓以代"）为一路，将骑三万，
出安定（今甘肃定西），攻南安（今甘肃陇西）。炽磐闻
讯，迅速撤回进攻北凉的军队，可是为时已晚。九月，在
夏国两路大军的进逼下，炽磐徙国都枹罕一带老弱、畜产
于浇河及莫河仍寒川（今青海贵德莫渠沟河一带），留左

1　司马光:《资治通鉴》卷120宋文帝元嘉三年，中华书局，1956，第
3781页。

丞相昙达守枹罕。韦伐所率一路军队，攻拔南安，执西秦秦州刺史翟爽、南安太守李亮。[1]十月，呼庐古所率的一支夏军与西秦左丞相昙达大战于苑川之南嵘峴山（甘肃兰州东兴隆山），昙达兵败退走。十一月，呼庐古军与攻占了南安的韦伐军会合，进逼西秦的国都枹罕。秦王炽磐迁保定连（今甘肃临夏东南）。呼庐古遂进枹罕南城，西秦镇京将军赵寿生率死士三百人力战，击退夏军。呼庐古、韦伐又合攻沙州刺史出连虔于湟河，出连虔遣后将军乞伏万年出战，击败夏军。夏军又转攻西平，执安西将军库洛干，坑杀士卒五千余人，掠民两万余户而还。这次夏军深入西秦境内，连下南安、苑川，攻围枹罕、湟河、西平，掠民两万余户，使西秦遭到了沉重的打击，加速西秦由盛转衰。[2]

然而，夏国虽然在西边对西秦的战争中有所收获，但其东边的宿敌——北魏却逐渐集中力量向夏国进攻，以致夏国由盛转衰。赫连勃勃在朔方建立夏国，不断蚕食后秦岭北及周边其他政权的同时，与其世仇之国北魏隔黄河展开了一些小规模争战，北魏一直寻找机会灭之而

1　司马光:《资治通鉴》卷120宋文帝元嘉三年，中华书局，1956，第3787页。

2　司马光:《资治通鉴》卷120宋文帝元嘉三年，中华书局，1956，第3788~3789页。

后快。夏凤翔元年（413），赫连勃勃曾支持北魏境内的离石胡出以眷[1]叛魏，北魏明元帝遂派大将刘洁、魏勤等前去镇压。出以眷在夏兵的支持下，大败魏军，刘洁被俘，魏勤战死。赫连勃勃乘胜派兵驻守吐京（今山西石楼县）[2]，使吐京成为夏国进攻北魏的一个前哨据点。

凤翔二年（414），赫连勃勃又派兵攻入北魏的河东蒲子（今山西隰县），"杀掠吏民"，被魏三城护军张昌等及时击退。[3]夏国在吐京建立的军事据点，也于这一年被魏并州刺史楼伏连招诱西河胡曹成、吐京民刘初原等七十余人攻占，并且杀了勃勃守军三百余人，擒获叛胡阿度支等二百余家，此阿度支亦应该是原居中亚地区的胡人。[4]赫连勃勃对北魏的不断侵扰，使明元帝十分愤恨，故"改其名曰屈子"[5]。不仅如此，明元帝拓跋嗣曾多次西巡至黄河，侦察夏国的情况，伺机灭之而后快。如夏真兴元年（419）十二月，拓跋嗣西巡至云中，从君子津西渡河，大猎于薛林山（薛林山在屋窦城西）。[6]夏真兴三

---

1 《魏书》卷14《拓跋屈列传》第365页"眷"作"兵"（第365页）。

2 魏收：《魏书》卷28《刘洁列传》，中华书局，1974，第687页。

3 魏收：《魏书》卷3《太宗纪》，中华书局，1974，第54页。

4 魏收：《魏书》卷30《楼伏连列传》，中华书局，1974，第717页。

5 魏收：《魏书》卷95《铁弗刘虎列传》，中华书局，1974，第2056页。"屈子者，卑下也"。

6 司马光：《资治通鉴》卷118晋恭帝元熙元年，中华书局，1956，第3731页。

年（421）秋七月，明元帝西巡至河。[1] 真兴四年（422）春正月，明元帝再次自云中西行，幸屋窦城等。虽然如此，但由于威胁北魏北方边境的柔然的存在，北魏对夏国也不敢轻易出兵。凤翔五年（417），东晋刘裕西攻后秦，东晋降将王懿和北魏的一些大臣向明元帝建议：乘裕入关，以精兵直捣东晋的彭城、寿春。但崔浩提出异议："今西北二寇未珍，陛下不可亲御六师。"[2] 所谓"西北二寇"，指的就是夏国和柔然，明元帝此次又采纳了崔浩的意见。可见在明元帝统治时期，北魏任何大的举措，都要考虑夏国和柔然，足以证明这两支力量对北魏威胁之大，因此北魏如果想统一北方，就必须先消灭大夏和柔然这两股强有力的势力。但在北魏内部对于首先出兵夏国还是柔然或北燕，意见不统一，拓跋焘也举棋不定。

二　统万城的陷落

夏承光二年（426）正月，西秦主乞伏炽磐遣使至平城（今山西大同）朝贡，再次请求太武帝出兵讨伐大夏。魏太武帝召集群臣讨论："今用兵当以赫连、蠕蠕二

1　司马光：《资治通鉴》卷119宋武帝永初二年，中华书局，1956，第3740页。
2　魏收：《魏书》卷35《崔浩列传》，中华书局，1974，第811页。

国何先？"北平王长孙嵩、平阳王长孙翰、司空奚斤等人认为，"赫连居土，未能为患，蠕蠕世为边害，宜先讨大檀。及则收其畜产，足以富国；不及则校猎阴山，多杀禽兽，皮肉筋角，以充军实，亦愈于破一小国"[1]。太常崔浩则力主先伐赫连夏，其理由是："蠕蠕鸟集兽逃，举大众追之则不能，轻兵追之又不足以制敌。赫连氏土地不过千里，政刑残虐，人神所弃，宜先伐之。"尚书刘洁又提出了新的意见，请求先伐北燕。太武帝一时难以决定，未置可否，遂于六月率军西巡至五原，名为于阴山校猎，实为侦察夏国的情况，为用兵征伐做准备，八月返回平城。[2]

　　同年八月，出巡五原返回平城的太武帝拓跋焘，得知夏主赫连勃勃死后，其诸子相图，国内大乱，[3]而夏国的一部分兵力因北凉所请正用兵西秦，[4]于是决定采纳崔浩的

1　魏收：《魏书》卷25《长孙嵩列传》，中华书局，1974，第644页。

2　司马光：《资治通鉴》卷120宋文帝元嘉三年，中华书局，1956，第3787页。

3　对于此处的勃勃"诸子相图，国内大乱"，《资治通鉴》卷120胡注曰："谓伦、璝、昌相杀也。"（第3788页）此注似乎有误。按勃勃三子相杀，由勃勃欲废太子璝而起，时间在勃勃死前，而且在这场争斗中伦、璝皆战败而死。故而此处的勃勃"诸子相图"当是指勃勃死后发生在赫连昌与勃勃其他诸子之间的夏国内部又一轮的权力之争，说明夏国攻陷长安之后，内部纷争不断。

4　对于此次夏国因北凉所请出兵攻打西秦之事，《资治通鉴》卷120胡注曰："蒙逊借助于夏以退秦师。秦既敝于夏，夏亦偾于魏，而凉亦不能以自立。"（第3787页）此分析可谓是非常精辟。

意见，首先征讨夏国。

九月，太武帝分派诸将，分两路进攻夏国：一路由司空奚斤率义兵将军封礼等四万五千人袭击蒲阪（今山西永济西），宋兵将军周几率万人袭击陕城（今河南三门峡）；一路由太武帝亲率轻骑二万于十一月在君子津（今内蒙古清水河县）渡河，直趋夏国国都统万城。太武帝军至君子津时，赫连昌正在宴请群臣，魏师突然而至，夏国上下惊惧。魏军进兵至黑水（今内蒙古鄂尔多斯市乌审旗西南），距统万城三十里。赫连昌仓促出战而败，退走入城。魏军当夜宿于城北，分兵四处掳掠居民，杀获数万，得牛马十余万。太武帝以轻军深入，而统万城比较坚固，一时未易攻下。与此同时，征讨西秦的夏国呼庐古于嶻嵲山打败西秦丞相，十一月攻入枹罕南城，又攻西平，执西秦安西将军库洛干而返。太武帝担心出征西秦的夏国数万大军回救，决定放弃对统万城的攻打，对诸将说："统万未可得也，他年当与卿等取之。"[1] 遂迁徙夏民万余家而还。

南线方面，夏弘农（治在今河南灵宝西南）太守曹达闻魏宋兵将军周几将至，不战而走。魏军乘胜长驱，

1　司马光：《资治通鉴》卷120宋文帝元嘉三年，中华书局，1956，第3789页。

进入三辅地区。夏蒲坂（今山西永济）守将东平公乙斗[1]闻奚斤将至，遣使去统万城告急。使者至统万之时，正值魏军围城，使者于是返回报乙斗，告知"统万已败"，故而乙斗弃蒲坂西奔，至长安。魏军攻克蒲坂，"收其资器，百姓安业"。蒲坂是北魏进攻关中的军事要冲，"控据关、河，山川要会"[2]，乙斗弃蒲坂为北魏顺利攻入长安创造了极好的机会。对于蒲坂的失守，顾祖禹评价说："拓跋魏争关中，先夺其蒲坂，及赫连定复据长安，又急成蒲坂以扼之，而夏不复振矣。"[3]驻守长安的赫连助兴与逃亡至此的乙斗同奔安定。十二月，奚斤攻入长安，秦、雍一带的氐、羌皆降于魏。河西王蒙逊及氐王杨玄听到

---

1 《魏书》卷29《奚斤列传》"乙斗"作"乙升"（第699页），同书卷4上《世祖纪上》亦作"乙升"。《北史》卷36《薛辩列传》为"乙兜"（第1325页）。此处的乙斗与赫连勃勃时的征北将军、尚书右仆射之乙斗不是一人，此乙升（斗），《魏书》卷4上《世祖纪上》作"（赫连）定从兄、东平公"（第77页）。赫连勃勃建国之初封爵、授官，主要是其兄弟或其他对其有恩之人，如叱干阿利，对其下一代封王授爵是在夏凤翔二年（414）的事情，而且所封之王皆是其子，此处的东平公乙斗，应为赫连昌之时所封，绝非此前的征北将军乙斗，这二人实非一人，只是史籍误将二者混而为一。
2 顾祖禹：《读史方舆纪要》卷41《山西·蒲州》，中华书局，2005，第1888页。
3 顾祖禹：《读史方舆纪要》卷41《山西·蒲州》，中华书局，2005，第1889页。

这些消息，也遣使附魏，[1]北魏进攻夏国的南北两路皆取得一定的胜利。

夏承光三年（427）正月，攻打统万城的魏太武帝回到平城，但是其所徙夏民在路途中多有死者，能到达平城的只是十之六七。[2]太武帝不久又东巡幽州，赫连昌乘此机会遣其弟平原公赫连定率众二万南下，欲与北魏留下来镇守的奚斤争夺长安。太武帝听到这一消息后，立即派人在阴山伐木，大造攻具，准备再次攻打夏国。

同年二月，太武帝以高凉王拓跋礼镇守长安，加强了长安的防守力量，并遣桓贷造桥于君子津，为再次进攻统万城做准备。为了免去后顾之忧，太武帝在做这些准备工作的同时，遣员外散骑常侍步堆、谒者仆射胡觐等出使刘宋，又命龙骧将军陆俟督诸军镇守大碛（阴山北沙漠），以防备柔然。[3]在这一系列部署全部妥当之后，太武帝遂正式出兵西讨赫连昌。命司徒长孙翰、廷尉长孙道生、宗正娥清等率精骑三万为前驱；常山王拓跋素、

1　魏收：《魏书》卷29《奚斤列传》，中华书局，1974，第699页；司马光：《资治通鉴》卷120宋文帝元嘉三年，中华书局，1956，第3790页。

2　司马光：《资治通鉴》卷120宋文帝元嘉四年，中华书局，1956，第3791页。

3　司马光：《资治通鉴》卷120宋文帝元嘉四年，中华书局，1956，第3792页。

太仆丘堆、将军元太毗等将步兵三万为后继；南阳王拓跋伏真、执金吾桓贷、将军姚黄眉等将步兵三万运送攻城器械；将军贺多罗将精骑三千为前候。北魏军队从君子津渡河后，夏国境内的一些部落首领相继率众降附，如三城胡酋鹊子等。[1]魏军行至拔邻山（在黑水东北）时，太武帝命诸军舍去辎重，以轻骑三万倍道先行。但群臣都反对以轻军深入，认为"统万城坚，非十日可拔，今轻军讨之，进不可克，退无所资，不若步军攻具，一时俱往"[2]。太武帝对此则有独到见解，他认为"用兵之术，攻城最下；必不得已，然后用之。今以步兵、攻具皆进，彼必惧而坚守。若攻不时拔，食尽兵疲，外无所掠，进退无地。不如以轻骑直抵其城，彼见步兵未至，意必宽弛；吾羸形以诱之，彼或出战，则成擒矣。所以然者，吾之军士去家二千余里，又隔大河，所谓'置之死地而后生'者也。故以之攻城则不足，决战则有余矣"[3]。六月，太武帝率军至统万，分军伏于深谷，只派一小部分军队直至统万城下。

这时，夏国将领狄子玉降魏，将夏国的军事策略

1　魏收：《魏书》卷4上《世祖纪上》，中华书局，1974，第72页。

2　魏收：《魏书》卷95《铁弗刘虎列传》，中华书局，1974，第2058页。

3　司马光：《资治通鉴》卷120宋文帝元嘉四年，中华书局，1956，第3793页。

告知太武帝：赫连昌曾遣使召南下攻长安的赫连定，但
赫连定拒绝返回，他认为"城既坚峻，未可攻拔，待擒
（奚）斤等，然后徐往，内外击之，何有不济"[1]。赫连昌
认为赫连定的主意很好，决定固守不出。太武帝闻听这
一情况，颇为忧虑，于是决定全军退至城北，伪示虚弱，
同时派永昌王拓跋健及娥清等率骑五千，西进抄掠夏国
居民。当时北魏军士中有一人因有罪而逃奔于夏，将其
所知道的魏军情况报告给赫连昌："官军粮尽，士卒食菜，
辎重在后，步兵未至，击之为便。"赫连昌先见魏军北
退，又听说魏军粮尽，以为魏军胆怯，遂率领步骑数万
出城攻击魏军。魏司徒长孙翰等人见夏军步骑出城，建
议说："昌步阵难陷，宜避其锋，且待步兵，一时奋击。"
太武帝认为："远来求贼，恐其不出，今避而不击，彼奋
我弱，非计也。"[2]魏军遂假装不敌逃跑，夏兵分两翼猛
追，太武帝退军五六里，忽有风雨从东南方向魏军迎面
刮来，扬沙晦冥。这种情况对魏军特别不利，于是又有
人主张暂时收兵躲避，言于太武帝曰："今风雨从贼上来，
我向之，彼背之，天不助人；且将士饥渴，愿陛下摄骑
避之，更待后日。"但此建议遭到崔浩的反对，崔浩认为

1　魏收：《魏书》卷95《铁弗刘虎列传》，中华书局，1974，第2058页。
2　魏收：《魏书》卷95《铁弗刘虎列传》，中华书局，1974，第2058页。

"千里制胜，一日之中，岂得变易！贼贪进不止，后军已绝，宜隐军分出，掩击不意。风道在人，岂有常也"[1]。太武帝听从了崔浩的意见，于是分骑兵为左右两队进行包抄，并亲临战阵指挥作战，双方在统万城外展开激战。在战斗进行的过程中，太武帝所乘坐的马突然失足，坠地，差一点为夏兵所擒，魏将拓跋齐以身捍蔽，决死力战，夏兵乃退。太武帝上马之后，刺杀夏国尚书斛黎文[2]，又杀骑兵十余人，身中流矢，仍奋击不辍，于是夏兵大溃。魏军乘胜追逐赫连昌至城北，杀其弟河南公赫连满及兄子蒙逊，夏兵死者万余人。赫连昌来不及入城，遂向上邽（今甘肃天水市西南）逃去，"斤追之，至雍，不及而还"[3]。太武帝微服追逐向统万城逃奔的人，乘机进入统万城。对于太武帝的这一行为，拓跋齐多次劝谏，但未果。统万城内的夏人觉察到太武帝进入统万城，于是紧闭各个城门，太武帝与拓跋齐等人进入宫中，得妇人裙，系之槊上，太武帝乘之而上，仅以得免。当时天已黑，夏尚书仆射问至乘机奉赫连昌之母出走，魏司徒长

1　司马光：《资治通鉴》卷 120 宋文帝元嘉四年，中华书局，1956，第 3794 页。

2　《魏书》卷 95《铁弗刘虎列传》"斛黎文"作"斛黎"（第 2058 页）。《北史》卷 93《僭伪附庸列传》同《资治通鉴》（第 3065 页）。

3　魏收：《魏书》卷 29《奚斤列传》，中华书局，1974，第 699 页。

孙翰率八千骑追之至高平，不及而还。[1]太武帝攻入统万城之后，俘获夏国之王、公、卿、将、校及赫连昌诸母、后妃、姊妹、宫人以万数，擒夏尚书王买、薛超等及此前夏俘获的东晋司马德宗之将领毛修之、秦雍人士数千人，获马三十余万匹，牛羊数千万头，府库珍宝、车旗、器物不可胜数，遂以夏国宫人及生口、金银、珍玩、布帛班赍将士各有差。

拓跋焘攻打统万城之时，赫连定与奚斤仍然相拒于长安，统万城被攻破之后，太武帝遣其宗正娥清、太仆丘堆率骑兵五千略地关右，以增援长安。围攻长安魏军的赫连定闻知统万城已被攻破，于是逃奔上邽，奚斤追至雍，不及而还。娥清与丘堆乘机攻下夏国所属之贰城。太武帝以常山王拓跋素为征南大将军、假节，与执金吾桓贷、莫云镇守统万城，自己率一部分军队班师返回平城，以其所获"颁赐留台百官有差"[2]。九月，夏国安定民举城降魏。

统万城被北魏攻破后，赫连昌及赫连定在上邽、平凉地区继续苟延残喘，但其已经失去了政治中心，没有

1　司马光：《资治通鉴》卷120宋文帝元嘉四年，中华书局，1956，第3794~3795页。

2　司马光：《资治通鉴》卷120宋文帝元嘉四年，中华书局，1956，第3796页。

了"蟠据之资"，成为一个流亡政权，夏国最后的覆亡是迟早的事了。

三 大夏政权的覆灭

赫连定自长安退军后，太武帝诏奚斤等班师。但奚斤上表请求乘势进军彻底消灭赫连昌："赫连昌亡保上邽，鸠合余烬，未有蟠据之资；今因其危，灭之为易。请益铠马，平昌而还。"太武帝起初没有同意，但在奚斤的坚决请求之下，才同意进兵，并给其增兵万人，遣将军刘拔送马三千匹，命其与娥清、丘堆、义兵将军封礼等人一起进军讨伐赫连昌。

夏承光四年（428）二月，魏平北将军尉眷从南道袭击赫连昌于上邽，赫连昌退屯平凉（今甘肃平凉西南）。奚斤进军安定，与略地关右的丘堆、娥清军会合。当时奚斤军中马大多染疾而死，士卒乏粮，于是深垒以自固，并遣丘堆至民间督征租赋。丘堆的士卒乘机大肆抄掠百姓，戒备疏忽，赫连昌袭击，丘堆大败，率数百骑逃回安定。赫连昌乘胜每日至安定城下挑战，魏军不得出城牧马，马料缺乏，军内恐慌。在这种情况下，魏军内部对于如何对付赫连昌的骚扰发生争论。监军侍御史安颉以为："受诏灭贼，今更为贼所困，退守穷城；若不为贼杀，当坐法诛，进退皆无生理。而诸王公晏然曾不为计乎？"奚斤则认为："今军士无马，以步击骑，必无胜理，当须京师救骑至合击之。"安颉争论说："今猛寇游逸于外，吾兵疲食尽，不一决战，则死在旦夕，救骑何可待乎！等于就死，死战，不亦可乎！"奚斤又以马少不能出战为辞，而安颉则认为收集诸将所乘之马，亦可得二百匹，认为赫连昌勇而无谋，轻而好信，每次都是亲自出面挑战，魏军士卒都认识他，如果设伏兵掩击，可把他擒获。奚斤不听，安颉多次劝谏无效，于是暗中与尉眷等定计，选定骑兵静待赫连昌的到来。不久赫连昌前来攻城，安颉出城应战，赫连昌亲自出阵前搏斗，魏军士皆识其貌，纷纷争先上前与他拼搏。时值天气突变，大风扬尘，霎时昏暗有如黑夜。赫连昌败走，安颉尾追，赫连昌马失足，遂被擒获。[1]

赫连昌被俘之后，太武帝令其侍中古弼前去迎接。赫连昌至平城之后，太武帝对其非常优待，使之居于西宫，门内器用皆给乘舆之副。此外，还把妹妹始平公主嫁给他，并拜他为常忠将军，赐爵会稽公。夏胜光三年（430）三月，北魏晋封赫连昌为秦王。宋文帝元嘉十一年（434）三月，赫连昌背叛北魏西逃，在

1　司马光：《资治通鉴》卷121宋文帝元嘉五年，中华书局，1956，第3799页。

五原地区（今内蒙古包头西北）之河西，被斥候将格杀。

赫连昌被擒后，其弟大将军、领司徒、平原王赫连定收其余众数万，奔还平凉，夏承光四年（428）二月即皇帝位，改元胜光。同年，赫连定进征南大将军、白兰王吐谷浑慕璝为开府仪同三司、河南王。[1] 吐谷浑慕璝嗣位于承光二年（426），由慕璝此前曾为夏国征南将军可知，慕璝与赫连定最早产生联系的时间是承光二年（426）之后。

但是赫连定与吐谷浑的结好并没有扭转夏国走向灭亡的局势，国都统万城的攻破及赫连昌的被擒，导致夏国境内的一些部族相继归附北魏。如胜光元年（428）八月，上郡休屠胡酋金崖率部内属。冬十月，上郡屠各隗诘率万余家降魏。[2] 不仅如此，随着夏国势力的进一步衰落，夏国宗室内部也出现叛离现象，如胜光二年（429）正月，酒泉公赫连隽自平凉奔魏。[3]

夏主赫连昌虽然被奚斤的监军侍御史安颉等人擒获，但奚斤自以为是元帅，而赫连昌竟为偏将所擒，深感耻

---

1 李昉:《太平御览》卷 127《偏霸部》引崔鸿《十六国春秋·夏录》，中华书局，1960，第 616 页。

2 魏收:《魏书》卷 4 上《世祖纪上》，中华书局，1974，第 74 页。

3 司马光:《资治通鉴》卷 121 宋文帝元嘉六年，中华书局，1956，第 3806 页。

辱，于是舍去辎重，仅带三日粮，追击赫连定于平凉。娥清欲循泾水而进，奚斤不从，自北道截断赫连定的退路。行至马髦岭（今甘肃平凉西北），夏军将欲遁逃，这时魏军有一小将因犯罪投奔夏军，将魏军粮少水乏的情况告诉夏军。于是赫连定分兵包抄奚斤，前后夹击，击溃魏军，擒获奚斤及娥清等人，魏士卒死者有六七千人。守护辎重在安定的魏太仆丘堆，闻知奚斤战败，弃辎重逃奔长安，随即又与镇守长安的高凉王拓跋礼一同逃至蒲坂，赫连定乘胜收复了长安。太武帝闻知长安失守非常愤怒，命令安颉斩杀丘堆，代领丘堆原有的部众，镇守蒲坂，以此拒击赫连定。

胜光元年（428）四月，赫连定遣使至魏朝贡请和，魏不接受，谕令赫连定尽快投降。接着，太武帝西巡，畋于河西（胡注曰：此君子津之西也），[1]有可能准备再次攻打赫连定。但是，不久柔然纥升盖可汗遣其子率万余骑再次寇扰北魏边境，十月，魏定州丁零鲜于台阳等二千余家叛，入西山（今河北曲阳西山），州郡不能讨，太武帝遣镇南将军叔孙建前去讨伐。[2]这一系列事件，使

---

1 司马光:《资治通鉴》卷 121 宋文帝元嘉五年，中华书局，1956，第 3801 页。

2 司马光:《资治通鉴》卷 121 宋文帝元嘉五年，中华书局，1956，第 3803 页。

得北魏暂时把进一步攻打赫连定的计划放置一边，因此，魏、夏之战暂告一段落。

俘获大夏国君赫连昌是太武帝即位以来最大的战功之一，为了庆贺和纪念这一功绩，太武帝专门在晋南邻近赫夏国的地区设置了禽昌郡。[1]

胜光二年（429）四月，北魏内部再次讨论征讨柔然之事。太武帝力排众议，使北平王长孙嵩、广陵公楼伏连留守平城，亲率大军自东道出黑山，平阳王长孙翰自西道向大娥山，一同征讨屡犯边境的柔然。[2] 在北魏大军的攻打下，柔然可汗纥升盖西逃，其部落四处逃散，太武帝循栗水西行，至菟园水时，分军征讨，东西五千里，南北三千里，俘获或斩杀非常多，获戎马百余万匹，柔然前后降北魏者三十余万落。[3] 八月，北魏又攻高车，获马牛羊百余万，高车诸部降者数十万落。北魏徙柔然、高车降附之民于漠南，使之耕牧而收其贡赋，自是北魏民间"马牛羊及毡皮为之价贱"[4]。

1　魏收：《魏书》卷106上《地形志上·晋州》，中华书局，1974，第2477页。

2　司马光：《资治通鉴》卷121宋文帝元嘉六年，中华书局，1956，第3809~3810页。

3　司马光：《资治通鉴》卷121宋文帝元嘉六年，中华书局，1956，第3811页。

4　司马光：《资治通鉴》卷121宋文帝元嘉六年，中华书局，1956，第3812页。

在北魏出兵攻打柔然之时，赫连定想趁机夺回统万城，军队至俟尼城（今甘肃平凉东）后又无功而返。赫连定虽然夺回长安，但故都统万城仍沦于敌手，其于阴槃畋猎之时，曾登上可蓝山（在今甘肃平凉界），遥望统万城而泣曰："先帝若以朕承大业，岂有今日。"[1]一会儿，有群狐百数在其身边鸣叫，赫连定命人射之，但一无所获。赫连定对此非常厌恶："此亦大不臧，咄咄天道，复何言哉！"[2]

夏胜光三年（430）三月，南朝刘宋起兵北伐，企图收复被北魏攻占的河南之地。太武帝听从崔浩的建议，命魏军主动放弃黄河以南地区，撤至黄河以北。七月，刘宋到彦之军占领河南诸军事重镇，"分兵列守南岸，西至潼关"[3]。此时据守平凉的赫连定见宋军进展顺利，就遣其弟谓以代攻打被魏占领之郿城，但在魏平西将军、始平公隗归的抗击下失利，万余人被杀，其将王卑被擒，[4]谓以代遁去。闻讯后，赫连定亲自率数万人追击隗归于郿城东，留其弟上谷公社干、广阳公度洛孤守平凉，遣

1　李昉：《太平御览》卷50《地部》引《凉州记》，中华书局，1960，第243页。

2　魏收：《魏书》卷95《铁弗刘虎列传》，中华书局，1974，第2059页。

3　魏收：《魏书》卷35《崔浩列传》，中华书局，1974，第821页。

4　魏收：《魏书》卷4《世祖纪》，中华书局，1974，第76页。

使至宋求和，约联兵灭魏，"遥分河北，自恒山以东属义隆，恒山以西属定"[1]。太武帝得知这个消息后，整治军队准备再次攻打夏国，但群臣大多以为"义隆犹在河中，舍之西行，前寇未可必克，而义隆乘虚，则失东州矣"。崔浩则认为："义隆与赫连定同恶相招，连结冯跋，牵引蠕蠕，规肆逆心，虚相唱和。义隆望定进，定待义隆前，皆莫敢先入。以臣观之，有似连鸡，不得俱飞，无能为害也。臣始谓义隆军来当屯住河中，两道北上，东道向冀州，西道冲邺。如此，则陛下当自致讨，不得徐行。今则不然，东西列兵，径二千里，一处不过数千，形分势弱。以此观之，佇儿情见，止望固河自守，免死为幸，无北渡意也。赫连定残根易摧，拟之必仆。克定之后，东出潼关，席卷而前，则威震南极，江淮以北无立草矣。圣策独发，非愚近所及，愿陛下西行勿疑。"[2]

太武帝听了崔浩的精辟分析之后，深以为是，决定立即发兵西进讨伐赫连定。胜光三年（430）九月，太武帝第三次亲率大军伐夏，取道统万直袭平凉，夏上谷公社干闭城固守，太武帝使赫连昌招之，但社干不降。太武帝于是命安西将军古弼等进攻安定，以防正在进攻北

1　魏收：《魏书》卷95《铁弗刘虎列传》，中华书局，1974，第2059页。
2　魏收：《魏书》卷35《崔浩列传》，中华书局，1974，第821页。

魏鄘城的赫连定回救平凉，然后分派众将猛攻平凉。赫连定闻讯自鄘城赶回安定，率步骑三万（《资治通鉴》记为二万步骑）从鹑觚原（今甘肃灵台东北）[1]，还救平凉。途中与古弼军相遇，古弼佯退，诱夏军深入，夏军追击。太武帝令高车骑兵袭击夏军，赫连定大败，其将士数千人被斩首。赫连定退还于鹑觚原，列方阵自守。魏诸军追击，将赫连定围困在鹑觚原，断其水草。数日后，赫连定人马饥渴，只得引众突围，又被魏武卫将军丘眷截击，部众大溃，死者万余人。赫连定身受重伤，单骑逃走，收拾其余众，驱民五万，西保上邽。赫连定弟丹阳公乌视拔、武陵公秃骨及公侯以下百余人均被魏军所获，魏军乘胜进攻安定。东平公乙斗弃城先奔长安，驱略数千家，又西奔至上邽。十一月，太武帝亲临平凉，挖堑围城，夏陇西守将及上谷公社干、广阳公度洛孤先后出降，魏遂攻克赫连定之都城平凉，此前被夏国所俘之魏将奚斤、娥清得以返回北魏。夏国在长安、临晋、武功等地的守将闻知平凉、安定等地失守，皆弃城而逃，关中地区全部被北魏占领。太武帝留巴东公延普镇安定，以镇西将军王斤镇长安。至此，夏国的主要军事力量基本上被北魏消灭殆尽。

1　张金龙《北魏政治史》（三）将其地注为今陕西长武县北浅水村一带，甘肃教育出版社，2008，第69页。

北魏重新占据长安后，自延和二年（433）起加强了对长安城的防御。当年春正月丙寅，"（太武帝）以乐安王拓跋范为假节、加侍中、都督秦雍泾梁益五州诸军事、卫大将军、仪同三司，镇长安"[1]。为了防止叛乱势力攻打长安，乐安王拓跋范加强了对长安城的防御工事修筑，"发秦、雍兵一万人，筑小城于长安城内"[2]，也显示出固守长安的决心。拓跋范去世后，其子拓跋良继任长安镇都大将、雍州刺史。拓跋良"壮勇多知，常参军国大计"[3]，在任期间进一步稳固了对关中的统治。

北魏攻打赫连定之时，正是乞伏西秦内外交困之际，乞伏暮末穷蹙无以自存，遂遣使至魏，请求内迁，魏答应以平凉、安定之地安置其人众。于是乞伏暮末焚烧城邑，销毁宝器，率领仅剩的一万五千余户东迁。

夏胜光四年（431），在上邽的赫连定见平凉为魏攻占，决定避魏军之锋而向陇右、河西扩展，先击败西秦将姚献，后又遣叔父北平公韦伐率众一万攻南安（今甘肃陇西东）。当时南安城内大饥，人相食。西秦侍中、征虏将军出连辅政，侍中、右卫将军乞伏延祚，吏部尚书乞伏跋跋逾城逃奔于夏，秦王暮末山穷水尽，只好率宗

---

1 魏收：《魏书》卷4《世祖纪》，中华书局，1974，第82页。
2 魏收：《魏书》卷4《世祖纪》，中华书局，1974，第82页。
3 魏收：《魏书》卷17《乐安王范列传》，中华书局，1974，第415页。

族五百余人"舆榇出降"。韦伐将暮末及沮渠兴国等送于上邽，西秦亡。[1]

赫连定灭亡了西秦乞伏氏，力量有所恢复和增强，但仍处在强大的北魏进逼之下，而且其属下出逃叛离的情况时常发生，随着周围地区的不断失守，其据守的上邽已成为一座孤城。胜光四年（431）六月，赫连定杀乞伏暮末及其宗族五百人，收西秦人民十余万口，自治城（约在今甘肃临夏西北黄河南岸）渡河，打算攻打河西王沮渠蒙逊（都姑臧，今甘肃武威）而夺取其地。于胜光二年（429）归附北魏的吐谷浑王慕璝遣其益州刺史慕利延、宁州刺史拾虔[2]率骑兵三万，乘赫连定渡河至一半时进攻，赫连定首尾难顾，一败涂地，吐谷浑大获全胜，俘获赫连定。至此，赫连夏政权彻底灭亡，"自是中原及西北之地一归于魏矣"[3]。

自勃勃建立政权，至此凡二十五年（407~431）而灭亡。次年三月，慕璝押送赫连定至平城，太武帝处死了赫连定，并重赏了慕璝。[4]

1　司马光：《资治通鉴》卷122《宋文帝元嘉八年》，中华书局，1956，第3828~3829页。

2　李昉：《太平御览》卷127《偏霸部》引崔鸿《十六国春秋·夏录》，"慕利延""拾虔"分别作"没利延""拾虎"（第616页）。

3　司马光：《资治通鉴》卷122《宋文帝元嘉八年》，中华书局，1956，第3832页。

4　司马光：《资治通鉴》卷122《宋文帝元嘉八年》，中华书局，1956，第3836页。

四　夏国灭亡原因探析

铁弗匈奴自刘虎之时进入朔方地区至勃勃建立政权，在此经营了大约百年的时间，因此，无论是政治上还是军事上都获得了较大的发展。政治上，仿照魏晋制度初步建立了一套中央及地方的行政系统，形成了一个以铁弗匈奴为核心的统治集团。在军事上，在与后秦的战争及东征西讨的过程中几乎屡屡取胜，只用近十年的时间，就蚕食了后秦的大部分领土，使其势力从偏居一隅的朔方地区发展到了关中，控制了"南阻秦岭，东戍蒲津，西收秦陇，北薄于河"的地区。但是，维持长久的统治，并不能只靠强大的军事力量，关键还在于要制定正确适时的政治和经济政策，恰恰就在这两个问题上，赫连勃勃表现出了明显的不足。建立政权之后的铁弗匈奴，在迅速发展的过程中，出现了一些弊端，致使夏政权很快衰落并最终灭亡。就其衰落的原因而言，主要有以下几点。

从夏国内部看，首先，在经济上，仍以游牧和掠夺为主，不重视农业生产，这是夏政权统治政策的最大失误之处，从而使其在经济上存在比较大的困难。朔方地区早已有农业，在刘卫辰时，铁弗匈奴部可能已经出现了零星的农业，但是铁弗匈奴在这一地区建立政权之后，不但没有继续发展这一地区的农业生产，以便使国家能够有可靠稳定的经济收入，相反仍旧沿袭游牧民族原有的生活方式，以掠夺为其主要的经济来源。这种游击战略及其迁居无常的游牧生活，从军事上看对建国初期的夏政权比较有利，能做到保存有生力量，使其地盘和势力在勇猛善战的骑兵的努力下不断扩大，也使得后秦疲于应付，但是随着其势力的不断南进，这种生产方式的弊端则日益凸显。它不仅影响了铁弗匈奴的发展，而且使铁弗匈奴走向倚仗武力来维持其统治的局面，因此是不可能长治久安的。一旦军事失利，便失去了稳固的后方，从而导致其迅速走向衰亡。铁弗匈奴的这种经济政策一直延续到其灭亡之际，都没有大的改变，而且遍检史籍，还没有见到夏政权劝课农桑的相关资料。

勃勃放弃定都长安，使夏国无法很好地依恃觊觎已久的关中地区，从某种意义上对夏国也产生了一定的影响。返回统万城，如前所述，在当时是一种情势的选择。但是，被夏国攻占之时的长安，虽然因战争已经残破不堪，但在经济基础方面还是比远在朔方地区的统万城要雄厚得多。问题在于无论是否定都长安，都不能忽视关中地区在经济上的重要地位，而夏国恰恰忽视了对政治、经济地位十分重要的关中地区的经营，没有充分利用关中地区的经济优势，使之成为夏国的坚强后盾；如都城统万失守，其灭亡的命运在所难免。

其次，军事上的穷兵黩武，也是其衰亡的一个重要原因。如果说不能摆脱游牧习俗，造成夏国经济上的不稳定，促使夏政权很快覆亡的话；那么，崇尚骑射、勇于征战的习性，导致夏国统治者非常推崇武力，使夏政权日益走上了穷兵黩武的道路，多方开战，四处为敌，严重削弱了自身的实力。自建立政权，直至灭亡，铁弗匈奴不时侵扰四周的邻近政权，几乎是每年必战，每战必掠，且对于战俘基本上是格杀勿论。如其与南凉的唯一的一次战争中，杀伤人数以万计，致使南凉"名臣勇将死者什六七"，南凉从此一蹶不振，不仅如此，勃勃还把杀死的人积尸而封之，以为京观，号"髑髅台"[1]。后在攻打关中的过程中，获东晋宁朔将军傅弘之、辅国将军蒯恩、义真司马毛修之于青泥，再次积人头以为京观。[2]这种行为在比较残暴的十六国统治者中也是比较少见的。对于其主要的进攻目标后秦，勃勃更是如此。赫连勃勃之"兄子左将军罗提率步骑一万攻兴将姚广都于定阳，

1　司马光：《资治通鉴》卷114晋安帝义熙三年，中华书局，1956，第3603页。

2　房玄龄：《晋书》卷130《赫连勃勃载记》，中华书局，1974，第3209页。

克之，坑将士四千余人，以女弱为军赏"[1]。又，"赫连勃勃攻陷阴密，执秦州刺史姚军都，坑将士五千余人"[2]。对于勃勃的坑杀后秦兵士，有些学者认为"同匈奴人与羌族的民族矛盾有关；也同后秦兵士属于镇户、堡户这种特殊的兵户，不容易被夏国所收编和利用有一定关系。换言之，也不能以赫连勃勃嗜杀成性这样的个人因素去加以解释"[3]。也许这种说法有一定的道理，但勃勃处理战俘的手段还是太过于残暴和简单。

夏政权的攻伐、坑杀、掠夺，引起周围政权的愤恨。在勃勃背叛后秦之后，姚兴君臣曾咒骂他是贪暴且没有信义之徒；由于他的不断骚扰，北魏明元帝怒改其名为屈孑；西秦王乞伏炽磐以国依附于魏，多次进献攻夏方略，要求共灭暴夏。这些都反映了周边国家对夏国的憎恨，消灭夏政权已经成为周边政权或民族的共同目标。

再次，政治上的残暴以及生活上的奢侈，也是促使其统治垮台的重要原因。夏政权建立后，对于如何进行统治以及安定统治阶级内部的社会秩序、如何巩固政权等方面，赫连勃勃也没有任何有力措施。他只是一味地依靠残酷的杀戮和镇压来维持统治。夏国统治者对其统

1　房玄龄：《晋书》卷130《赫连勃勃载记》，中华书局，1974，第3204页。

2　房玄龄：《晋书》卷119《姚泓载记》，中华书局，1974，第3010页。

3　高敏：《魏晋南北朝兵制研究》，大象出版社，1998，第249页。

治下的臣民十分残暴。勃勃性情暴虐，视民如土芥。史载其"常居城上，置弓剑于侧，有所嫌忿，手自杀之。群臣忤视者，凿其目；笑者，决其唇；谏者，谓之诽谤，先截其舌，而后斩之"[1]。以至于他统治下的臣民人心惶惶，"夷夏嚣然"，感觉到"人无生赖"[2]。赫连勃勃政权的残暴在修建统万城时更是得到了淋漓尽致的体现。传说勃勃手下对工匠极其残忍刻薄，在筑城时如果锥能入城墙一寸，"即杀作者而并筑之"。虽然有些学者根据考古结果，说统万城城墙内并无尸骨的痕迹，史书中所说的"杀作者而并筑之"可能有所夸张，[3]但勃勃统治的残暴却是不能否认的。由于赫连勃勃所建政权是一个以武力征服为主的军事政治联合体，军事力量及军事装备是其发展和壮大的一个非常重要的条件，因此赫连勃勃对待制造兵器的工匠更是异常苛刻，兵器"既成呈之，工匠必有死者：射甲不入即斩弓人；如其入也，便斩铠匠"。以至于所杀工匠达数千人之多，因此其所造兵器"精锐尤甚"，而其他器物也是"莫不精丽"[4]。夏政权的残暴不仅表现在赫连

1　魏收：《魏书》卷95《铁弗刘虎列传》，中华书局，1974，第2057页。

2　房玄龄：《晋书》卷130《赫连勃勃载记》，中华书局，1974，第3213页。

3　戴应新：《大夏统万城址考古记》，台湾《故宫学术季刊》1999年第2期，第45页。

4　房玄龄：《晋书》卷130《赫连勃勃载记》，中华书局，1974，第3205~3206页。

勃勃一人身上，其子赫连定的残暴也许有过之而无不及，史书载"夏主（定）少凶暴无赖，不为世祖（赫连勃勃）所知"[1]。

赫连勃勃的残暴为当时人所共知，后秦姚邕曾说："勃勃天性不仁，难以亲近。""奉上慢，御众残，贪暴无亲，轻为去就，宠之逾分，终为边害。"[2] 除此之外，北魏的崔浩也认为"屈丐（勃勃）国破家覆，孤子一身，寄食姚氏，受其封殖。不思酬恩报义，而乘时徼利，盗有一方，结怨四邻；撅竖小人，虽能纵暴一时，终当为人所吞食耳。"[3] 从中也反映了夏国必然灭亡的一个原因。后世的史家对赫连勃勃也多有所指责：其"虽雄略过人，而凶残未革，饰非距谏，酷害朝臣，部内嚣然，忠良卷舌，灭亡之祸，宜在厥身，犹及其嗣，非不幸也"[4]。

除了其统治的残暴之外，夏国统治阶层的奢侈也浪费了大量的人力、物力。史载勃勃"性奢，好治宫室"。统万城雄壮高大，"城高十仞，基厚三十步，上广十步，

1　司马光:《资治通鉴》卷121 宋文帝元嘉六年，中华书局，1956，第3813页。

2　房玄龄:《晋书》卷130《赫连勃勃载记》，中华书局，1974，第3202页。

3　司马光:《资治通鉴》卷118 晋安帝义熙十三年，中华书局，1956，第3706页。

4　房玄龄:《晋书》卷130《赫连勃勃载记》，中华书局，1974，第3214页。

宫墙五仞"，坚固无比，"其坚可以砺刀斧"。"台榭高大，飞阁相连，皆雕镂图画，被以绮绣，饰以丹青，穷极文彩"，城内还有"华林灵沼""驰道苑园""离宫别殿"等。其宫室也非常华丽，"虽如来须弥之宝塔，帝释忉利之神宫，尚未足以喻其国，方其饰矣"。在筑城的同时，"复铸铜为大鼓，飞廉、翁仲、铜驼、龙兽之属，皆以黄金饰之，列于宫殿之前"[1]。可谓是极尽奢侈之能事，以至于魏世祖攻破统万城之后，不由对左右感慨地说："蕞尔小国，而用民如此，虽欲不亡，其可得乎？"[2]后人评价夏政权："仁义不施，贪残自负，欲长其命脉，以齐驱代魏，乌可得哉！"[3]

最后，内部的纷争与不断的叛乱，严重削弱了夏国的统治基础。由于夏政权是在武力征服的基础上强盛起来的，因此，其统治基础非常不稳定，那些被征服的民众及将士一旦有合适的机会就叛离。从夏政权建立之日起，内部的纷争与叛乱就始终伴随着它，直至其灭亡。需要说明的是，夏国的这些叛乱大多是后秦降将或其他人士发动的，如木城之战俘获的齐难、定阳之战投降夏国的后秦将姚广都，均于夏龙升四年（410）起兵反抗夏

1　房玄龄：《晋书》卷 130《赫连勃勃载记》，中华书局，1974，第 3206 页。
2　魏收：《魏书》卷 95《铁弗刘虎列传》，中华书局，1974，第 2059 页。
3　胡汝砺：《嘉靖宁夏新志》，宁夏人民出版社，1982，第 281 页。

的统治，后被诛杀。[1]夏凤翔四年（416），后秦胡俨、华韬率众户五万据安定，降于勃勃。勃勃以胡俨为侍中，华韬为尚书，留镇东将军羊苟儿镇之，并配以鲜卑兵五千。当赫连勃勃进军失利退至安定时，胡俨等人袭杀羊苟儿，以城降于姚泓。[2]

北魏攻打夏国统万城时，夏国将领狄子玉突然背叛，将夏国的作战策略告知敌方，使北魏及时改变作战计划，退军城北，派遣永昌王健及娥清等分率骑兵五千，西掠居民。"狷而无谋，好勇而轻"的赫连昌见北魏军队示弱，遂改变原固守统万城的计划，亲率步骑三万出城作战，结果大败而逃。[3]除此之外，其他情况下的叛离也时有发生，如安定安武人韩茂永兴中的叛离[4]、赫连昌宁东将军费峻率众降魏[5]。在夏国后期，赫连氏宗室内部也有主动降附北魏的，这些都说明了夏国的政权是极不稳定的。

不仅如此，夏国统治集团内部也不断发生内讧。龙升二年（408），赫连勃勃立子璝为太子，至真兴六年

1　房玄龄：《晋书》卷130《赫连勃勃载记》，中华书局，1974，第3205页。
2　房玄龄：《晋书》卷130《赫连勃勃载记》，中华书局，1974，第3207页。
3　魏收：《魏书》卷95《铁弗刘虎列传》，中华书局，1974，第2058~2059页。
4　李延寿：《北史》卷37《韩茂列传》，中华书局，1974，第1349页。
5　魏收：《魏书》卷44《费于列传》，中华书局，1974，第1002页。

（424），勃勃又想废太子璝为秦王，以酒泉公伦为太子，导致夏国内部的权力斗争。在这场内乱中，几方都动用了大量的兵力，相互残杀，使夏国的实力大大削弱，并为北魏伐夏提供了一个绝好的机会。

在分析夏国灭亡的原因时，还必须考虑个人因素。在此值得一提的是夏国的建立者赫连勃勃。作为一个政权的建立者，赫连勃勃有着明确、可行的政治目标，清醒的政治头脑及审时度势的政治眼光，他对时局的分析、夏国所面临的潜在危险的认识等都非常透彻而切中要害。在建立政权之初，勃勃就制定了一个进攻目标及宏伟的蓝图，为夏国指出了一个明确的奋斗方向，在此目标和方向的指引下，夏国在军事上取得了一系列胜利，占领了后秦的大片领土，并最终攻占后秦都城长安，实现了预期目标。作为一个分裂割据乱世中的政权领袖人物，勃勃也具备了应有的军事素质，不仅采用了正确的游击战术，而且在战略上也有许多独到和可取之处。但是其后继者赫连昌"狷而无谋，好勇而轻"[1]，无论是在政治上还是军事上，都远逊其父，甚至连守成都做不到。当北魏第一次攻打统万城的军队至君子津时，赫连昌还在与

1　司马光:《资治通鉴》卷121宋文帝元嘉五年，中华书局，1956，第3799页。

其大臣宴饮狂欢，得知这一情况时，只好仓皇出战，被北魏掠去众多的人口、财物。北魏第二次攻打统万城，在主力部队在长安与北魏作战的情况下，赫连昌竟然盲目听信北魏因罪而叛将士所说的魏军情况，轻率出城，以至于失去根据地，最后在安定被俘。此后的赫连定除残暴方面可以与其父亲相媲美之外，在各个方面也乏善可陈。

从夏国的周边形势看，后秦灭亡之后，夏国最大的威胁就是与其隔河相望的世仇之国北魏。夏国与北魏彼此都是一个威胁，对此双方也都非常清楚。夏国在攻占长安之后，主要考虑到魏国的因素，被迫放弃定都长安；而北魏在统治中心发生灾荒的情况下，考虑夏国因素也不敢贸然迁都。凤翔三年（415），"魏比岁霜旱，云、代之民多饥死"[1]。为了解决民饥问题，北魏多数大臣建议迁都至邺，博士祭酒崔浩认为如果迁都至邺，"屈丐、柔然将有窥窬之心，举国而来，云中、平城必危"[2]。对于北魏来说，除了夏国，不得不顾及不断侵扰北方边境的柔然，如前所引，北魏的所有行动都要考虑这两方面的因

---

[1]　司马光：《资治通鉴》卷117晋安帝义熙十一年，中华书局，1956，第3680页。

[2]　司马光：《资治通鉴》卷117晋安帝义熙十一年，中华书局，1956，第3680页。

素，然而勃勃死后，柔然的问题得到了比较彻底的解决。胜光二年（429），拓跋焘力排众议，亲自率兵分几路攻打柔然，柔然可汗纥升盖狼狈逃窜，其"部落四散，窜伏山谷，杂畜布野，无人收视"，高车诸部又乘机抄掠柔然，"柔然种类前后降魏者三十余万落"，北魏"俘斩甚众"，"获戎马百余万匹，畜产、车庐，弥漫山泽"。[1]柔然可汗纥升盖因此抑郁而死，其子吴提立，胜光四年（431），吴提与北魏通好。北魏徙"柔然、高车降附之民于漠南，东至濡源，西暨五原阴山"，"使之耕牧而收其贡赋"，"自是魏之民间马牛羊及毡皮为之价贱"[2]，柔然势力的抑制使得北魏解决了一个后患。此时南方刘宋政权的情况也让北魏可以无后顾无忧地对付夏国：宋文帝刘义隆继位之后，内部政局还不稳定，也没有力量大规模征讨北魏，虽偶尔声称北伐，不过是虚张声势，目的还是在于自保。对此崔浩看得非常清楚，认为刘宋扬言北伐，是"先声动众，以备不虞"[3]，"止望固河自守，免死为幸，无北渡意"。[4]此外，刘宋军队以步兵水师为主，

1　司马光：《资治通鉴》卷121宋文帝元嘉六年，中华书局，1956，第3811页。

2　司马光：《资治通鉴》卷121宋文帝元嘉六年，中华书局，1956，第3812页。

3　魏收：《魏书》卷35《崔浩列传》，中华书局，1974，第819页。

4　魏收：《魏书》卷35《崔浩列传》，中华书局，1974，第821页。

显然无法在中原的广阔战场上与北魏的精锐骑兵相抗衡，
"设令国家（北魏）与之河南，彼必不能守之。自量不能
守，是以必不来"[1]。魏宋之间的这种形势，使得魏太武帝
暂时把刘宋放在一边，而将主要力量放在攻灭北方的敌
人上。而且北魏经过多年的努力，势力日渐增强，已经
有足够的力量对付一直威胁着其西部边境的夏国。

明确了进攻目标之后，北魏进行了精心的准备，战
前协调统治集团内部意见，取得广泛支持，出征前确定
具体的战争目标，制定适宜的战略战术，调动和协调出
征军队，安排好京师防务。具体情况如下：大夏承光二
年（426）正月，西秦王"乞伏炽磐遣使朝贡，请讨赫
连昌"[2]。虽然讨伐赫连夏国北魏蓄谋已久，但是北魏并没
有贸然行动，而是首先在内部征求意见，达成统一意见，
将不同意见者如长孙嵩等给予重罚，使其再不敢反对。
承光三年（427）正月"大造攻具"[3]；二月，遣高凉王礼
镇长安，诏执金吾桓贷造桥于君子津；治兵讲武，分诸
军，司徒长孙翰、廷尉长孙道生、宗正娥清等率三万精
骑为前驱，常山王拓跋素、太仆丘堆、将军元太毗等将
步兵三万为后继，南阳王拓跋伏真、执金吾桓贷、将军

1　魏收：《魏书》卷35《崔浩列传》，中华书局，1974，第817页。
2　魏收：《魏书》卷4上《世祖纪上》，中华书局，1974，第71页。
3　魏收：《魏书》卷4上《世祖纪上》，中华书局，1974，第72页。

姚黄眉等将步兵三万运送攻城器械，将军贺多罗将精骑三千为前候。

为了使战争顺利进行，不受外部环境干扰，北魏太武帝还在外交上进行了谋划。如在出征前一个月即"夏四月丁未，诏员外散骑常侍步堆、谒者仆射胡觐等使于刘义隆"[1]。此外，北魏军队并未放松边境地区的守备，在南部边境加强对刘宋的防守，史载"刘义隆遣将到彦之寇河南，世祖西征赫连定，以（王）斤为卫兵将军，镇蒲坂"[2]。

北魏和夏国隔河相望，而北魏充分利用天气情况：第一次进攻选择在冬十月，第二次进攻选择在春正月，基本上都是冬季，这对于北魏的骑兵来说，容易渡过黄河，一旦失利还能顺利撤退。

总之，北魏的兴起及其统一整个北方，是当时历史发展的必然趋势，日益衰弱的夏国被灭亡，也就是迟早的事了。

第二节　铁弗匈奴的去向

铁弗匈奴作为一个在西晋以来的十六国时，由原南

1　魏收：《魏书》卷 4 上《世祖纪上》，中华书局，1974，第 72 页。
2　魏收：《魏书》卷 30《王建列传》，中华书局，1974，第 711 页。

匈奴与鲜卑融合形成的新的族体，随着大夏国的灭亡而散亡，分散各地，并逐渐融合到其他民族之中，其分散及以后的去向，主要有以下几种情况。

一 归入北魏

"胡父鲜卑母"的铁弗匈奴自刘虎之时形成，就与"鲜卑父胡母"的拓跋鲜卑关系密切。在双方密切接触的过程中有一部分铁弗匈奴成为拓跋鲜卑的一部分，最后与拓跋鲜卑一起融入汉族，这是铁弗匈奴比较重要的一个去向。归入北魏的铁弗匈奴，大体上可分两种情况：一是因在两个民族之间的战争中失利而被北魏所俘获的，另一种情况是主动归附的。

史书记载最早的铁弗匈奴降附者是刘虎之从弟路孤。东晋太兴元年（318），在朔方一带活动的刘虎趁拓跋鲜卑联盟内乱之际，攻打拓跋代国的西部，但被平文帝拓跋郁律击破，刘虎只好逃至塞外，其从弟路孤就率领一部分铁弗部落，从朔方东渡黄河，降于平文帝，平文帝以女妻之。[1]之后又有刘虎之子刘阏头归附了拓跋鲜卑。东晋升平二年（358），刘阏头（阏陋头）因其部众不断

---

1 司马光：《资治通鉴》卷 90 晋元帝太兴元年，中华书局，1956，第 2860 页；魏收：《魏书》卷 1《序纪》，中华书局，1974，第 9 页。

叛乱，惧而东走，后投奔于代。[1]此后，陆续还有铁弗匈奴降附于魏，如豆勿于，其父即赫连勃勃第四子伦。赫连伦在与其兄瓒争夺帝位的斗争中被杀，其子豆勿于遂投奔北魏，曾任北魏的雄州刺史。豆勿于之子曾任幽、恒二州刺史。其孙赫连子悦（字士欣），高欢起兵时为济州别驾，系侯景部下，入北齐任郑州刺史，妻闾炫为"茹茹国主步浑之玄孙"[2]。其曾孙为赫连仲章[3]。北齐时还有不知何出的武卫赫连辅玄[4]。夏胜光二年（429），夏酒泉公隽自平凉奔魏[5]。

除主动投附之外，还有大量铁弗匈奴因战争失利而被掳入北魏境内。建立夏政权前，铁弗匈奴作为战俘被掠入北魏且规模比较大的一次是在拓跋代国攻打刘卫辰时。东晋太和二年（367），代王什翼犍攻铁弗匈奴，刘卫辰措手不及，只好率一部分宗族西走，什翼犍"收其

1 魏收：《魏书》卷1《序纪》，中华书局，1974，第14页。
2 《赫连子悦妻闾炫墓志》，载赵万里《汉魏南北朝墓志集释》，科学出版社，1956，第345页。
3 《赫连子悦墓志》，载赵万里《汉魏南北朝墓志集释》，科学出版社，1956，第344页。
4 司马光：《资治通鉴》卷169陈文帝天康元年，中华书局，1956，第5261页；李百药：《北齐书》卷11《河间王孝琬列传》，第146页。
5 司马光：《资治通鉴》卷121宋文帝元嘉六年，中华书局，1956，第3806页。

部落什六七而还"。[1] 晋太元十六年（391），北魏攻破代来城时，又"收卫辰子弟宗党无少长五千余人，尽杀之"[2]。夏承光三年（427），北魏攻破夏国国都统万城，俘获夏国王、公、卿、将、校及诸母、后妃、姊妹、宫人以万数。[3] 在这些铁弗匈奴部众中，就有赫连勃勃的几个女儿，其中有三个女儿后来嫁给北魏皇帝拓跋焘，有一个曾被立为皇后，北魏正平二年（452）又被尊为皇太后，[4] "高宗初崩，祔葬金陵（迁都洛阳之前拓跋鲜卑埋葬其宗族之地）"[5]，在北魏的宫廷政变中可能被宗爱所利用。[6]

从以上所列举的事实可以看出，铁弗匈奴无论是因战争而被北魏俘获还是主动投附，数量都比较多。

这些被俘或归附的铁弗匈奴部众，有许多与拓跋鲜卑宗室通婚，如前所述刘虎之从弟路孤，赫连勃勃之女及其子赫连昌。但作为战争失败一方，并非所有人都会

1　司马光:《资治通鉴》卷 101 晋海西公太和二年，中华书局，1956，第 3208 页。

2　魏收:《魏书》卷 2《太祖纪》，中华书局，1974，第 24 页。

3　司马光:《资治通鉴》卷 120 宋文帝元嘉四年，中华书局，1956，第 3795 页。

4　魏收:《魏书》卷 4 下《世祖纪下》，中华书局，1974，第 106 页。

5　魏收:《魏书》卷 13《赫连皇后列传》，中华书局，1974，第 327 页。

6　李凭:《北魏平城时代》，社会科学文献出版社，2000，第 184 页。

受到如此照顾，有一些被俘的铁弗匈奴女性被北魏统治者赐与其臣下为妻，如统万城被攻破后，赫连昌的女儿被俘获，后被赐给有功的将士罗提为妻，罗提为代人罗结的从孙。[1]

在归入北魏的铁弗匈奴中，有一些连自己的姓氏都无法存留。有因北魏皇帝所赐而改姓为他姓的：晋隆安三年（399），刘卫辰子文陈降魏，魏主拓跋珪妻以宗女，拜上将军，赐姓宿氏，[2]其后代见于记载的有宿石、宿倪等人。[3]

赫连氏除了因北魏赐姓而改之外，也有因避难而改他姓的。如赫连达，字朔周，盛乐人，勃勃之后也。曾祖库多汗时，因避难改姓杜氏。北魏末年，魏孝武帝入关，赫连达（为贺拔岳部下）因功由杜氏复为赫连氏，其子为赫连迁。[4]从库多汗改姓到赫连达复姓，其间共四代人，由此可以推测库多汗被迫改姓的时间，大约是在北魏攻打统万城之时，有可能拓跋鲜卑在攻破统万城之后，曾对铁弗匈奴的部众有过大肆杀掠的行为，所以才迫使一部分铁弗

1　魏收：《魏书》卷44《罗结列传》，中华书局，1974，第989页。

2　司马光：《资治通鉴》卷111晋安帝隆安三年，中华书局，1956，第3506页。

3　魏收：《魏书》卷30《宿石列传》，中华书局，1974，第724~725页。

4　李延寿：《北史》卷65《赫连达列传》，中华书局，1974，第2307~2308页。

匈奴不得不改姓，以避其难。赫连氏改姓还有另例，《云荣墓志》载："公讳荣，字显乐，朔方人也。昔……大夏武皇帝，君之五世祖。曾祖那勿黎，大夏七兵尚书。嘱家国失德，众畔民离，舍彼危邦，言归乐土。入魏为北部莫弗，藏姓为口豆连氏，汉言云也。父库堆，仪同太常卿朔州刺史。"[1]

赫连氏另有一支后裔，在北魏时已经号称河南洛阳人，归入北魏的具体时间不详，有可能是夏国灭亡之后，此后又在北魏孝文帝迁都之时南下至洛阳。魏孝文帝曾"诏迁洛之民，死葬河南，不得还北。于是代人南迁者，悉为河南洛阳人"[2]。因此，迁洛的这支赫连氏也就以洛阳为其地望了。号称郡望为洛阳的赫连略，在北魏时曾任安州刺史，其子柔为库部郎中，其曾孙赫连悦为华州刺史。[3]

除主动投附及战败被俘的铁弗匈奴之外，随着北魏势力在北方地区的不断扩大，原分散在夏国境内的铁弗匈奴自然地归入北魏，成为拓跋鲜卑统治之下的臣民，这部分铁弗匈奴在北魏末年还一直在活动。当时因国内阶级矛盾和民族矛盾日益尖锐，各地爆发了不同规模的起义，正光

1　赵超：《汉魏南北朝墓志汇编》，天津古籍出版社，1992，第464页。

2　魏收：《魏书》卷7下《高祖纪下》，中华书局，1974，第178页。

3　《赫连悦墓志》，载北京图书馆金石组编《北京图书馆藏中国历代石刻拓本汇编》第5册，中州古籍出版社，1989，第146页。

四年（523），匈奴人破六韩拔陵在沃野镇（今内蒙古乌拉特前旗）首举义旗。次年四月，在高平镇发生了以敕勒酋长胡琛为首的镇民起义，与六镇起义相呼应，在这次高平镇起义的镇民中就有铁弗匈奴之人，如赫连恩等；另高平镇还有镇将赫连略[1]，北齐时还有赫连阳顺、赫连儁等[2]。

归入北魏的铁弗匈奴，由于其为拓跋氏之世仇，故北魏盛时赫连氏没有显贵，一直到北齐、北周时这种状况才有所改变，开始有赫连氏在朝中任职。一直到唐大中十二年（858），赫连氏后裔还有司勋员外郎赫连梵[3]、主客员外郎赫连钦若[4]等。

《古今姓氏书辩证》卷37引《后魏官氏志》云："黜弗、铁弗、燕弗，并改为河南弗氏。"[5]今本《魏书》无此条。《姓纂》引《云氏家状》云："本姓赫连，夏主敖云，太子璝，生袖，后魏太武改为云氏。袖孙光禄，北齐中书监，广阳公。"但现存史籍无敖云之事，对此姚薇元先生认为，"此必云氏子孙欲承王者之胤胄，因以宥连冒为赫连也"[6]。

1　魏收：《魏书》卷9《肃宗纪》，中华书局，1974，第236页。

2　李百药：《北齐书》卷2《神武纪下》、卷20《尧雄列传》，中华书局，1972，第21、269页。

3　劳格：《唐尚书省郎官石柱题名考》，中华书局，1992，第393页。

4　劳格：《唐尚书省郎官石柱题名考》，中华书局，1992，第949页。

5　邓名世：《古今姓氏书辩证》，江西人民出版社，2006，第575页。

6　姚薇元：《北朝胡姓考》，中华书局，1962，第174页。

　　总之，因各种原因归入北魏的铁弗匈奴人，最后与北魏鲜卑等其他民族一起，汇入了当时汉化的民族融合主流中。

二　融入吐谷浑

　　这一部分主要是赫连定所率领的铁弗匈奴余部。夏承光三年（427），统万城被攻破，次年赫连昌被擒，赫连定在上邽继位。夏胜光四年（431）赫连定灭西秦，杀乞伏暮末及其宗族，收西秦人民十余万口，自治城（约在今甘肃临夏西北黄河南岸）渡河，欲攻击河西王沮渠蒙逊（都姑臧，今武威）而夺其地。结果被吐谷浑击败，赫连定本人也被俘。[1]此后，赫连定所率的部众便成为吐谷浑的一部分，至唐末五代时，赫连氏作为吐谷浑的一个比较大的姓氏，与慕容、拓跋并称，[2]重新活跃起来。

　　这一部分加入吐谷浑的铁弗匈奴，与吐谷浑同荣辱共兴衰。唐末安史之乱后，原主要居于河西、陇右一带的吐谷浑开始向东迁徙，一部分迁至唐盐、庆、夏州，一部分迁至唐河东道的太原、潞州（治今山西长治）等地。另有一部分迁至原属朔方节度使后改隶天德军的丰

1　司马光：《资治通鉴》卷122宋文帝元嘉八年，中华书局，1956，第3832页。

2　欧阳修：《新五代史》卷74《四夷附录第三》，中华书局，1974，第910页。

州（治今内蒙古乌拉特前旗西），唐开成元年（836），吐谷浑部酋赫连铎率部投丰州，以后势力逐渐强大。乾符五年（878），因击沙陀有功，赫连铎被封为大同军节度使，后又被封为云州刺史、大同军防御使，成为代北一个小藩镇。五代时有赫连海龙、赫连（黑连）公德、赫连撒滥等[1]。到宋代仍然还有赫连氏在活动，如赫连青牟[2]。

三　其他

铁弗匈奴是在刘虎之时改称"铁弗"的，至勃勃之时将其帝王之姓改为"赫连"的同时，又规定其支庶子孙非正统，"皆以铁伐为氏，庶朕宗族子孙刚锐如铁，皆堪伐人"[3]。但是史书中并未记载有姓"铁伐"之人，故铁弗匈奴一支，有可能在勃勃改姓赫连之时，有一部分仍旧姓刘，故谈铁弗匈奴的流散情况时还要谈到刘姓的情况。

但是这一支的情况比较复杂。刘虎有二子，其中之一是勃勃之祖父刘务桓，其二是阏陋头，关于这支的去向史书不载。而改姓赫连的只是刘务桓、刘卫辰、勃勃

1　有关吐谷浑中赫连氏的情况可以参阅周伟洲《吐谷浑史》，宁夏人民出版社，1985；吕建福《土族史》，中国社会科学出版社，2002。

2　吕建福：《土族史》，中国社会科学出版社，2002，第210页。

3　房玄龄：《晋书》卷130《赫连勃勃载记》，中华书局，1974，第3206页。

这一支。估计是阏陋头这支在夏国建立之后，仍然以刘姓活动在现在的陕北一带，夏国灭亡后，融入北魏，最后随着拓跋鲜卑一起融入汉族。

第三节　夏国在中国历史上的地位及影响

一　铁弗匈奴对朔方地区的经营开发 [1]

朔方及其周围地区是汉族与北方游牧民族杂居的边郡之地。秦汉时期，这一地区属于朔方郡、上郡，中原王朝在此设县，并移民开垦，称之为"新秦中"。但到东汉末年，"羌胡为乱"，中原汉族政权无力北顾，对北部边郡之地采取了放弃的态度，致使"塞下皆空"[2]。魏晋时期，汉族统治势力南移之后，匈奴、乌桓、鲜卑等北方游牧民族先后进入朔方地区。虽然在这片土地上，他们之间为争夺势力范围，先后进行过多次战争，对此地的经济有一定的破坏，也给当时的人民带来一定的灾难，但为了稳固自己的统治他们也曾采取一些措施，客观上对朔方的早期开发都做出了一定贡献。在十六国

1　本部分内容已发表在《宁夏大学学报》（人文社会科学版）2008年第1期。

2　李吉甫：《元和郡县图志》卷4《关内道·夏州》，中华书局，1983，第99页。

北朝时期，除北魏之外，铁弗匈奴的贡献相对来说比较大。

迁徙人口、聚集财物　十六国时期，北方地区多年战乱，战死及逃亡的人口比较多，劳动力流失比较大，各少数民族政权建立之后，都着手迁徙人口至其统治中心地区。于朔方建立政权的夏国也面临着人烟稀少、劳动力不足的问题。因此，勃勃在与其他民族政权争战的过程中，东征西讨，掳获了大量人口、财富，不断地充实该地区。

夏国建立以后，多次掳掠后秦人口。夏龙升元年（407），"勃勃与姚兴将张佛生战于青石原，又败之，俘斩五千七百人"。次年，勃勃与姚兴将齐难之战，又俘获七千余人，并收其戎马兵杖。当齐难引军而退，至木城（今陕西榆林市东南）时，勃勃发动袭击，又俘获其将士一万三千人、戎马万匹。岭北夷夏降附者数万计，勃勃于是拜置守宰以抚之。紧接着勃勃又率骑二万入高冈，等至五井时，又掠平凉杂胡七千余户以配后军，进屯依力川。[1]

龙升三年、四年连续两次又徙后秦民众一万六千家于

1　房玄龄：《晋书》卷130《赫连勃勃载记》，中华书局，1974，第3204页。

大城。[1]龙升五年（411），勃勃获姚兴部众四万五千人、戎马两万匹。降姚兴将党智隆，徙其三千余户于贰城。[2]大城与贰城是夏国统万城之外的两个活动中心。

除后秦外，夏政权与其他政权发生军事冲突之后，也迁徙人口于其统治的中心区域。如龙升元年（407），勃勃率骑两万讨伐拒婚的南凉，自杨非至于支阳三百余里，杀伤万余人，驱掠两万七千口、牛马羊数十万而还。[3]

此外，勃勃在攻占长安之后，还掳掠了东晋留镇长安的刘义真部众，并为其筑城而居之，如吴儿城（今陕西绥德西北）。既然需专门为这些部众筑城而居，说明此次掳掠的人口数量不少。

将上述数据粗略作一统计，仅赫连勃勃时期迁入朔方地区的人口当在二十五万人左右。由此可见，夏政权的移民规模还是比较大的，而且从迁出地来看，涉及面也比较广，成分也应该比较复杂。

以上统计为我们显示了一幅人们从四面八方迁往朔方的景象，这些迁徙的人口大多都是来自当时经济较为发达地区的汉族人民。从迁入居民的身份上看，既有自耕农，也有部落酋帅、地主、豪强、官吏、士大夫

---

1 房玄龄：《晋书》卷130《赫连勃勃载记》，中华书局，1974，第3205页。

2 房玄龄：《晋书》卷130《赫连勃勃载记》，中华书局，1974，第3205页。

3 房玄龄：《晋书》卷130《赫连勃勃载记》，中华书局，1974，第3203页。

等，而且从其都城统万城的建设及规模上看，赫连勃勃还掳掠了许多手工业工匠至其统治中心地区。赫连勃勃筑统万城时，"发岭北夷夏十万人"[1]，杀死工匠就有数千人之多。虽然这些手工业工匠大多是为统治阶级的奢侈生活服务的，但对当地的手工业发展无疑是有促进作用的。可见勃勃是竭力将新占地区的劳动力和技术力量以及他认为对于新建的夏政权有用的人员向朔方地区集中的，这对于恢复和发展朔方地区的农业经济起到了一定的作用。

除了迁徙大量人口充实朔方地区，使此地区人口快速增加之外，赫连勃勃还通过商品流通等各种措施聚集大量财富于朔方地区。北魏攻破统万城时，获"宫人万数，府库珍宝、车旗、器物不可胜计"，夏国在修建统万城时，"九域贡以金银，八方献其瑰宝"，这些记载虽然不免有一些夸张的成分，但其向朔方地区聚集了大量财富却是不疑之事实。

总之，无论是迁徙人口还是聚集财物，这些行为对朔方及陕北地区的经济发展都有一定的积极影响。

建设城镇　夏政权从其他地区迁入大量人口至朔方之地后，随之要解决的便是对这些移民的安置问题。夏

1　房玄龄：《晋书》卷 130《赫连勃勃载记》，中华书局，1974，第 3205 页。

龙升三年（409），勃勃攻姚兴将金洛生于黄石固（今甘肃平凉北）、弥姐豪地于我罗城（今甘肃平凉东北）等，皆攻陷，徙七千余家于大城，"以其丞相右地代领幽州牧以镇之"[1]此后为安置移民而兴建的城镇还有很多，如"三交城（今陕西靖边东杨桥畔镇），按赫连勃勃《夏录》云：'龙升五年（411）秋九月，勃勃率众三万攻安定城。冬十月，秦雍州刺史杨佛嵩率众来拒，十一月战于青石北原，秦师败绩，降其众四万，获戎马二万匹。'因筑此城。"[2]"赫连勃勃破刘裕子义真于长安，遂虏其人，筑此城以居之，号吴儿城。"[3]

除为安置移民和俘虏而兴建城邑之外，也有因其他原因而修建的城镇，如因赫连勃勃之白马而命名的白口骝城，史载"河水又北薄骨律镇城。城在河渚上，赫连果城也。桑果余林，仍列洲上。但语出戎方，不究城名。访诸耆旧，咸言故老宿彦言，赫连之世，有骏马死此，取马色以为邑号，故目城为白口骝韵之谬，遂仍今称，所未详也"[4]。又《元和郡县志》卷4灵州条云："其城（灵州城）赫连勃勃所置果园，今桃李千余株，郁然犹在。

1　房玄龄：《晋书》卷130《赫连勃勃载记》，中华书局，1974，第3204页。
2　乐史：《太平寰宇记》卷37《夏州·宁朔县》，中华书局，2007，第786页。
3　李吉甫：《元和郡县志》卷4《关内道·绥州》，中华书局，1983，第103页。
4　王国维校《水经注校》卷3《河水》，上海人民出版社，1984，第74页。

后魏太武帝平赫连昌，置薄骨律镇，后改置灵州，以州在河渚之中，随水上下，未常陷没，故号灵州。"[1]由此可知，赫连勃勃所建之果城，又名白口骝城，后白口骝又转讹为薄骨律，北魏时于此建军镇，名薄骨律镇，后改为灵州，北周、隋唐均因之。此地位置十分重要，是东西南北的交通枢纽、北方游牧民族与南部农耕民族往来之要冲，政治、军事地位十分重要，其地在今宁夏吴忠西。

还有因其地的地形特点而命名的城邑，如"黑城，在县东二十五里，库利、东流川交口，赫连勃勃所置。大象二年（580）于此置郡。其城缘山坡，崎岖不正，遂名黑城"[2]。即今陕西延安南之临镇、甘泉城等。对于黑城，另有史书记载为慕容鲜卑所置：太元二十年（395），"（后）燕军至五原，降魏别部三万余家，收穄田百余万斛，置黑城"。对于此黑城的位置，胡三省注曰："黑城在五原河北。按《魏书·帝纪》：登国五年，刘卫辰遣子直力鞮出稒阳塞，侵及黑城。从可知矣。"[3]按此，两个黑城相距甚远，不知史籍记载有误，还是本有两个黑城。

1　李吉甫：《元和郡县志》卷4《关内道·灵州》，中华书局，1983，第91页。
2　乐史：《太平寰宇记》卷36《延州·临真县》，中华书局，2007，第756页。
3　司马光：《资治通鉴》卷108 晋孝武帝太元二十年，中华书局，1956，第3422页。

因当地的壮丽风景为赫连勃勃所赞美，赫连昌便为勃勃建契吴城。史载："故白城，一曰契吴城，在县北一百二十五里契吴山。赫连中因山所筑，勃勃尝所叹美，故其子昌因立此城，以立勃勃之庙。"[1]此城位于今陕西靖边白城子以北。

因建城者而命名的赫连城。宋代沈括撰《梦溪笔谈》卷11《官政一》记："延州故丰林县城，赫连勃勃所筑，至今谓之'赫连城'。紧密如石，斸之皆火出。其城不甚厚，但马面极长且密。予亲使人步之，马面皆长四丈，相去六七丈。以其马面密，则城不须太厚，人力亦难攻也。予曾亲见攻城，若马面长，则可反射城下攻者；兼密则矢石相及，敌人至城下，则四面矢石临之。须使敌人不能到城下，乃为良法。今边城虽厚，而马面极短且疏；若敌人可到城下，则城虽厚，终为危道。其间更多刓其角，谓之'团敌'，此尤无益。全借倚楼角以发矢石，以覆护城脚。但使敌人备处多，则自不可存立，赫连之城，深可为法也。"[2]赫连城在延州丰林县，县治在今延安东北丰林镇。

另有饮汗城，"在（灵）州东北，隔河一百二十里。

1　李吉甫：《元和郡县图志》卷4《关内道·夏州》，中华书局，1983，第101页。
2　沈括：《梦溪笔谈》，中华书局，2015，第191页。

本名饮汗城，赫连勃勃以此为丽子园。后魏给百姓，立为怀远县"。[1] 有学者认为此城亦为勃勃所建。[2] 唐怀远县治在今宁夏银川一带，饮汗城亦当在此。

此外，见于记载的最为重要的夏国所筑城邑是其国都统万城，其详细内容可参见第六章。

夏国新筑的城邑，不仅在当时对夏国的政治、经济发展起到了一定的作用，而且对以后内蒙古、陕西和宁夏的政治、军事、经济的发展也有着重大的影响。如其国都统万城，北魏时是北边的军事重镇，西魏、北周、隋唐、宋时的夏州治所，唐末宋初，为党项拓跋氏割据的藩镇夏州节度使之地；而果城则是北魏西北军事重镇薄骨律镇，北周、隋唐时的灵州治所。夏州和灵州在中国中古时期是东西南北交通的要冲，丝绸之路东段所谓的"鄂尔多斯沙漠南沿路"和"灵州道"所经之要地，也是北方游牧民族南入关中的必经之地，在政治和军事上具有十分重要的战略意义。夏国所筑城邑还有一些成为以后历代封建王朝郡县治所，即新建之郡县；夏国所筑城邑在中国冷兵器时代比较有特色，即其城墙坚固，马面多且长、阔，利于守城，如所筑统万城、赫连城等；

1　李吉甫：《元和郡县图志》卷4《关内道·灵州》，中华书局，1983，第95页。
2　周伟洲：《十六国夏国新建城邑考》，载《统万城遗址综合研究》，三秦出版社，2004，第95页。

夏国所筑城邑较为重视种植林木、果树，无意中保护和改善了当时的生态环境，如夏国所筑之果城。

交通道路的开辟　铁弗匈奴入居朔方之后，经过多年的经营基本站稳了脚跟。但是朔方地区毕竟太过于狭小，发展的空间不大，周边地区的形势及地理环境使得铁弗匈奴的发展方向只能放在南方，然而从朔方南下关中，中间有白于山的阻隔。在古代，山区的交通是比较困难的，因此利用河谷开凿翻越山区的道路便成为首选。

横山北坡的河流是无定河及其支流芦河、黑河等，南坡的河流是洛河、延河等，因此，赫连勃勃沿芦河开凿了一条通往长安的通道。这条通道由现在的延安市西北行，经志丹县和顺宁寨，再北至白于山下，沿芦河而下，经靖边县通到古代的夏州，这条通道当时称为"圣人道"。关于此道的开凿情况，《太平寰宇记》卷37《保安军》记载："圣人道，在军城东七里……即赫连勃勃起自夏台入长安时，平山谷开此道，土人呼为圣人道。"[1]这条通道建成之后，成为勃勃往南进兵的主要通道。夺取长安之后，这条通道更是联系统万城与长安之间最近的道路。

统万城被北魏攻破之后，这条道路还一直被使用，甚至到唐代还没有为人们所忘记。唐代中叶，安禄山在范阳

1　乐史：《太平寰宇记》卷37《保安军》，中华书局，2007，第790页。

（今北京）反叛，率军循太行山东麓南下，从正面进攻潼关。当时就有些人顾虑安禄山如果派别军从夏州迂回，长安就十分危险，诗人杜甫还因此写了一首诗："延州秦北户，关防犹可倚。焉得一万人，疾驱塞芦子。"[1]

二 对北魏文化建设做出贡献的几个夏国降臣

铁弗匈奴建立夏政权之后，军事上发展极快，仅用十余年的时间，就实现了赫连勃勃的预期目标。不仅如此，在政治、经济上也采取了一些措施，虽然成效不大，有一些甚至流于形式，但是随着夏国统治区域的扩大及对其他政权的人口掠夺，夏国境内还是出现了一些值得一提的文化、科技人才，尤其是在都城统万城内聚集了许多秦雍之地甚至是东晋的汉族人士，这些人士对夏国文化的发展做出了贡献，如赵逸所修的史书等。因史料残缺之故，我们对这些人士的总体贡献尚无法进行评价，不过其中的一部分人归顺北魏之后，对北魏的文化建设还是做出了比较大的贡献，史籍中对此也多有记载。

夏承光三年（427），北魏攻入夏国都城统万城，擒获夏尚书王买、薛超等及此前被夏俘获的东晋将领毛修之和秦雍人士数千人，这些人中有许多文人，后来对

---

1 杜甫：《塞芦子》，《全唐诗》卷217，中华书局，1959，第2274页。

北魏文化是有所贡献的。可考的人物主要有四位，如下所述。

第一位是原属刘裕的部将毛修之。关于毛修之的学问，当时魏司徒崔浩评论说"其中国旧门，虽学不博洽，而犹涉猎书传"，且"每推重之"。这种文武兼备的人才在北魏初年并不很多，因此毛修之在北魏"迁特进、抚军大将军、金紫光禄大夫，位次崔浩之下"[1]。

第二位是天水人赵逸。《魏书》本传称赵逸为姚秦部将，随军征讨赫连夏而被虏，居于统万城，任著作郎，曾受命与张渊为夏国著国书。拓跋焘攻下统万城后，他也被北魏俘获，徙往代京，官至中书侍郎。赵逸性好坟素，年过七十，手不释卷。凡所著述有诗、赋、铭、颂50多篇。[2]

第三位是安定临泾人胡方回。胡方回在夏国任中书侍郎，涉猎史籍，文辞可观，著有《统万城铭》（有史籍记为胡义周所作）、《蛇祠碑》诸文，颇行于世。拓跋焘破赫连昌，胡方回亦随徙至代京，任中书博士。后迁侍郎，与太子少傅游雅等改定律制。司徒崔浩及当时贤达并爱重之。[3]

第四位是天文占候家张渊。《魏书·术艺列传》称张

1　魏收：《魏书》卷43《毛修之列传》，中华书局，1974，第960页。

2　魏收：《魏书》卷52《赵逸列传》，中华书局，1974，第1145页。

3　魏收：《魏书》卷52《胡方回列传》，中华书局，1974，第1149页。

渊"明占候，晓内外星分"。初事苻坚，又仕姚兴父子，
任灵台令，姚泓灭，归于赫连昌，赫连昌以张渊为太史
令。拓跋焘平统万城后，张渊被俘获，徙往代京，北魏
以张渊为太史令。其著有《观象赋》，斐然成章。[1] 张渊
对于中国古代天文知识有承前启后的作用。史载北魏永
熙年间的天文占卜家"集甘、石二家《星经》及汉魏以
来二十三家经占，集为五十五卷。后集诸家撮要，前后
所上杂占，以类相从，日月五星、二十八宿、中外官图，
合为七十五卷"[2]，其中当有张渊的贡献。

　　但是，以上所举的几个人，除赵逸与胡方回之外，
张渊和毛修之在夏国的史籍无载，在北魏却做出了许多
成绩，为北魏的文化建设做出了贡献。究其原因，大约
有以下几种情况：一、夏国建国后的二十多年里，一直
着力于对外征服，对文化建设不太重视，但是这种可能
性似乎不是很大。当时的统万城，人文荟萃，宫廷藏书
相当丰富。北魏攻破统万城之后，获得许多珍宝杂物，
其中就有许多书籍，北魏中书侍郎李顺曾在统万城"取
书数千卷"[3]，李顺所取的图书数千卷当然是大夏宫廷的庋
藏，或许是原有图书的一部分，其全部当不止此数。再如

1　魏收：《魏书》卷91《术艺列传》，中华书局，1974，第1944~1945页。

2　魏收：《魏书》卷91《术艺列传》，中华书局，1974，第1954页。

3　魏收：《魏书》卷36《李顺列传》，中华书局，1974，第830页。

夏国对其所获古雅乐的保存，至北魏世祖攻破统万城之后，这部古雅乐又入北魏，成为北魏古乐的第二渊源，为传统的正统音乐流传做出了贡献。[1]二、建国时间太短，有些人的作用还没有来得及发挥。三、史籍的缺失使得这些人的贡献没有存留。

　　关于夏国及其他政权的降臣对北魏及隋唐制度的贡献，马长寿先生给予了比较公允的评价。以往治唐、宋的史家都比较推崇北朝而黜五胡十六国，主要原因是隋唐制度大部分继承自北朝。但是北朝的制度又不是凭空而来，也是有所承袭的，其中"北魏的疆土和典章制度并非直接承受自魏晋，而乃承受自十六国之后燕、北燕、夏国与河西诸凉，通过上述诸国之汉、胡和移民降臣以及一部分南朝俘虏，才把魏晋的典章制度传下来。如果从典章制度的来龙去脉着眼，我们便可看到五胡十六国地位也很重要，唐宋史家的崇北魏而黜五胡十六国并没有什么充分的理由"[2]，这种论断可谓非常公允和精辟。

1　魏收:《魏书》卷109《乐志》，中华书局，1974，第2841页。

2　马长寿:《乌桓与鲜卑》，上海人民出版社，1962，第9~10页。

第四章
夏国的政治、军事制度

第一节 职官制度

通常认为十六国的官制主要是承袭魏晋[1]，夏国的职官制度也可以说是如此，具体而言，则是更多地沿袭了西晋。此外，由于夏国是内迁少数民族建立的政权，对魏晋的典章制度并不精熟，且无暇详究魏晋旧制，因此设置职官时表现出较大的随意性。还有一点需要说明，即有关夏国职官制度的史料极其贫乏而且零散，故只能就现有的史料进行研究，但这并不表明夏国的职官制度不健全，而很可能是史料散失的缘故。下面分文官系统、武官系统及地方行政系统几个方面做具体分析。

1　周伟洲：《十六国官制研究》，《文史》2002 年第 1 辑，第 52~77 页；冯君实：《十六国官制初探》，《东北师大学报》（哲学社会科学版）1984 年第 4 期，第 95~101 页；等等。

一　文官系统

赫连勃勃创建夏政权时，先称大夏天王、大单于，后又称皇帝。其先称大单于是沿袭匈奴旧制，后又称帝则是向汉制转化。这一称号的改变，既是夏国典章制度越来越成熟的体现，也是政权内部民族构成由比较单一（即主要是游牧民族）逐渐向多民族转化，尤其是其政权中汉族越来越多的一种体现。对于十六国的少数民族政权大多先称天王后称帝这一普遍现象，日本学者谷川道雄认为，"其原因极有可能来自于当时的权力机构，即宗室分掌权力，对君主既支持，同时也有抑制"[1]。夏国最高统治者之下的中央文官系统，主要分为三公、尚书、门下、中书、列卿等职官，现分别考述如下。

三公　赫连勃勃建国之初，就已设置了三公之职。据《晋书》卷130《赫连勃勃载记》载勃勃建立政权时，"以其长兄右地代为丞相、代公，次兄力俟提为大将军、魏公，叱干阿利为御史大夫、梁公"[2]。夏国将这三种职务作为最高职官，显然是将其作为三公而设置的。汉代以丞相、太尉、御史大夫为三公。至于大将军

1　〔日〕谷川道雄：《隋唐帝国形成史论》，李济沧译，上海古籍出版社，2004，第249页。

2　房玄龄：《晋书》卷130《赫连勃勃载记》，中华书局，1974，第3202页。

的设置，据《晋书》卷24《职官志》载："大将军，古
官也。汉武帝置，冠以大司马名，为崇重之职。"实际
上大将军早在楚汉相争时就已经设置了，不过那时的大
将军相当于战国时期将相之制中的将，还不是三公之
一。实际情况是汉代往往将大司马加于大将军、骠骑
将军、车骑将军之上，"以代太尉之职，故恒与太尉迭
置，不并列"[1]。东汉时大将军位在三公之上，"魏明帝青
龙三年，晋宣帝自大将军为太尉，然则大将军在三司下
矣。其后又在三司上。晋景帝为大将军，而景帝叔父孚
为太尉，奏改大将军在太尉下，后还复旧"[2]。可见魏晋
时期的大将军地位尚不稳定，也未在三公之列。晋初以
太宰（本为太师，避司马师讳而改用太宰）、太傅、太
保为三公，"论道经邦，燮理阴阳，无其人则阙，所以
训护人主，导以德义者"[3]。可见西晋的三公只是坐而论
道之官，是皇帝的师傅，地位崇高，却无实权。夏国所
置的三公既非汉制，也非魏晋之制，而是在汉制的基
础上略作改动，当然更多还是体现了汉代职官制度的内
容。夏国的三公非论道之官，而是握有实权，如丞相右
地代就曾兼任过幽州牧，负责镇守大城。至于他们行使

1　房玄龄：《晋书》卷24《职官志》，中华书局，1974，第725页。
2　沈约：《宋书》卷39《百官志上》，中华书局，1974，第1220页。
3　沈约：《宋书》卷39《百官志上》，中华书局，1974，第1217~1218页。

三公之职权的相关记载，由于史料残缺，目前尚无法得知。尽管如此，我们仍然可以断定夏国的三公绝非"训护人主"之职，因为勃勃授其兄弟三公之职（叱干阿利非勃勃兄弟，而是鲜卑薛干部人，因救过勃勃，故得委以重任），目的在于巩固赫连家族的统治地位，加强中央集权，如是虚职则无法达到这样的目的，且他们也非"训护人主"的合适人选，哪有以兄弟作为自己师傅的道理。

司徒　夏国亦置有此官。史载："赫连定，勃勃第五子。凤翔二年封平原公、雍州牧，镇长安。率众赴安定，进封平原王、大将军，领司徒。"[1]《晋书》卷24《职官志》载："太尉、司徒、司空，并古官也。自汉历魏，置以为三公。及晋受命，迄江左，其官相承不替。"[2]可知司徒在汉魏时期属于三公之一，然西晋以太宰、太傅、太保为三公，因此晋虽置司徒，但却不属三公之列，而是所谓八公之一。因此引文中所谓"及晋受命，迄江左，其官相承不替"一句，只是说两晋时期司徒长置不废，并非指其为三公之一。司徒本是丞相一职的改名，汉哀帝元寿二年（前1）罢丞相，改置大司徒。魏黄初元年（220）

1　李昉：《太平御览》卷127《偏霸部》引崔鸿《十六国春秋·夏录》，中华书局，1960，第616页。
2　房玄龄：《晋书》卷24《职官志》，中华书局，1974，第725页。

改称司徒。晋初司徒与丞相"更置迭废",不并置,直
到永嘉元年(307),才出现两职并置的现象。[1]夏国建立
之初,并没有设置此官,凤翔二年(414)设置此官,应
该是受晋朝官制的影响。至于夏是否也有所谓八公之置,
史料残缺,不敢妄论。

开府仪同三司 夏国设置得较晚,直到赫连定称帝时
才设置。史载:赫连定"改承光四年为胜光元年。进征南
大将军、白兰王吐谷浑莫瑰为开府仪同三司、河南王"[2]。东
汉殇帝延平元年(106),始置仪同三司。曹魏时任命黄权
为车骑将军、开府仪同三司,"开府之名,起于此也"[3]。三
司,指三公;开府,指设廨署,置官属;仪同三司,则是
指其非三公而在这些方面按三公的规格同等对待。这一官
职在汉魏均作为加官,夏国设置此职也作为加官。

尚书省 《晋书》卷130《赫连勃勃载记》载:勃勃
建立夏政权之时,以"若门为尚书令,叱以鞬为征西将
军、尚书左仆射,乙斗为征北将军、尚书右仆射,自余
以次授任"[4]。尚书令为尚书省长官,左、右仆射为副长

---

1 杜佑:《通典》卷20《职官二》,中华书局,1988,第515页。

2 李昉:《太平御览》卷127《偏霸部》引崔鸿《十六国春秋·夏录》,中
华书局,1960,第616页。

3 房玄龄:《晋书》卷24《职官志》,中华书局,1974,第726页。

4 房玄龄:《晋书》卷130《赫连勃勃载记》,中华书局,1974,第3202页。

官，可知夏建国之始就已设置了这一机构及其职官。尚书始置于秦，本为少府下属的掌管文书典籍的小吏。汉承秦制，至东汉时出现了尚书台的机构名称。《唐六典》卷1《尚书省》云："后汉尚书称台，魏晋以来为省"。但是《初学记》卷1引《续汉官志》已有了"尚书省"的名称，可见《唐六典》所言，亦不尽确。西汉时期权在三公，为了强化皇权，汉武帝时已经开始加强尚书权力，削弱三公之权。至东汉光武帝时，便出现了"虽置三公，事归台阁"的局面。台阁即指尚书台。[1]汉武帝以后，凡朝廷重臣掌相权者，均加"录尚书事""领尚书事"等名号，即使三公亦不例外，否则便无相权。十六国时期其他诸国如成汉、前后赵、前后秦、前燕、后凉、北燕、南燕、北凉、南凉、西凉等，均置有此职。夏国因为置有尚书令为尚书省长官，所以没有再置此职。

夏的尚书省除了置令仆外，亦置有列曹尚书，如夏龙升四年（410），"夏王勃勃遣尚书胡金纂攻平凉"[2]。后秦将华韬以安定降夏，亦被任命为尚书。[3]只是不知他们

1　范晔:《后汉书》卷49《仲长统列传》，李贤注云："台阁谓尚书也。"中华书局，1965，第1658页。

2　司马光:《资治通鉴》卷115晋安帝义熙六年，中华书局，1956，第3629页。

3　房玄龄:《晋书》卷130《赫连勃勃载记》，中华书局，1974，第3207页。

所任的是何曹尚书。见于记载的夏国尚书还有都官尚书王买德。[1]上面已经论到魏晋未有都官尚书，刘裕置此官的具体时间是夏真兴二年（420）九月[2]，而赫连勃勃任命王买德为都官尚书的时间，据《资治通鉴》卷118载是在夏凤翔六年（418），故不可能因袭刘宋之制。另据《通典》卷23《职官五》载："魏青龙二年，置尚书都官郎，佐督军事。"前面已经论到王买德归顺夏国之初，被赫连勃勃任命为军师中郎将，参谋军事。当是夏仿曹魏之制设置都官，又以王买德有才，尚书都官郎比较卑下，遂改都官郎为都官尚书而任之，仍掌督军事。如果以上所论不错的话，则都官尚书之置，应自夏始。刘宋时期的都官尚书，"主军事、刑狱，领都官、水部、库部、功论四曹[3]。虽掌刑狱，但仍保留有主掌军事的职能，这是曹魏尚书都官郎职能延续的表现。至于夏的都官尚书是否也兼掌刑狱，不得而知。可见，夏国虽然率先设置了都官尚书，但职能与后世并不完全相同。

中书省 以中书令、中书监为长官。有关夏国中书

1　司马光：《资治通鉴》卷118晋安帝义熙十四年，中华书局，1956，第3721页。

2　沈约：《宋书》卷3《武帝纪下》永初元年九月"壬申，置都官尚书"，中华书局，1974，第56页。

3　杜佑：《通典》卷23《职官五》，中华书局，1988，第644页。

省官职的设置，见于记载的有中书侍郎、中书舍人等官，却未见中书令、监的设置，当是史料残缺所致。《晋书》卷 130《赫连勃勃载记》载："刘裕灭泓，入于长安，遣使遗勃勃书，请通和好，约为兄弟。勃勃命其中书侍郎皇甫徽为文而阴诵之，召裕使前，口授舍人为书，封以答裕。"[1] 这里所记的舍人，当为通事舍人的省称。中书侍郎的前身为通事郎，曹魏文帝时置，其职责是起草诏令。[2]"及晋，改曰中书侍郎，员四人。中书侍郎盖此始也。及江左初，改中书侍郎曰通事郎，寻复为中书侍郎。"[3] 因此夏的中书侍郎之职实际上沿袭的是晋制。通事舍人的职责主要在于呈送奏案。从上引《晋书》卷 130《赫连勃勃载记》的记载看，夏的通事舍人除了呈送章奏外，也有起草诏令、文书的职责，至于"参决于中"，那是自刘宋以后才有的现象，夏的通事舍人还不会有这么大的权力。

门下省　《通典》卷 21《职官三》："门下省，后汉谓之侍中寺（原注：嘉平六年，改侍中寺）[4]。《晋志》曰：给事黄门侍郎与侍中，俱管门下众事，或谓之门下省。"[5] 侍

1　房玄龄：《晋书》卷 130《赫连勃勃载记》，中华书局，1974，第 3208 页。
2　杜佑：《通典》卷 21《职官三》："魏志曰：'掌诏草，即汉尚书郎之位。'"中华书局，1988，第 562 页。
3　房玄龄：《晋书》卷 24《职官志》，中华书局，1974，第 734 页。
4　嘉平六年，东汉诸帝无嘉平年号，疑为熹平六年。
5　杜佑：《通典》卷 21《职官三》，中华书局，1988，第 544 页。

中与给事黄门侍郎两官夏国均有设置，前者由胡俨任之，后者胡渊曾充任过。门下省自秦汉至魏晋十六国时期，基本上属于宫官性质，为天子的侍从，除了出纳王言，还掌管天子衣食起居等日常生活事务，属于天子的亲近之臣。夏国的门下省除了以上官员外，见于记载的还有散骑侍郎[1]，不过从现有资料来看，夏国将此官只是作为加官而授，并非实职。

御史台　夏国的御史台官员见于记载的有御史中丞，如"燕主跋与夏连和，夏王勃勃遣御史中丞乌洛孤如燕莅盟"[2]。御史中丞自秦汉以后就专门负责监察之事，夏国的御史中丞应是因袭魏晋之制，是一种权力极大的官职。

列卿　秦汉时期实行三公九卿制，九卿是地位仅次于三公的中央政府中重要的政务官员。魏晋时期随着政务的增多，官职分工日渐细密，中央诸卿的设置早已超出了九卿的范围。《晋书》卷24《职官志》载："太常、光禄勋、卫尉、太仆、廷尉、大鸿胪、宗正、大司农、少府、将作大匠、太后三卿、大长秋，皆为列卿，各置丞、功曹、主簿、五官等员。"[3]现存的有关夏国列卿设置的记载，主要有

1　内蒙古鄂尔多斯博物馆藏《大夏纪年墓志铭》，承蒙宁夏文物考古研究所所长罗丰先生帮助抄写，在此表示感谢。

2　司马光:《资治通鉴》卷116晋安帝义熙十年，中华书局，1956，第3671页。

3　房玄龄:《晋书》卷24《职官志》，中华书局，1974，第735页。

太常、光禄勋、将作大匠等卿，其余诸卿未见设置，可能也是史料残缺所致，下面分别考述如下。

太常，秦官，主要掌邦国礼乐、祭祀、教育等事，自秦汉以后一直位居列卿之首。晋代的太常下辖"博士、协律校尉员，又统太学诸博士、祭酒及太史、太庙、太乐、鼓吹、陵等令，太史又别置灵台丞"[1]。见于记载的夏国任太常者为姚广都[2]，见于记载的其下属官员为太史令张渊、徐辩，掌观察天文，编制历法。他们后被北魏俘获，并被重新任命为太史令[3]，说明这两人精通天文，为难得的人才，否则北魏绝对不会令其官居原职的。

光禄勋，秦官，本名郎中令，汉改为光禄勋，掌守卫宫殿门户，东汉时兼掌祭祀，魏晋时除了仍掌宫殿门户外，还兼管一些宫廷事务。见于记载的夏国任光禄勋者为党智隆。[4]

将作大匠，"掌土木之役。秦世置将作少府，汉因之。景帝中六年，更名将作大匠。光武建武中元二年省，以谒者领之。章帝建初元年复置。晋氏以来，有事则置，

1　房玄龄:《晋书》卷24《职官志》，中华书局，1974，第735~736页。

2　房玄龄:《晋书》卷130《赫连勃勃载记》，中华书局，1974，第3204页。

3　司马光:《资治通鉴》卷120宋文帝元嘉四年，中华书局，1956，第3795页。

4　房玄龄:《晋书》卷130《赫连勃勃载记》，中华书局，1974，第3205页。

无则省"[1]。夏国建立以后，战争频繁，屡建城邑，故设置了此官，见于记载的任将作大匠者有叱干阿利[2]、田嬰[3]等人。据《晋书》卷130《赫连勃勃载记》载："以叱干阿利领将作大匠，发岭北夷夏十万人，于朔方水北、黑水之南营起都城。勃勃自言：'朕方统一天下，君临万邦，可以统万为名。'阿利性尤工巧，然残忍刻暴，乃蒸土筑城，锥入一寸，即杀作者而并筑之。勃勃以为忠，故委以营缮之任。"[4]可见夏的将作大匠职能与晋完全一致，引文中的"营缮之任"四字也将其职能表达得十分清楚。

需要指出的是，夏国还应该置有少府之官。《晋书》卷130《赫连勃勃载记》又载："又造五兵之器，精锐尤甚。既成呈之，工匠必有死者：射甲不入即斩弓人；如其入也，便斩铠匠。又造百炼刚刀，为龙雀大环，号曰'大夏龙雀'……世甚珍之。复铸铜为大鼓，飞廉、翁仲、铜驼、龙兽之属，皆以黄金饰之，列于宫殿之前。凡杀工匠数千，以是器物莫不精丽。"[5]少府掌工役杂作之任，

1　沈约：《宋书》卷39《百官志上》，中华书局，1974，第1233页。
2　房玄龄：《晋书》卷130《赫连勃勃载记》，中华书局，1974，第3205页。
3　《大夏纪年墓志铭》，承蒙宁夏文物考古研究所所长罗丰先生抄录，在此致谢。
4　房玄龄：《晋书》卷130《赫连勃勃载记》，中华书局，1974，第3205页。
5　房玄龄：《晋书》卷130《赫连勃勃载记》，中华书局，1974，第3205~3206页。

"晋江右有中尚方、左尚方、右尚方，江左以来，唯一尚方"[1]。它们均为少府下属机构的一部分，掌制造兵器及诸玩好之物。从上面的记载看，仅夏国杀死的工匠即达数千人之多，可见其手工业规模之大，不可能没有主管机构负责此事，可惜的是由于史料残缺，我们尚无法考知充任少府的官员姓名。

秘书监　据《晋书》卷130《赫连勃勃载记》载，胡义周在赫连勃勃时任秘书监，曾奉命撰《统万城铭》。[2]另据《晋书》卷24《职官志》载："案汉桓帝延熹二年置秘书监，后省。魏武为魏王，置秘书令、丞。及文帝黄初初，置中书令，典尚书奏事，而秘书改令为监。……其属官有丞，有郎，并统著作省。"[3] 著作省的主要官员是著作郎、佐著作郎等，其中著作郎又称为大著作，专掌修史之任。夏国也置有著作郎，如天水人赵逸就充任过此职，曾撰文赞誉赫连勃勃，引起了北魏皇帝的不满，被俘后本欲严惩，经人劝谏才作罢。[4] 据此可知，夏的著作郎除了修史的职责，亦负有其他方面的修撰之责。

东宫之官　赫连勃勃立其子赫连璝为太子，故其国有

1　沈约：《宋书》卷39《百官志上》，中华书局，1974，第1232页。

2　胡义周与胡方回为父子，二人合撰《统万城铭》。

3　房玄龄：《晋书》卷24《职官志》，中华书局，1974，第735页。

4　司马光：《资治通鉴》卷120宋文帝元嘉四年，中华书局，1956，第3795页。

东宫之官亦在情理之中，见于记载的只有太子庶子一职。《宋书》卷95《索虏传》载："佛佛（勃勃）召（韦玄）为太子庶子，玄应命。佛佛大怒，曰：'姚兴及刘公相征召，并不起，我有命即至，当以我殊类，不可理其故耶。'杀之。"[1]《资治通鉴》卷118亦记有此事，但却未记其任何官职。太子庶子为掌管东宫庶务的官员，也是太子的亲近之臣，通常多选才俊之士充任，长安韦氏为饱学之士，故赫连勃勃选其为东宫之官，以辅佐太子。虽然赫连勃勃很快又处死了韦氏，但其曾设置过此官却是不争之事实。

二 武官系统

十六国时期的武官系统颇为繁杂，各国设置的情况也不完全相同。从现有史料来看，夏国的武官系统也是如此，具有自己的特点，与诸国相比颇有不同。概括地说，其更多地因袭了魏晋制度，而较少受当时诸国武官制度的影响。

大将军 夏国把大将军作为三公之一，是夏政权中最高的军事职官，位居武官之首。正因为其地位尊贵，所以充任此职者多为与赫连勃勃血缘关系非常亲密的人，见于记载的夏国大将军主要有赫连勃勃之次兄力俟

---

1 沈约：《宋书》卷95《索虏列传》，中华书局，1974，第2331页。

提、太子赫连璝及其子赫连定，可见此职是不轻易授人的，非至亲不能充任。大将军既然为最高军事职官，自然也负有领兵作战或镇戍之责，如赫连勃勃攻取关中后，便以赫连璝领大将军、雍州牧，率军坐镇长安。[1]曹魏时期大将军与大司马各自为官，位在三公之上，不再像汉代那样将大司马加在其名号之上。这一时期充任大将军者均为权臣，专权擅政，故此职并不专掌军事，而是控制了全部朝政。入晋以后，大将军为八公之一，虽然地位仍然很高，却不那么显赫了，也不专掌军事。夏的大将军由于代替太尉而成为三公之一，是国家最高的军事职官，故夏的大将军之置虽然沿袭了魏晋之制，充其量只不过沿用其名号而已，在职能上与魏晋制度颇不相同，这是需要特别说明的。

使持节与都督诸军事　使持节的名号早在西汉时期就已经出现。后世派军出征，其统军将领便有了持节与不持节之别，持节者不仅拥有专杀之权，而且地位也较高。至晋代这种划分更为详尽，"使持节为上，持节次之，假节为下。使持节得杀二千石以下；持节杀无官位人，若军事得与使持节同；假节唯军事得杀犯军令者"[2]。

1　房玄龄：《晋书》卷130《赫连勃勃载记》，中华书局，1974，第3210页。
2　沈约：《宋书》卷39《百官志上》，中华书局，1974，第1225页。

夏国也沿袭了这一制度，如赫连勃勃"以其子昌为使持节、前将军、雍州刺史，镇阴密"[1]，便是一例。

关于都督一职，夏国未见都督诸州军事的设置，却有都督诸军事的设置，如赫连勃勃"以子璝都督前锋诸军事，领抚军大将军"[2]，夏国的这一官职有可能是沿袭晋制而来。

杂号大将军 杂号大将军其实始于汉代，魏晋时期出现了大量的杂号大将军名号，有四征、四镇、四安、四平等大将军之号。受其影响，夏国也置有杂号大将军，见之于记载的有：抚军大将军，赫连勃勃之子赫连璝曾充任此职；征南大将军，赫连定称帝时，吐谷浑首领莫璝曾任此职。[3]至于夏国是否还置有更多的杂号大将军，由于史料残缺，不得而知。夏国的这类职官多作为加官而授，是否开府未见记载，但是有关他们受命领兵出征的记载还是有的，是否统领宿卫之兵也不得而知。从笔者所掌握的相关史料来看，赫连璝和莫璝两人似乎均未统领夏国的宿卫之军。

四方将军 这四种军事职官历魏至晋最后设置齐全，

1　房玄龄:《晋书》卷130《赫连勃勃载记》，中华书局，1974，第3207页。

2　房玄龄:《晋书》卷130《赫连勃勃载记》，中华书局，1974，第3208页。

3　李昉:《太平御览》卷127《偏霸部》引崔鸿《十六国春秋·夏录》，中华书局，1960，第616页。

当时其设置皆与军制的变化有关，而十六国时期的情况与此并不相同，只是一种职官名号，与其所率军队并无直接关系。如前秦苻洛叛乱，苻坚"遣其左将军窦冲及吕光率步骑四万讨之，右将军都贵驰传诣鄴，率冀州兵三万为前锋"[1]。都贵为右将军却率领的是冀州兵，说明其所任的这个军职与下属的军队并无必然的关系，夏的情况亦是如此。见于记载的夏国前将军是赫连昌，其所任的实际官职则是雍州刺史，镇守阴密。赫连勃勃进攻长安时，他率军屯驻于潼关。[2]此外还有赫连勃勃之兄子罗提，被任命为左将军，曾率军于定阳攻打过后秦将领姚广都，坑杀战俘四千余人。[3]后将军、右将军则未见于记载。

四征将军　夏国因袭魏晋之制，也置有四征将军，然见于记载的只有征西、征北、征南，未见到征东。《晋书》卷130《赫连勃勃载记》载："义熙三年，僭称天王、大单于，赦其境内，建元曰龙升，署置百官……弟阿利罗引为征南将军、司隶校尉……叱以鞬为征西将军、尚书左仆射，乙斗为征北将军、尚书右仆射，自余以次授

1　房玄龄:《晋书》卷113《苻坚载记上》，中华书局，1974，第2903页。

2　房玄龄:《晋书》卷130《赫连勃勃载记》，中华书局，1974，第3208页。

3　房玄龄:《晋书》卷130《赫连勃勃载记》，中华书局，1974，第3204页。

任。"[1] 赫连勃勃授诸弟为诸将军，只是表示品阶，不一定都掌军权，因为四征将军位次三公，地位较高，故授之，但其实际担任的官职却是司隶校尉和尚书左、右仆射等。

四平将军 夏国建立后见于记载的只有平东将军鹿奕于[2]，其他将军未见记载，当是史料残缺之故。

四镇将军 夏国也置有此类职官，见于记载的只有镇东将军羊苟儿。[3]

杂号将军 见于记载的夏国杂号将军有建威将军、光烈将军、宁东将军、冠军将军、龙骧将军等。其中，冠军将军与龙骧将军均为王买德一人充任，《晋书》卷130《赫连勃勃载记》记赫连勃勃在攻下长安后，为赏功而提升王买德为冠军将军。建威将军早在西汉时就已有之；[4] 光烈将军最早见于后赵统治时期，晋成帝咸和八年（333），石虎平秦陇，任命氐人首领苻洪为光烈将军；[5] 宁东将军始见西晋八王之乱时；[6] 冠军将军曹魏时始置之，并

1　房玄龄：《晋书》卷130《赫连勃勃载记》，中华书局，1974，第3202页。

2　房玄龄：《晋书》卷130《赫连勃勃载记》，中华书局，1974，第3205页。

3　司马光：《资治通鉴》卷117晋安帝义熙十二年，中华书局，1956，第3687页；房玄龄：《晋书》卷130《赫连勃勃载记》，第3207页。

4　班固：《汉书》卷79《冯奉世传》，中华书局，1962，第3299页。

5　司马光：《资治通鉴》卷95晋成帝咸和八年，中华书局，1956，第2989页。

6　房玄龄：《晋书》卷67《郗鉴列传》，中华书局，1974，第1807页。

为晋朝所沿袭；[1]龙骧将军最早始见于西晋武帝时期，当时武帝加王濬为龙骧将军，命其承担平吴之重任，[2]从此以后此官便成为历代经常设置的一个重要职官。夏国的这些杂号将军便是沿袭前朝而来的，其中大多都是沿袭晋制，也有沿袭后赵之制的，如光烈将军。

军师中郎将　《三国志》卷35《诸葛亮传》云："先主遂收江南，以亮为军师中郎将，使督零陵、桂阳、长沙三郡，调其赋税，以充军实。"同书卷37《庞统传》载："先主领荆州……亲待亚于诸葛亮，遂与亮并为军师中郎将。"[3]据此可知此官乃东汉末年所置，从诸葛亮与庞统二人当时所作所为看，这当是一个参谋军事、掌典机密的职官。赫连勃勃之所以因袭这一官职，完全是为了安置王买德这位智谋之士。关于这个问题，前面已经有所涉及，就不多说了。

三　地方行政制度

夏国的地方官制与同时诸国大体相同，详细情况

1　房玄龄:《晋书》卷57《陶璜列传》，中华书局，1974，第1560页。

2　房玄龄:《晋书》卷28《五行志中》，中华书局，1974，第843~844页；司马光:《资治通鉴》卷79晋武帝泰始八年，第2521页。

3　陈寿撰，裴松之注《三国志》卷35《蜀书·诸葛亮传》，卷37《蜀书·庞统传》，中华书局，1959，第915~916、954页。

如下。

行台 这是行尚书台的简称，即中央尚书台的派出机构。行台的设置始于曹魏时期，《通典》卷22《职官四》云："行台省，魏晋有之。昔魏末晋文帝讨诸葛诞，散骑常侍裴秀、尚书仆射陈泰、黄门侍郎钟会等以行台从。至晋永嘉四年，东海王越帅众许昌，以行台自随，是也。"[1]十六国时期诸国也多有设置行台者，不过这一时期的行台多是因军事征讨而设置，事罢即废，一般不统民事。通常认为行台掌管民事，"自辛术始焉"，辛术在北齐曾任东南道行台。[2]行台的设置虽然是为了军事目的，但其往往管辖若干州，只管军事，不理民政，显然不利于人力、物力的统一调度，故行台掌管民事是必然的发展趋势。但是说行台掌民事自北齐辛术始，似乎不当，因为从夏国的情况看，已经掌管民事了。赫连勃勃占据关中，攻下长安后，遂以长安为南都[3]，并设置南台，以其子赫连璝领大将军、雍州牧、录南台尚书事。[4]夏国以统万城为都，位置明显偏北，不利于对关中地区的统治，但赫连勃勃又不愿迁都于长安，其理由是："朕岂不知长

---

1 杜佑：《通典》卷22《职官四》，中华书局，1988，第611页。

2 杜佑：《通典》卷22《职官四》，中华书局，1988，第611页。

3 魏收：《魏书》卷95《铁弗刘虎列传》，中华书局，1974，第2057页。

4 房玄龄：《晋书》卷130《赫连勃勃载记》，中华书局，1974，第3210页。

安累帝旧都，有山河四塞之固！但荆吴僻远，势不能为人之患。东魏与我同壤境，去北京裁数百余里，若都长安，北京恐有不守之忧。朕在统万，彼终不敢济河，诸卿适未见此耳！"[1]可见其不愿都长安是因为担心统万城不守，但是夏国既然已经攻取了关中，自然不能弃之不守，于是便提升长安为南都，设行台，以其子镇守，自归统万。赫连璝既然镇守长安，就不可能只掌军事，而不理关中地区民事，如是这样，悉降于夏的"关中郡县"，又该归谁管理，同时也失去了夏国建立陪都（南都）的意义。后来"夏主将废太子璝而立少子酒泉公伦。璝闻之，将兵七万北伐伦"[2]，赫连璝一次能够动员如此多的军队，当是其掌管关中人力、物力的有力证据。因此，这种行台制度与其说是中央职官制度的变种，还不如说是一种特殊的地方行政制度，至于其发展成为普遍实施的一级行政区划，当然还需要一个长期的历史过程，乃是后世的事情了。

司隶校尉部 司隶校尉之职始置于西汉时期，这一职官自汉以后均被列入中央职官系统，但是司隶校尉部作为一种行政区划，则应属于地方行政区划。从其职能

1　房玄龄:《晋书》卷130《赫连勃勃载记》，中华书局，1974，第3210页。
2　司马光:《资治通鉴》卷120宋文帝元嘉元年，中华书局，1956，第3774页。

来看，在汉代专"察三辅、三河、弘农七郡"[1]，久而久之，司隶校尉部便成为一个特殊的行政区划，除了掌监察大权外，也兼掌本部的行政事务。正因为如此，魏晋时期以其所管辖的地区置司州，其长官虽仍称司隶校尉，但是却更加凸显其地方行政的职能。到晋室南迁后，索性罢去了司隶校尉一职，"变其职为扬州刺史"[2]。唐人杜佑撰《通典》时，也将司隶校尉一职列入州郡官来记述。出于这些理由，笔者遂将其放在地方职官部分进行论述。早在夏国建国之初，赫连勃勃就以其"弟阿利罗引为征南将军、司隶校尉"[3]。虽然当时夏国还没有兴建统万城，但赫连勃勃肯定为司隶校尉划定了一个管辖的区域，只是因为史料残缺，我们尚无法考知其具体管辖区域。当统万城建成以后，司隶校尉部所管辖的范围当是统万城周围地区。至于夏国的司隶校尉下辖的官吏情况，虽然史籍阙载，但夏国的这一官职沿袭的是晋朝旧制，因此从晋朝的设官情况也可以窥见夏的情况。据载：西晋司隶校尉的"属官有功曹、都官从事、诸曹从事、部郡从事、主簿、录事、门下书佐、省事、记室书佐、诸曹书佐守

1　房玄龄：《晋书》卷24《职官志》，中华书局，1974，第739页。

2　杜佑：《通典》卷32《职官十四》，中华书局，1988，第883页。

3　房玄龄：《晋书》卷130《赫连勃勃载记》，中华书局，1974，第3202页。

从事、武猛从事等员，凡吏一百人，卒三十二人"[1]。夏国的司隶校尉属官是否如此齐全不得而知，但大体上应该不出这个范围。

护军制 关于护军制，研究者甚多[2]，但对于护军制的性质、渊源、建置及其与军镇制的关系存在许多分歧。护军制确立于曹魏，大盛于十六国，主要设置于少数民族聚居区或重要的交通要道、边疆要地，起初与行政机构并存，后逐渐取消行政机构，专以军统民、治民，成为一种"军管"性质的地方行政机构。夏国境内也设置过这种地方行政权构。

《资治通鉴》载："魏并州刺史楼伏连袭杀夏所置吐京护军及其守兵。"胡三省注云："去年，夏破拓跋屈，因置守兵于吐京。"[3]洪亮吉《十六国疆域志》卷16《夏国》载："吐京护军，汉土军县，晋时伪为吐京。"洪氏进一步指出：吐京护军，"一在汉太原郡土军县地"。又载："长城

---

1 房玄龄:《晋书》卷24《职官志》，中华书局，1974，第739页。

2 如冯君实《魏晋官制中的护军》，载《魏晋南北朝史论文集》，齐鲁书社，1991；高敏《十六国前秦、后秦时期的"护军"制》，《中国史研究》1992年第2期；张金龙《十六国"地方"护军制度补正》，《西北史地》1994年第4期；周伟洲《魏晋南北朝时期的护军制》，《燕京学报》1999年第6期；等等。另还有一些著作中也涉及此问题。

3 司马光:《资治通鉴》卷116晋安帝义熙十年，中华书局，1956，第3664页。

护军,《图经》：赫连夏于后秦黄石固置长城护军。"对于
其具体位置,洪氏说:"一当在前秦平凉郡平凉县地"。[1]
征诸史籍,亦可见洪氏所述非虚。北魏明元帝神瑞元年
(414)二月,"西河胡曹成、吐京民刘初原攻杀屈孑所置
吐京护军及其守士三百余人"[2]。屈孑,即赫连勃勃。另据
《魏书》卷30《楼伏连列传》载:"伏连招诱西河胡曹成
等七十余人,袭杀赫连屈孑吐京护军及其守士三百余人,
并擒叛胡阿度支等二百余家。"[3]从这些记载看,赫连勃勃
所置的吐京护军主要是管理西河胡人,从袭杀吐京护军
及其下属兵士的数目看,其所辖人数当不会很多。引文
中提到"叛胡阿度支等二百余家",当是吐京护军管辖
下的西河胡人,虽然不敢肯定这个数字就是其管辖下的
胡人全部户数,但吐京护军肯定不会管辖有很多的户数。
从这些情况判断,这个吐京护军当是与县同级或者低于
县的一级军事单位。至于将阿度支等称为叛胡,当是其
本来隶属于北魏,后来又归属于夏,故《魏书》称这部
分西河胡为叛胡。

　　至于长城护军,据《资治通鉴》卷121宋文帝元嘉
七年十一月条载:"南安诸羌万余人叛秦,推安南将军、

<hr>

1　洪亮吉:《十六国疆域志》卷16《夏国》,商务印书馆,1958,第448页。
2　魏收:《魏书》卷3《太宗纪》,中华书局,1974,第54页。
3　魏收:《魏书》卷30《楼伏连列传》,中华书局,1974,第717页。

督八郡诸军事、广宁太守焦遗为主，遗不从；乃劫遗族子长城护军亮为主，帅众攻南安。"[1] 这里所说的秦即指西秦，可见长城护军本是西秦所置。次年，夏灭西秦，长城护军亦于此时归夏。不过夏的长城护军设置时间并不长，同年六月，北魏灭亡夏国，遂于长城护军之地置长城郡。[2] 北魏既然能在原长城护军故地置郡，说明长城护军管辖的地域及人口一定不少，据此推论夏的长城护军很可能是与郡同级的地方行政机构。

其他地方职官　五胡十六国时期诸国的地方行政制度基本上仍分为州、郡、县三级制，[3] 从夏国的情况来看亦不例外。关于其州的设置，《晋书·地理志》载："置幽州牧于大城，又平刘义真于长安，遣子璝镇焉，号曰南台。以朔州牧镇三城，秦州刺史镇杏城，雍州刺史镇阴密，并州刺史镇蒲坂，梁州[4]牧镇安定，北秦州刺史镇武功，豫州牧镇李闰，荆州刺史镇陕，其州郡之名并不可知也。"[5] 夏在

1　司马光：《资治通鉴》卷 121 宋文帝元嘉七年，中华书局，1956，第 3825 页。

2　张金龙：《十六国"地方"护军制度补正》，《西北史地》1994 年第 4 期，第 32 页。

3　严耕望：《中国地方行政制度史——魏晋南北朝地方行政制度》下册，第一章"五胡诸国地方行政制度述略"，"中研院"历史语言研究所专刊之四十五 B。

4　此"梁州"应为"凉州"，见内蒙古出土的《大夏纪年墓志铭》。

5　房玄龄：《晋书》卷 14《地理志上》，中华书局，1974，第 432 页。

州一级设州牧或刺史，见于记载的州牧和刺史有：雍州牧赫连璝、赫连定，幽州牧右地代，凉州刺史田昄，并州刺史叱奴侯提、韩耆，雍州刺史赫连昌等。从以上充任州一级官员的情况分析，赫连勃勃在任命这些职官时，凡是宗室近亲，如其兄弟、儿子，多任命为州牧，其他大臣则只能任刺史。之所以如此，是因为州牧与刺史相比，地位稍高一些。至于州一级的其他官员设置情况，未见记载，很可能亦仿魏晋制度，就不再详述了。

最重要的问题是夏国是否设置郡县的问题。清代学者洪亮吉在《十六国疆域志》中认为，"自勃勃至昌、定世，类皆不置郡县。惟以城为主，战胜克敌，则徙其降虏，城以处之，故今志夏国疆域，惟以州统城，而未著其所在郡县"[1]。受这种观点的影响，长期以来学术界均坚持了这一看法，而且有学者进一步认为，"赫连勃勃不设郡县，即使有州也是徒具空名"[2]，现在看来这种观点似乎有点偏颇。客观地说，有关夏国郡县设置情况的史料的确很少，但也不是全无线索可查。《资治通鉴》卷120宋文帝元嘉三年十二月条载："夏弘农太守曹达闻周几将

1　洪亮吉：《十六国疆域志》卷16《夏国》，商务印书馆，1958，第440页。
2　牟发松：《十六国时期地方行政机构的军镇化》，《晋阳学刊》1985年第6期，第43页。

至，不战而走。"[1] 太守乃是郡一级长官的名号，据此可知夏似乎应有郡一级行政区划。另外还有一些线索也可说明这一点，内蒙古乌审旗出土了《故建威将军散骑侍郎凉州都督护光烈将军北地尹将作大匠凉州刺史武威田𤫊之铭》，时间在大夏二年，岁庚申正月丙戌朔廿八癸丑。所谓"岁庚申"，即赫连勃勃真兴二年（420）。[2] 值得注意的是墓铭中提到了"北地尹"这个官名，北地作为地名指北地郡，治所在今陕西铜川市耀州区东，其管辖区域正在夏国境内。"尹"这种官名也是州府一级长官的名号，《晋书》卷 24《职官志》载："郡皆置太守，河南郡京师所在，则曰尹。"[3]《通典》卷 33《职官十五》载："凡前代帝王所都，皆曰尹。"[4] 从我们现能掌握的史料来看，还未见到夏以北地为都的相关记载，不知为何竟然出现了"北地尹"这样的官名，难道北地或曾作过夏的都城或陪都？由于史料为我们所未知，现在已无法论定。罗新等认为此北地尹是由"北地太守"改称，且认为"北地太守改称尹，说明赫连夏的统治中心统万城地区，在

1　司马光:《资治通鉴》卷 120 宋文帝元嘉三年，中华书局，1956，第3789 页。

2　三崎良章:《大夏纪年墓志铭中"大夏二年"的意义》，载《北朝史研究》，商务印书馆，2004，第 550 页。

3　房玄龄:《晋书》卷 24《职官志》，中华书局，1974，第 746 页。

4　杜佑:《通典》卷 33《职官十五》，中华书局，1988，第 902 页。

其行政区划中属于北地郡,故改北地太守曰北地尹"[1]。但是,除有"北地尹"外,《晋书》卷130《赫连勃勃载记》还有一条记载,即"岭北夷夏降附者数万计,勃勃于是拜置守宰以抚之"[2]。《资治通鉴》卷114义熙四年七月条所载亦同。引文中所提到的"守宰"二字,一般来说是指太守与县令(宰),从而说明夏国到后期,尤其是攻入关中以后,可能试图实行过郡县二级行政区划。北地尹和弘农太守都出现在夏国攻入关中之后,虽然弘农太守一职有可能是沿袭后秦,但北地尹却是后秦所没有的,有可能由于夏国对魏晋官制不很精熟,但又想在地方行政上有所作为,才会出现这一状况,只不过历史没有给夏国充分的时间和机会。由于崔鸿所撰《十六国春秋》一书早已散佚,我们今天能见到的十六国史料极其有限,因此对北地尹及弘农太守的职责无法做进一步的研究。

四 封爵制度

夏国的封爵制度总体上说主要是参用了先秦的五等爵制,而没有沿袭汉代的二十等爵制。具体而言,其封爵制度明显呈现出阶段性与重视血缘关系的特点,现根据《晋书》、《魏书》、《资治通鉴》、《太平御览》引

1　罗新、叶炜:《新出魏晋南北朝墓志疏证》,中华书局,2005,第33页。
2　房玄龄:《晋书》卷130《赫连勃勃载记》,中华书局,1974,第3204页。

《十六国春秋》等书的记载，略述如下。

在夏国创建之初，由于赫连勃勃自称天王、大单于，所以只封了少数几位宗亲，如封其长兄右地代为代公、次兄力俟提为魏公、叱干阿利为梁公，其诸弟只授官职而未授爵位。后来随着夏国在军事上的节节胜利，所辖疆土的不断扩大，又封诸子以公爵，如封赫连延为阳平公、赫连昌为太原公、赫连伦为酒泉公、赫连定为平原公、赫连满为河南公、赫连安为中山公。陆续被授予爵位的还有其宗室韦伐、度洛孤、乌视拔、秃骨等，他们均被授予公爵。

赫连勃勃称帝以后，开始授诸子以王爵，如太子赫连璝奉命镇守长安，赫连勃勃欲废其太子之位，遂封其为秦王。再如赫连定初被封为平原公，赫连勃勃在太子赫连璝死后，命其镇守长安，后又出镇安定，进封平原王、大将军、领司徒。夏国对王爵控制极严，授予者人数极少，即使赫连勃勃的其余诸子也大都没有晋升为王爵。在夏国后期赫连定称帝期间，一度封过异姓为王，史载："改承光四年为胜光元年，进征南大将军、白兰王、吐谷浑莫璝为开府仪同三司、河南王。"[1]之所以出现异姓封王的现象，与夏国国势日衰有直接的关系，出于拉拢

---

[1] 李昉:《太平御览》卷127《偏霸部》引《十六国春秋·夏录》，中华书局，1960，第616页。

吐谷浑、壮大势力的需要，赫连定不得不采取这样的措施，且这时的夏国对吐谷浑莫瓒的统治为羁縻形式，并非直接控制。

夏国对异姓诸臣极少授予爵位，除非建有显赫的功勋，如赫连勃勃的重要谋臣王买德。他为赫连勃勃制定了夺取关中、占据长安的正确策略，后来果然按其设想顺利地攻占了关中地区。为了赏功，赫连勃勃遂授其河阳侯的爵位。

由此可以看出夏国实行的爵制名义上是五等爵制，但实际上只授过王、公、侯三等爵位，至于伯、子、男三等则未授。本来先秦的五等爵制是不包括王爵的，因为在这一历史时期只有天子才可称王，诸侯是不能称王的。而夏国由于称帝的缘故，又增加了王这一级爵位，致使其爵制既非先秦的五等爵制，又非汉魏之制，具有明显的时代特点。这一特点与北魏等国的爵制颇有相似之处，北魏在定都平城之前的早期阶段，也只授予了王、公、侯三种爵位。[1] 可见少数民族政权在建立之初，由于典章制度不健全，表现在爵制上便出现了很大的随意性。此外，夏国的爵制还具有浓厚的血缘性，从现能掌握的有关夏国授爵情况的史料看，获得爵位者绝大多数都是

1　严耀中：《北魏前期政治制度》，吉林教育出版社，1990，第 176 页。

赫连家族中人，异姓之人极少，这一点也与少数民族重视血缘、重视家族关系的习俗有直接的关系，与秦汉、魏晋以后所实行的爵制有着明显的不同（见表1）。

表1 夏国部分王公的爵位及族属

爵名	人名	族属
平原王	赫连定	铁弗匈奴
酒泉王	赫连伦	铁弗匈奴
河南王	莫瓌	吐谷浑
白兰王	莫瓌	吐谷浑
代公	右地代	铁弗匈奴
魏公	力俟提	铁弗匈奴
梁公	叱干阿利	鲜卑
阳平公	赫连延	铁弗匈奴
太原公	赫连昌	铁弗匈奴
酒泉公	赫连伦	铁弗匈奴
平原公	赫连定	铁弗匈奴
河南公	赫连满	铁弗匈奴
中山公	赫连安	铁弗匈奴
东平公	赫连乙斗	铁弗匈奴
北平公	赫连韦伐	铁弗匈奴
河内公	费连乌提	匈奴
酒泉公	赫连隽	铁弗匈奴
上谷公	赫连社干	铁弗匈奴
广阳公	度洛孤	铁弗匈奴
丹阳公	乌视拔	铁弗匈奴

爵名	人名	族属
武陵公	秃骨	铁弗匈奴
河阳侯	王买德	汉族

此外，还应指出的是，夏国从建立之日起，就采用了汉魏以后使用的年号制度，一共有六个年号，现分叙如下。

龙升　赫连勃勃年号（407年6月至413年2月），凡七年。

凤翔　赫连勃勃年号（413年3月至418年12月），凡六年。

昌武　赫连勃勃年号（418年12月至419年1月），凡二年。

真兴　赫连勃勃年号（419年2月~425年8月），凡七年。

承光　赫连昌年号（425年8月~428年2月），凡四年。

胜光　赫连定年号（428年2月~431年6月），凡四年。

综前文所述，可以看出夏国的官制承袭了魏晋官制，其中最主要的是承袭了晋代的职官制度。夏国的职官制度还具有明显的阶段性，从最高统治者赫连勃勃来看，其先是称天王、大单于，当实力有所增强后，才敢自称皇帝，表现出了前后两个明显的阶段。由于这个原因，夏国的封爵制也呈现出前后两个不同的阶段。为了更清楚地说明夏国职官制度的特点，特统计如表 2 所示。

表 2　夏国职官举例[1]

	官名	人名	族属
三公	丞相	右地代	铁弗匈奴
	太尉*	赫连伦	铁弗匈奴
	司徒	赫连定	铁弗匈奴
	开府仪同三司	莫瑱	吐谷浑
尚书省	尚书令	若门	铁弗匈奴
	左仆射	叱以鞬	铁弗匈奴
	右仆射	乙斗	铁弗匈奴
	尚书仆射	问至	疑为汉族
	尚书	赫连伦	铁弗匈奴
	尚书	金纂	屠各
	尚书	华韬	汉族
	尚书	王买	汉族
	尚书	薛超	汉族
	尚书	斛黎文	匈奴
	都官尚书	王买德	汉族
	七兵尚书	那勿黎**	铁弗匈奴

1　此表根据现有文献、考古资料及清代缪荃孙的《夏百官表》制作。

官名		人名	族属
中书省	中书侍郎	皇甫徽	汉 族
	中书舍人	缺名 ***	汉 族
门下省	侍中	胡俨	汉 族
	给事黄门侍郎	胡渊 ****	汉 族
	散骑侍郎	田颎	汉 族
御史台	御史大夫	叱干阿利	鲜 卑
	御史中丞	乌洛孤	匈 奴
列卿	太常	姚广都	羌 族
	太史令	徐辩	汉 族
	太史令	张渊 *****	汉 族
	光禄勋	党智隆	羌 族
	将作大匠	叱干阿利	鲜 卑
	将作大匠	田颎	汉 族
秘书省	秘书监	胡义周	汉 族
	秘书监	贾彝	汉 族
	著作郎	赵逸	汉 族
东宫之官	太子庶子	韦祖思	汉 族

续表

官名	人名	族属
地方职官 行尚书台	赫连璝	铁弗匈奴
司隶校尉	阿利罗引	铁弗匈奴
幽州牧	右地代	铁弗匈奴
雍州牧	赫连定	铁弗匈奴
雍州牧	赫连璝	铁弗匈奴
雍州刺史	赫连昌	铁弗匈奴
并州刺史	叱奴侯提	鲜卑
凉州刺史	田罴	汉族
弘农太守	曹达	汉族
北地尹	田罴	汉族
军事职官 大将军	力俟提	铁弗匈奴
大将军	赫连定	铁弗匈奴
大将军	赫连璝	铁弗匈奴
都督前锋诸军事	赫连璝	铁弗匈奴
使持节前将军	赫连昌	铁弗匈奴
前将军	赫连昌	铁弗匈奴
左将军	罗提	铁弗匈奴
车骑大将军	韦伐	铁弗匈奴
抚军大将军	赫连璝	铁弗匈奴
抚军右长史	王买德	汉族
冠军将军	王买德	汉族

续表

官名		人名	族属
军事职官	征西将军	叱以鞬	铁弗匈奴
	征北将军	乙斗	铁弗匈奴
	征南将军	阿利罗引	铁弗匈奴
	征南大将军	莫璝	吐谷浑
	征南大将军	呼庐古	铁弗匈奴
	镇东将军	羊苟儿	匈奴
	平东将军	鹿奕干	鲜卑
	建威将军	田昺	汉族
	宁东将军	费俊	匈奴
	凉州都督	田昺	汉族
	光烈将军	田昺	汉族
	军师中郎将	王买德	汉族

* 《赫连子悦墓志》，载赵万里《汉魏南北朝墓志集释》，科学出版社，1956，第344页。其他不注出处的出自《晋书》卷130《赫连勃勃载记》、《资治通鉴》及《魏书》相关部分。

** 赵超：《汉魏南北朝墓志汇编》，天津古籍出版社，2008，第464页（《云荣墓志》）。

*** 房玄龄《晋书》卷130《赫连勃勃载记》载："刘裕灭泓，入于长安，遣使遗勃勃书，请通和好，约为兄弟。勃勃命其中书侍郎皇甫徽为文而阴诵之，召裕使前，口授舍人为书，封以答裕。"（第3208页）此处舍人缺名，由其所承担的使命推测为汉族。

**** 《北史》卷80作"胡深"。

***** 《北史》卷89作"张深"。

关于以上诸人的族属问题，需要简单说明一下：赫连勃勃兄弟及诸子、宗室无疑是铁弗匈奴人；党智隆为后秦降臣，"党"为羌姓，故为羌族人；至于王买德虽为后秦降臣，但从其言论、学识、才干来看，似为汉族士人；胡俨、华韬，史籍中明确记载为安定人，当为汉族之人；皇甫徽曾为赫连勃勃撰写过通使文书，文辞之美受到了刘裕的赞扬，因此很可能是汉人；至于胡义周，《魏书》卷52《胡方回传》说其为安定临泾人，故可能是汉人；胡渊，据《魏书》卷83《胡国珍传》载，也是安定临泾人，当为汉人；贾彝，《魏书》本传说其为姑臧人，且才华出众，亦当为汉人；至于张渊、徐辩、赵逸三人，前两人均任太史令，少数民族中人似无此类人才，后者任著作郎，同样的理由，估计他们均应为汉人。

表2的统计显示，夏国职官共计列出66个，在这些官职的任职官员中，属于铁弗匈奴的官员共27人（每个官职计为一人，下同），所任官职约占夏国职官的41%；汉族共26人，所任官职约占夏国职官的39%；鲜卑共4人，约占6%；匈奴4人，约占6%；羌族2人，约占3%；吐谷浑2人，约占3%；屠各1人，约占1.5%。

从夏国任职官员的族属看，汉族的官员在这个政权中也占了比较高的比例，与夏国的主体民族——铁弗匈奴基本持平，如果把铁弗匈奴中一人身兼数职的情况排除，汉族的官员在夏政权中的比例更高。这说明夏政权也与同时期的其他少数民族政权一样，大量吸收汉族进入自己的政权，而且这只是其中的一部分。北魏攻占统万城时，擒赫连昌尚书王买、薛超等及秦雍人士数千人，[1]这数千秦雍人士里当有不少汉族士人。还有一些汉人担任的官职不详，如东晋司马叔璠，刘裕掌握东晋大权之时，与其兄国璠北奔慕容超，后又投姚兴，后秦亡时北奔勃勃。[2]但是，从汉族所任的官职看，他们充任的均不是重要的职官。在 26 名汉族官员中，有 6 人担任的是秘书监、太子庶子、太史令、著作郎等官职，这些均为从事图籍文书修撰或太子辅导之官，不是政务官员。即使有一些汉人担任了政务官员，如担任尚书之职的华韬、胡俨，也以中央职官留守地方，在中央政务中应无法作为，只不过是虚职而已，算不上要职。至于汉人充任的侍中、给事黄门侍郎等职，虽然为亲近之职，说到底还没有脱离宫官的性质，也算不上真正的政务官员。王买德在汉人中算是较受宠信的一个官员了，先是充任军师中郎将，后又升任都官尚书，其才能大多只能发挥在军事谋略，即"武功"方面，但是对于治国安邦，即"文治"方面的作用发挥不大，这是夏政权与同时代的其他民族政权不同之处。

1　魏收：《魏书》卷 4 上《世祖纪上》，中华书局，1974，第 73 页。

2　魏收：《魏书》卷 37《司马叔璠列传》，中华书局，1974，第 860 页。

以上的统计显示，除汉族之外，铁弗匈奴在夏政权
中占有比较高的比例，远远超过除汉族之外的其他民族。
对于一个少数民族建立的政权来说，主体民族占有很大
的优势，这种情况非常正常。这说明夏国的统治者在任
用官员时，优先考虑的是本民族中人，而且铁弗匈奴或
鲜卑族（包括其他匈奴族）所任官职均为掌握军政大权
的要职，如丞相、大将军、御史大夫、尚书令、左右仆
射。在夏国统治时期，统万城的修建是一件非常重要的
事情，此事即由其将作大匠鲜卑族人叱干阿利主持。还
有一种现象值得注意，即现今能考知的夏国重要职官中，
凡身居要职、掌控大权的职位，多由赫连家族中人所充
任，如赫连勃勃建国之初就任命其长兄右地代为丞相，
次兄力俟提为大将军，叱干阿利为御史大夫，"弟阿利罗
引为征南将军、司隶校尉，若门为尚书令，叱以鞬为征
西将军、尚书左仆射，乙斗为征北将军、尚书右仆射"[1]。
凡重大的军事行动，统兵大将也多由宗室或诸子充任，
如其进攻长安时，"以子璝都督前锋诸军事，领抚军大将
军，率骑二万南伐长安，前将军赫连昌屯兵潼关，以买
德为抚军右长史，南断青泥，勃勃率大军继发"[2]。占据长

1　房玄龄:《晋书》卷130《赫连勃勃载记》，中华书局，1974，第3202页。
2　房玄龄:《晋书》卷130《赫连勃勃载记》，中华书局，1974，第3208页。

安后，在这里设置了南台，以其子赫连璝为大将军、雍州牧、录南台尚书事，镇长安。在赫连璝之后，又以另一子赫连定为"雍州牧，镇长安"[1]。除此之外，铁弗匈奴官员在夏国政权中，大多是身兼数职，而且集军政大权于一身，所有这些现象均说明了一个问题，即夏国的职官制度尤其是军事职官制度表现出了浓厚的血缘关系的特点。

对于夏的职官制度而言，有一点需要说明，即通常所说的十六国时期的"胡汉分治"的问题。有关十六国时期胡汉分治的研究为数不少，且大都认为在十六国时期，各个政权在官制上存在着胡汉两个系统，在统治政策与机构上实行异族分治，从而使国家机构在设置上出现了双轨制，也就是既保留了原来中原汉族的职官制度不变，又沿袭了胡族部落国家系统的旧制。[2]具体的体现就是："第一，皇帝、单于二名号同时存在；第二，从中央到地方设立了专门管理胡人的机构，即两套机构同时存在。"[3]但从所见到的有关夏国的史料看，尽管赫连勃

1 李昉：《太平御览》卷127《偏霸部》引《十六国春秋·夏录》，中华书局，1960，第616页。
2 冯君实：《十六国官制初探》，《东北师大学报》（哲学社会科学版）1984年第4期，第95页。
3 邱久荣：《十六国时期的胡汉分治》，《中央民族学院学报》1987年第3期，第44页。

勃一度保留了大单于的称号，却未见授予自己以外的任何人，包括太子在内，也未见到其建立大单于的权力机构——单于台，在攻占长安，于灞上称帝后，其单于名号不存。从这两种意义上看，夏国似乎不存在所谓的"胡汉分治"。但是，从广义上的"胡汉分治"看[1]，夏国境内还是存在着"胡汉分治"的，只是在夏国不存在具有胡族色彩的名号或职官而已。而且夏国在军事制度上仍然保留了一些"胡制"，比如部落制、配兵制等，不过这些胡族部落是在州的管理之下，在部落制存在的情况下，胡汉分治是必须的。

还有一个问题需要强调，即夏国的许多官员并非在中央实任其职，其所担任的中央职官只不过是其地位与身份的标志而已，这一点颇类似于唐代的藩镇幕职官所检校的中央职官。如"安定人胡俨、华韬率户五万据安定，降于勃勃。以俨为侍中，韬为尚书"[2]，这两人虽然充任的是夏的中央职官，却仍然留在安定，协助镇东将军羊苟儿镇守安定。[3]这种现象在夏国为数不少。以中央职

1　对于广义的"胡汉分治"的含义及其特点，可参见周伟洲先生的《论十六国时期的"胡汉分治"》，载《西北历史研究》1986 年号，三秦出版社，1987，第 87 页。

2　房玄龄:《晋书》卷 130《赫连勃勃载记》，中华书局，1974，第 3207 页。

3　房玄龄:《晋书》卷 130《赫连勃勃载记》，中华书局，1974，第 3207 页。

官兼领地方事务，或承担某些军事任务，历代皆有，像夏国这样任命之始就没有打算让其实任其职，而是另有差遣，却是比较少的，这可以说也是夏国官制的一个特点。

第二节　军事制度

夏国的军事制度与十六国时期的其他政权基本相似，特别是与汉、前后秦等国的军事制度有很多相似之处，这就说明夏国的军制受周边政权影响很大。夏国的军事制度之所以呈现出这种情况，主要是由于大夏建国晚于前后秦等国，且又处于同一地理区域，它们的制度自然对其有所影响。具体而言，夏国的军事制度主要有以下几个方面的特点。[1]

一　部落兵制及其特征

十六国时期的许多民族内迁以后仍然保持着部落组织。以内迁较早的匈奴人来说，在曹操分其众为五部之前，"其部落随所居郡县，使宰牧之，与编户大同，而不

---

[1]　在此需要说明的一点是，下面所述内容主要借用了高敏先生在其《魏晋南北朝兵制研究》中的一些概念，如部落兵制、配兵制等。

输贡赋"[1]。说明其仍然保持着部落之制。其后曹操分其为五部，各置部帅，"自诸王侯，降同编户"[2]，但并不等于说所有的匈奴人都已解散了部落组织，完全编户化了。正因为如此，《晋书》卷97《四夷列传》才记载：魏末五部匈奴，"其左部都尉所统可万余落，居于太原故兹氏县；右部都尉可六千余落，居祁县；南部都尉可三千余落，居蒲子县；北部都尉可四千余落，居新兴县；中部都尉可六千余落，居大陵县"[3]。这些匈奴人都以落计而不以户计，可见其部落组织并未解散。汉国建立后，其统治区域内，汉人以户计，而匈奴人仍然以落计。这一时期的其他内迁少数民族迁入内地后也是如此，继续保留了部落组织。有关这个问题有大量的史料可以证明，如创建后赵的羯人石勒之祖耶奕于与其父周曷朱，"并为部落小率"[4]，说明羯人也保留了部落组织。再如建立前秦的氐人苻氏，世代为西戎酋长，苻洪之父怀归，也是"部落小帅"[5]。就连汉化程度比较深的建立了前燕的鲜卑慕容氏，尽管其迁入的辽东地区关内流民较多，农业也比较发达，

1 房玄龄：《晋书》卷97《四夷列传》，中华书局，1974，第2548页。
2 房玄龄：《晋书》卷101《刘元海载记》，中华书局，1974，第2647页。
3 房玄龄：《晋书》卷97《四夷列传》，中华书局，1974，第2548页。
4 房玄龄：《晋书》卷104《石勒载记上》，中华书局，1974，第2707页。
5 房玄龄：《晋书》卷112《苻洪载记》，中华书局，1974，第2867页。

231

但其也同样保持着部落组织。一直到慕容皝时，开地千
余里，"徙其部人五万余落于昌黎"[1]。不仅十六国时期如
此，北朝直到隋唐时期，中央政府也都允许内附的少数
民族保留其部落组织。

创建夏国的赫连勃勃的曾祖父刘虎是匈奴的五部帅
之一的北部帅，刘虎死后，其子刘务桓"招集种落，为
诸部雄"[2]。刘务桓之子卫辰在前秦时曾被苻坚任命为西单
于，统率河西诸部，驻屯代来城。据载：淝水之战后，
卫辰"遂有朔方之地，控弦之士三万八千"[3]。后来北魏
拓跋珪攻灭卫辰时，获马30余万匹、牛羊400余万头，
说明这支匈奴人仍然保持了部落制，并继续从事着畜牧
业。上面所说的"控弦之士三万八千"，只不过是由部
族中各部落之人组成而已，并非常备军队。卫辰之子赫
连勃勃虽然没有直接从其父手中接过这支匈奴部族的统
治权，但是也不可能超越当时的社会阶段，另创社会制
度，必然沿袭原来的社会制度，也就是说仍然保持部落
制。卫辰死后，赫连勃勃一度归附于后秦姚兴，姚兴对
其非常器重，"乃以为安远将军，使助没奕干（于）镇高
平，以三城、朔方杂夷及卫辰部众三万配之，使伺魏间

1　房玄龄：《晋书》卷109《慕容皝载记》，中华书局，1974，第2822页。
2　魏收：《魏书》卷95《铁弗刘虎列传》，中华书局，1974，第2054页。
3　房玄龄：《晋书》卷130《赫连勃勃载记》，中华书局，1974，第3201页。

隙。（姚）邕固争以为不可……兴乃止；久之，竟以勃勃
为安北将军、五原公，配以三交五部鲜卑及杂虏二万余
落，镇朔方"[1]。这就证明直到赫连勃勃建国前夕，部落组
织仍然是其最基本的社会组织。这一点一直到其建元称
帝，始终没有改变。

　　部落组织是其建构军事制度的基础，这一点夏国与
十六国时期其他政权是一致的，尤其是与前、后秦的军
事制度完全相同。夏国建立后，除了保留匈奴族原有的
部落制，对那些新征服的少数民族也同样允许其保留部
落组织，如赫连勃勃"讨鲜卑薛干等三部，破之，降众
万数千"[2]。正是由于十六国时期各国多保留了部落组织，
其军事制度只能在这个基础上形成，其兵员的组织形式
和服兵役便具有两个明显的特征，即终身性与世袭性。
所谓终身性，是说兵员均为部落成员，部落中成年男子
有终身服兵役的义务；所谓世袭性，指部落中的成年男
子一旦年老后，其兵役负担便转嫁到儿子身上，部落酋
长也是如此，平时有管理本部的职责，战时则率部作战，
这种地位与职责也是父子相袭的。这种状况由于史料阙
载，无法看到直接史料，但在其他诸国中却是屡见不鲜

1　司马光：《资治通鉴》卷114晋安帝义熙三年，中华书局，1956，第
3597页；《晋书》卷130《赫连勃勃载记》所载亦同。
2　房玄龄：《晋书》卷130《赫连勃勃载记》，中华书局，1974，第3202页。

的，可以推知夏国的情况当不例外。

部落组织具有一个非常明显的特征，即宗族血缘组织与行政组织、生产组织与军事组织同一性的二重性特征，这一点在夏国也是非常明显的。赫连勃勃往往重用自己的宗族或儿子担任重要的军职，如他南下攻取长安时，便以"子璝都督前锋诸军事，领抚军大将军，率骑二万南伐长安，前将军赫连昌屯兵潼关，以买德为抚军右长史，南断青泥，勃勃率大军继发"[1]。赫连璝、赫连昌均为其子。这次军事行动的统兵者为赫连勃勃父子，无一外人。可见对于重大的军事行动，赫连勃勃非常谨慎，不放心将军队交给其他人统率。这一点在其建国设置百官时也可以清楚反映出来，如任其长兄右地代为丞相，次兄力俟提为大将军，弟阿利罗引为征南将军、司隶校尉。[2] 这些重要的官职无一不是由其家族中人充任，这就充分证明了血缘关系在这个政权中的重要性。

生产组织与军事组织合一的部落组织，就使全部落的成员具有亦兵亦民的性质，从而决定了部落兵制的基本特征。"一是它的全民性，即整个部落成员都是兵士；二是它的兵民合一性，即全体部落成员既是从事畜牧业

1　房玄龄：《晋书》卷130《赫连勃勃载记》，中华书局，1974，第3208页。

2　房玄龄：《晋书》卷130《赫连勃勃载记》，中华书局，1974，第3202页。

生产的部民（牧民），也是战斗的兵士；三是它的自给性，即部民的生活资料和军用器械、马匹等，既是他们平时的生产生活资料，又是战时的军用物资，都能自给，无需另外配给；四是部民服兵役的长期性、世袭性……即部民世世代代是兵士和酋豪世世代代为军队的当然长官。"[1] 以上这些特征在夏国基本都存在。如赫连勃勃曾"悉集其众三万余人伪畋于高平川，因袭杀没奕干，而并其众"[2]。由于赫连勃勃部仍然保持着游牧、狩猎的生产方式，故其准备袭击没奕于（干）时才能伪装狩猎而对方不疑，这条史料同时也证明了其部落成员亦兵亦民，具有生产组织与军事组织合一的特点。如果不是这样，则赫连勃勃的这条计谋便不能得逞。

夏国的部落兵制与魏晋时期的军事制度明显不同。魏晋时期实行兵民分籍，甚至有士家制与世兵制，在当时凡属兵户者均社会地位低下，为人所不齿。而夏国部落组织内的成员则相互之间地位平等，不存在社会歧视的问题。其经济待遇也比魏晋时期的兵户要好得多，往往能够获得战争的缴获物，如"勃勃兄子左将军罗提率步骑一万攻兴将姚广都于定阳，克之，坑将士四千余人，

1　高敏：《魏晋南北朝兵制研究》，大象出版社，1998，第179页。

2　司马光：《资治通鉴》卷114晋安帝义熙三年，中华书局，1956，第3597页。

以女弱为军赏"[1]。这种分配战争缴获物的方式，极大地刺激了兵士的掠夺欲望，这也是部落兵制下兵士战斗力较强的一个原因。夏国的这种部落兵制是魏晋以降至十六国时期中国兵制的又一大变化，当然这种变化与这一历史时期少数民族大量内迁，整个社会结构发生了很大的变化有着直接的关系。

二 配兵制及其特点

配兵制涉及的是夏国的军队将领如何统领军队的问题，这一问题与当时普遍存在的部落组织直接相关。由于夏国实行的是部落兵制，部落的全体成年男性均为兵士，因此将领统领军队时，便不得不仍以部落为配兵单位。史籍记载此事时，通常记为向某人配若干户或若干落。如赫连勃勃早年降于后秦姚兴时，姚兴"配以三交五部鲜卑及杂虏二万余落，镇朔方"[2]，说明其建国前就已经存在了配兵制。建立政权后，夏国长期与后秦作战，如龙升三年（409）四月，赫连勃勃率大军二万进攻后秦，入高冈，"及于五井，掠平凉杂胡七千余户以配后

---

1 房玄龄：《晋书》卷130《赫连勃勃载记》，中华书局，1974，第3204页。
2 李昉：《太平御览》卷127《偏霸部》引崔鸿《十六国春秋·夏录》，中华书局，1960，第615页。

军，进屯依力川"[1]。可见，不仅原有民户可以被配给，通过战争掠夺来的其他部族的民户同样也是通过配兵制分配给各级将领的。这些被配的"户"或"落"，与主将的关系既是军队中的上下级关系，又是部落制下酋长与部民之间的统治与被统治的关系，双方的关系理应是一种比较固定且长期延续的隶属关系。被配的部落民户平时生产、戍守防地，遇到战争则奉命外出作战。由于将领们所领之兵是国家分配而来的，中央政府与他们便存在一个分配者与被分配者的关系，分配权掌握在中央政府手中，所以他们必须服从中央政府的调遣，奉命戍守或外出作战。

夏国实行的配兵制并非无源之水、无本之木，从渊源上看，刘渊创建的汉国就已存在这种制度了。如石勒归附刘渊，"（刘）元海加勒督山东征讨诸军事，以伏利度众配之"[2]。文中所说刘元海即刘渊，避唐高祖李渊讳，而以字行，伏利度为乌丸首领。再如刘聪为汉国皇帝时，"署其卫尉呼延晏为使持节、前锋大都督、前军大将军，配禁兵二万七千"[3]。连皇帝的禁兵都是通过配兵的形式分配给将领统率，说明这时禁军不过是直隶于

1　房玄龄：《晋书》卷130《赫连勃勃载记》，中华书局，1974，第3204页。
2　房玄龄：《晋书》卷104《石勒载记上》，中华书局，1974，第2710页。
3　房玄龄：《晋书》卷102《刘聪载记》，中华书局，1974，第2658页。

237

皇帝的那部分部落而已，当然他们都是由勇悍善战、比较精锐的部落组成。在汉国统治时期，不仅在外领兵的将领所领军队是配给的，即使在京诸将所领之兵也是如此，如建兴二年（314），刘聪设置百官，"置辅汉，都护，中军，上军，辅军，镇、卫京，前、后、左、右、上、下军，辅国，冠军，龙骧，武牙大将军，营各配兵二千，皆以诸子为之"[1]。这些配给诸王的军队，用来承担护卫之责，实际上属于诸王的私兵。[2] 夏国与汉国一样都是在匈奴五部的基础上创建起来的，赫连勃勃与汉国的皇帝刘渊为同一宗族，其曾祖在刘聪部下任安北将军、监鲜卑诸军事、丁零中郎将，从历史渊源的角度看，其配兵制应该是汉国配兵的沿袭。不过由于夏所管辖的区域、人口都不能与汉国相提并论，其兵制并不完全沿袭汉国之制，这个问题后面还要详论，就不多说了。

其实十六国时期实行配兵制的并非汉、夏两国，其余诸国也都实行了这一制度，如与夏接壤的后秦便是如此。有一条史料非常典型，"勃勃遣兄子提陷定阳，执北中郎将姚广都。（姚）兴将曹炽、曹云、王肆佛等各将数

1　房玄龄:《晋书》卷102《刘聪载记》，中华书局，1974，第2665页。
2　高敏:《魏晋南北朝兵制研究》，大象出版社，1998，第241页。

千户避勃勃内徙，兴处（肆）佛于湟山泽，炽、云于陈仓"[1]。这里不说后秦的这些将领率领了多少兵士，而是记为各统领多少户，将其配兵制的特点表露得再清楚不过了。此外，前秦、前赵、后赵以及前燕等国都实行了配兵制，各国制度相互影响也是不可避免的，这一切都可能对夏国的兵制产生一定的影响。

三　复杂的军队成分

夏国的军队成分比较复杂，从现有史料看，主要由少数民族组成，这一点与当时其他诸国没有什么不同。具体而言，各国的情况又各不相同。夏国的军队虽然也是以胡人为主，但匈奴人似乎占比并不很大。赫连勃勃归顺后秦之初，姚兴曾打算"以三城、朔方杂夷及卫辰部众三万配之"，后由于姚邕的反对而作罢。因此勃勃在创建夏政权的过程中，其所统率的匈奴人并不很多。虽然建立夏国后，不免有其父卫辰的旧部归来，但人数一定不会很多，因为加上三城、朔方杂夷及卫辰旧部在内总共才区区三万人。虽然我们无法知道他们在其中各占的比例，但卫辰旧部大大少于三万则是不争之事实，而且没有史料证明全部卫辰旧部都投奔了赫连

1　房玄龄:《晋书》卷118《姚兴载记下》，中华书局，1974，第2994页。

勃勃。

赫连勃勃起家的本钱主要是姚兴配给他的"三交五部鲜卑及杂虏二万余落"。不久,"召其众三万余人伪猎高平川,袭杀没奕于而并其众,众至数万"[1]。没奕于,《资治通鉴》等史籍记为"没奕干",其部众均为鲜卑破多罗部(一作破多兰),可见赫连勃勃起家时,其部众多为鲜卑人。赫连勃勃建国后,又"讨鲜卑薛干等三部,破之,降众万数千"[2]。由于夏国境内鲜卑人甚多,故史书中记其配兵制度时,多次记其以鲜卑部落配之。

羌人也是夏国境内居住较多的少数民族之一。夏国与羌人建立的后秦长期作战,多有俘获。前、后秦时期关陇一带聚居有大量的羌人,后秦时期在其境内多建镇、堡,戍防者也多为羌人,如"(姚)兴将王奚聚羌胡三千余户于敕奇堡,勃勃进攻之。奚骁悍有膂力,短兵接战,勃勃之众多为所伤。于是堰断其水,堡人窘迫,执奚出降"。接着赫连勃勃"又攻兴将金洛生于黄石固,弥姐豪地于我罗城,皆拔之,徙七千余家于大城"。后来"勃勃率骑三万攻安定,与姚兴将杨佛嵩战于青石北原,败

---

1 房玄龄:《晋书》卷130《赫连勃勃载记》,中华书局,1974,第3202页。

2 房玄龄:《晋书》卷130《赫连勃勃载记》,中华书局,1974,第3202页。

之，降其众四万五千"[1]。其实赫连勃勃所辖羌人远不止以
上这些。姚苌占据渭北之时，仅这一带归附他的羌人就
达十余万户，后秦就是在这些羌人的支持下建立起来的。
后来刘裕灭亡后秦，占据关中及长安。刘裕返回江南后，
留其子刘义真镇守长安，赫连勃勃乘机顺利地攻取了长
安，占据了关中。这样关中的羌人便均处于夏国的统治之
下了。

氐族是这一历史时期文明程度较高的一个少数民族，
他们人数众多，自西晋以后大量内迁，仅关中地区就有
大量的氐人。就是靠他们的支持，苻健才建立起了前秦
政权。前秦统治时期对氐人实行轻徭薄赋的政策，促进
了其生产与人口的发展。前秦为了加强对各地的统治，
曾把关陇氐人十五万户分散到各重要军镇，使关中氐人
有所减少，但是直到后秦时期关中仍有不少氐人居住。
这些氐人在赫连勃勃占据关中后，遂成为其统治下的民
族之一。《晋书》卷130《赫连勃勃载记》载："勃勃闻
姚泓将姚嵩与氐王杨盛相持，率骑四万袭上邽，未至而
嵩为盛所杀。勃勃攻上邽，二旬克之，杀泓秦州刺史姚
平都及将士五千人，毁城而去。"[2]秦州治所上邽，归夏国

1　房玄龄:《晋书》卷130《赫连勃勃载记》，中华书局，1974，第
3204~3205页。
2　房玄龄:《晋书》卷130《赫连勃勃载记》，中华书局，1974，第3207页。

所辖，当地大量氐人遂为夏国子民。对于氐人归属情况，洪亮吉《十六国疆域志》卷16《夏国》有详尽的考述，就不多说了。

此外，乌桓、丁零、羯也是夏国统治下的民族。在前秦统治时期，"鲜卑、羌、羯，布满畿甸"[1]，可见其人数不少。苻坚灭前燕后，曾"徙关东豪杰及诸杂夷十万户于关中"，将乌丸杂类安置在冯翊、北地，将丁零翟斌安置于新安。[2]这些少数民族后来虽然仍有迁徙，但在今关中、陕北一带仍有不少分布，史籍中多以"杂虏""杂夷"称呼夏国境内的这些少数民族部落。

至于史籍中提到的"杂胡"又是什么民族，这是需要认真搞清楚的。唐长孺先生认为魏晋杂胡就是指混种或混血的与匈奴关系密切的诸部落。[3]但是也有人对此提出不同看法，认为杂胡并没有混种或混血的意思，而"杂种"与胡人之合称，是指附属于一些比较强大的民族的诸小部族，因此杂胡也被称为小胡，包括屠各、卢水、鲜卑、粟特、白

1　司马光:《资治通鉴》卷104晋孝武帝太元七年，中华书局，1956，第3303页。
2　房玄龄:《晋书》卷113《苻坚载记上》，中华书局，1974，第2893页。
3　唐长孺:《魏晋杂胡考》，载《魏晋南北朝史论丛（外一种）》，河北教育出版社，2002。

虏、契胡、吐谷浑等部族,并非专指匈奴之别部。[1] 对于以上观点仍有人持异议,认为魏晋六朝时期的"杂胡"并非专指小胡,而是形容其部类众多,专指匈奴帝国解体后,曾经与匈奴单于部族有过统属关系抑或有血缘关系,但与匈奴单于部族有别的形形色色、数量不可一一而举的部落。[2] 虽然对于"杂胡"的定义众说纷纭,莫衷一是,但有一点可以肯定,即所有这些说法都认为"杂胡"包括了为数众多的部族,说明夏国境内的民族非常复杂,从而导致了其军队成分的复杂化。十六国均如此,但其军事力量的核心部分为统治民族,如前秦军队主力为氐人,后秦军队精锐由羌人组成,北魏军队主力为鲜卑人,石赵则倚重于羯人,夏国在此方面也不会例外,只不过由于铁弗匈奴是由匈奴与鲜卑混血而成,因而鲜卑族在其军队中占有很重要的地位。

四　兵种构成及作战特点

夏国军队由步兵与骑兵构成,骑兵为其主要兵种,这与夏国境内的少数民族大多从事游牧有关。夏国统治

1　李志敏:《魏晋六朝"杂胡"之称释义问题》,《民族研究》1996年第1期,第80页。

2　王义康:《魏晋"杂胡"释义问题探析》,《民族研究》2001年第3期,第48页。

者自身就是游牧民族，重视骑兵也在情理之中。要组建骑兵部队必须要拥有充足的马匹，勃勃在起兵之初就非常重视此事，如"柔然可汗社仑献马八千匹于秦，至大城，勃勃掠取之"[1]。此后，赫连勃勃外出征战，总不忘掠取敌方马匹牛羊。如其攻安定时，"与姚兴将杨佛嵩战于青石北原，败之，降其众四万五千，获戎马二万匹"[2]。后来北魏攻下统万城时，"获夏王、公、卿、将、校及诸母、后妃、姊妹、宫人以万数，马三十余万匹，牛羊数千万头，府库珍宝、车旗、器物，不可胜计"[3]。可见夏国拥有的马匹数量之多。充足的马匹资源为其组建强大的骑兵部队奠定了坚实的基础。

正因为夏国拥有强大的骑兵部队，其每次作战均要出动大量的骑兵。义熙三年（407），勃勃进军高冈时，出动了骑兵二万；"遣其尚书金纂率骑一万攻平凉"；"勃勃兄子左将军罗提率步骑一万攻兴将姚广都于定阳"；"以子璝都督前锋诸军事，领抚军大将军，率骑二万南伐

1　司马光：《资治通鉴》卷114晋安帝义熙三年，中华书局，1956，第3597页；《晋书》卷130《赫连勃勃载记》第3202页记为河西鲜卑杜仑，《太平御览》卷127《偏霸部》引崔鸿《十六国春秋》所载与《晋书》同。
2　房玄龄：《晋书》卷130《赫连勃勃载记》，中华书局，1974，第3205页。
3　司马光：《资治通鉴》卷120宋文帝元嘉四年，中华书局，1956，第3795页。

长安"[1]。以上只是略举数例，实际上赫连勃勃有时出动的骑兵部队规模之大远远超过上述几次军事行动。那么，夏国的军队是否拥有步兵兵种呢？答案是肯定的。夏国境内虽然有大量的少数民族部落存在，但是也有不少汉族，如赫连勃勃兴建统万城时，便"发岭北夷夏十万人"[2]。"夷夏"的夏，便是指汉族人民，可知其境内汉人亦不在少数。既然有以定居农业为主的汉人存在，便为其征发汉人入军提供了可能。关于这一点史籍中也有所记载，如"勃勃兄子左将军罗提率步骑一万攻兴将姚广都于定阳"，说明罗提所率的这支军队中包括步军。再如赫连勃勃"遣其将叱奴侯提率步骑二万攻晋并州刺史毛德祖于蒲坂"[3]，这支军队也有步军存在。需要强调的是，夏国虽然有步军这一兵种，但却不是其主力，重大战役都是依靠骑军获胜，在史籍中记载更多的也是骑军。

夏国作战以骑军为主力，而骑军最大的特点便是机动性极强，便于驰骋与长途奔袭，从而决定了夏军作战的特点。《晋书》卷130《赫连勃勃载记》载，诸将劝勃勃定都高平，作为根本，然后进图长安，经营关中，因

1　房玄龄：《晋书》卷130《赫连勃勃载记》，中华书局，1974，第3204、3208页。

2　房玄龄：《晋书》卷130《赫连勃勃载记》，中华书局，1974，第3205页。

3　房玄龄：《晋书》卷130《赫连勃勃载记》，中华书局，1974，第3209页。

"高平险固，山川沃饶"，可以建立都城。赫连勃勃回答说："卿徒知其一，未知其二。吾大业草创，众旅未多，姚兴亦一时之雄，关中未可图也。且其诸镇用命，我若专固一城，彼必并力于我，众非其敌，亡可立待。吾以云骑风驰，出其不意，救前则击其后，救后则击其前，使彼疲于奔命，我则游食自若，不及十年，岭北、河东尽我有也。待姚兴死后，徐取长安。姚泓凡弱小儿，擒之方略，已在吾计中矣。"[1] 赫连勃勃不愿过早地建立都城，宁愿迁居无常，其目的就在于发挥"云骑风驰"的高度机动性，使敌疲于奔命，从而达到消耗敌军有生力量的目的，扭转其与后秦兵力多寡悬殊的态势。赫连勃勃的这段话将夏军的作战特点表述得再清楚不过了。

在实际作战中，夏军也是这样做的。如义熙四年（408）后秦姚兴派遣大将齐难率军讨伐赫连勃勃，勃勃得知这一消息后，"退保河曲"，以避其锋。"齐难以勃勃既远，纵兵野掠；勃勃潜师袭之，俘斩七千余人。难引兵退走，勃勃追至木城，禽之，虏其将士万三千人。于是岭北夷、夏附于勃勃者以万数。"[2] 赫连勃勃之所以能取得如此重大的战果，就是充分利用了骑兵机动性强的特

1　房玄龄：《晋书》卷 130《赫连勃勃载记》，中华书局，1974，第 3203 页。
2　司马光：《资治通鉴》卷 114 晋安帝义熙四年，中华书局，1956，第 3608 页。

点，利用后秦军戒备松懈、不加防备之机，长途奔袭，获得大胜。再如赫连勃勃曾"求婚于秃发傉檀，傉檀弗许。勃勃怒，率骑二万伐之，自杨非至于支阳三百余里，杀伤万余人，驱掠二万七千口、牛马羊数十万而还"[1]。像这样奔袭300余里，连续作战，如果不是骑军是很难想象的。

综上所述，夏国的军制与这一历史时期其他诸国的军制既有相同之处，也存在一些不同之处，这些不同之处正是夏国的地理、民族以及社会状态的差异性在军事制度上的体现。由于有关夏国军事制度的相关史料残缺不全，还有一些问题无法进行研究，如夏国军队的编制问题，汉族如何服兵役的问题，是否存在兵户、镇户、堡户的问题等。尽管如此，通过以上论述可以说已经将夏国军事制度的最主要方面都做了较为详尽的交代，勾画出了其军制的基本轮廓，下面再将一些未尽问题略述如下。

关于夏国是否有中兵、外兵的区别的问题，史籍中没有明确的记载，需要略作考述。十六国中的其他诸国多有中外兵之分，中兵是中央直接统率的军队，其任务一是宿卫宫廷，二是外出征伐；外兵即镇守各地的军队，

1　房玄龄：《晋书》卷130《赫连勃勃载记》，中华书局，1974，第3203页。

他们是从中兵转化而来的，由于镇守在外，才被称作外兵。[1]虽然没有资料明确记载夏国也存在这种制度，但是通过一些迹象仍可以看出夏国有中外兵之区别。前面已经论到，夏国实行配兵制，诸将所率之军由赫连勃勃配给，赫连勃勃直接统率之军实为中兵，而配给诸将镇守地方的军队则应为外兵。《晋书》卷130《赫连勃勃载记》载，拜王买德为军师中郎将。中郎将之职即为统率中兵（禁军）的军职。《通典》卷29《职官十一》载：虎贲中郎将，"主虎贲宿卫"；又记："后魏灵太后时，四中郎将兵数寡弱，不足以襟带京师。"[2]可知魏晋南北朝时期的中郎将本中央设置的统领宿卫之士的军职。王买德长于谋略，故赫连勃勃任其为军师中郎将，参谋军事，由于其在赫连勃勃身边任职，故其参谋的只能是中兵军事，亦可证夏国也有中兵的存在。有关夏国诸城镇守之军的记载则较多，他们应该都是外兵，就不一一列举史料了。

前面已经论到，夏国也存在部落兵制度，尤其是其骑军完全由少数民族组成。部落兵制的特点之一，就是马匹及军事装备由兵士自备，然而夏国也由中央统一制造过兵器与装备。《晋书》卷130《赫连勃勃载记》载：

1　何兹全：《十六国时期的兵制》，载《燕园论学集》，北京大学出版社，1984，第290~292页。

2　杜佑：《通典》卷29《职官十一》，中华书局，1988，第808页。

赫连勃勃曾造五兵之器，"精锐尤甚"，"射甲不入即斩弓人；如其入也，便斩铠匠"。又造百炼刚刀，号曰"大夏龙雀"，并在其背铸有铭文："古之利器，吴楚湛卢。大夏龙雀，名冠神都。可以怀远，可以柔逋。如风靡草，威服九区。"劲弓、利刀、重铠，正是骑兵必备的装备，可见夏国骑兵装备之精。那么，这些装备到底用来装备哪部分骑兵呢？史籍中未有明确记载，估计很可能是用来装备夏国中央直辖的所谓中兵。

第五章
夏国的经济、文化和社会生活

第一节　以游牧业为主的经济形态

一　游（畜）牧业经济的发展

铁弗匈奴在十六国时期众多的内迁少数民族中，相对来说是比较落后的一个，"胡父鲜卑母"之"胡"的含义是"入塞较晚、汉化程度不深"的匈奴人[1]，其游牧经济相对其他内迁的民族来说保持的时间更长，无论是在建立夏国之前还是之后，游牧经济在其整个经济生活中都占有比较重要的地位。甚至攻占关中之后，游牧经济都是其非常重要的一种经济方式。

匈奴是一个以畜牧业为主的游牧民族。畜牧业生产在匈奴社会生活中占有特殊的地位，它既是匈奴人衣食

1　黄烈:《中国古代民族史研究》，人民出版社，1987，第214页。

住行的最主要来源，也是其赖以扩大再生产的基础。所谓"人食畜肉，饮其汁"，[1] "衣其皮革，被旃裘"，"各有分地"，"随畜牧而转移"。[2] 这些都是匈奴社会生活的生动概括与反映。除畜牧业外，匈奴人还兼营狩猎。《史记·匈奴列传》载："其俗，宽则随畜，因射猎禽兽为生业，急则人习战攻以侵伐，其天性也。"又云，"儿能骑羊，引弓射鸟鼠；少长则射狐兔：用为食"。[3] 可见狩猎在其社会生活中占有相当重要的地位。

匈奴南迁之后，逐渐转向农业定居生活，这是此民族社会经济总的发展趋势，不过内迁的各个部族发展并不平衡，有快有慢。铁弗匈奴作为匈奴人的一支，是其中汉化比较晚、比较慢的一支。其最初的经济方式也主要以游牧为主，可能狩猎经济在其经济生活中也占有一定的地位。

夏国建立前，其社会结构仍采取部落组织的形式。如《魏书》卷95《铁弗刘虎列传》载：刘猛死，"虎父诰升爰代领部落"；"虎死，子务桓代领部落"。"帝（昭成帝拓跋什翼犍）讨卫辰，大破之，收其部落十六七焉。"[4]

1　司马迁：《史记》卷110《匈奴列传》，中华书局，1975，第2900页。

2　司马迁：《史记》卷110《匈奴列传》，中华书局，1975，第2879页。

3　司马迁：《史记》卷110《匈奴列传》，中华书局，1975，第2879页。

4　魏收：《魏书》卷95《铁弗刘虎列传》，中华书局，1974，第2054~2055页。

除此之外，赫连勃勃逃出代来城之后重回朔方时的基本
力量就是姚兴配给他的三交五部鲜卑及杂虏二万余落[1]，
夏国建立后，除铁弗匈奴仍有一部分保留了原有的部落
制以外，对那些新征服的少数民族也同样允许其保留部
落组织，如赫连勃勃"讨鲜卑薛干等三部，破之，降众
万数千"[2]。直至北魏平统万之后，"薛干种类皆得为编户
矣"[3]。可见北魏与夏国在如何对待降附民族的政策上存在
较大的差异。部落组织"至少具有两个明显的特点，一
是具有宗族血缘组织与行政组织的同一性特征，二是具
有生产组织与军事组织的二重性特征"[4]。因为部落经常处
于迁徙与流动之中，部落组织的这两个特征表现在经济
上，就是其经济形式为游牧经济，其部落成员具有亦兵
亦民的性质。而"民"的含义不可能是进行农业生产的
民，因为农业是需要特定的季节和时间的，而这种部落
组织所进行的活动只能是在战争间歇进行的，因此只能
是进行游牧生产的民，故而部落制就意味着其经济形式
是游牧经济。

但是许多学者认为铁弗匈奴在赫连勃勃之父刘卫辰

1 房玄龄：《晋书》卷130《赫连勃勃载记》，中华书局，1974，第3202页。
2 房玄龄：《晋书》卷130《赫连勃勃载记》，中华书局，1974，第3202页。
3 魏收：《魏书》卷103《高车列传》，中华书局，1974，第2313页。
4 高敏：《魏晋南北朝兵制》，大象出版社，1998，第178页。

之时，由于受农业民族（汉族）的影响，逐渐学会了农耕，农业生产在社会经济生活中已占有一定地位，因此卫辰向苻坚"入塞寄田，春去秋来"[1]。的确，史书中是有一些记载给人一种似乎早在勃勃之父卫辰时铁弗匈奴已经进入农耕社会的印象，如史书记载登国七年（392）七月，"卫辰遣子直力鞮出榼杨塞，侵及黑城。九月，帝袭五原，屠之。收其积谷，还纽垤川。于榼杨塞北，树碑记功"[2]。有学者由此推断，"当时的五原地区在被道武帝攻破以前已有积谷，说明极有可能当时的卫辰部已从事农耕"[3]。我们暂且不说苻坚时期卫辰"入塞寄田"，"求田内地"之"田"，是否如有的学者所说为"畋"之异写，"畋"，即狩猎之意[4]，就是拓跋魏袭击五原地区之刘卫辰部所获得的积谷也未必就能说明当时的卫辰部已经开始农耕生活了。因为五原所在的朔方地区两汉以后一直是中原王朝的统治地区，并且在那里设郡立县，如朔方郡、云中郡等，而且一直有农业生产，所谓"朔方以西，西至上郡，东西千余里，汉世徙谪民居之，土地良沃"[5]。虽

1　林幹：《匈奴通史》，人民出版社，1986，第234页。

2　魏收：《魏书》卷2《太祖纪》，中华书局，1974，第24页。

3　李凭：《北魏平城时代》，社会科学文献出版社，2000，第46页。

4　周伟洲：《十六国夏国新建城邑考》，载《统万城遗址综合研究》，三秦出版社，2004，第94页。

5　沈约：《宋书》卷95《索虏列传》，中华书局，1974，第2331页。

然后来由于大量的少数民族内迁，中原汉族政权无力北顾，一些农业民族被迫往中原腹地迁居，致使"塞下皆空"[1]，但这一地区并不是完全没有从事农业的汉族，应该还有少量存在，因此，当时大面积的农业生产或许已经没有了，但零星的农业生产应该还是存在的。

从匈奴族内部来说，它的发展并不均衡。作为一个兴起于大漠南北的游牧民族，虽然南迁的匈奴民族由于汉化的原因，已经有一部分开始从事农耕生活；但是，由于匈奴不是一个单一的部族，而是多个部族或部落组成的共同体，它的各个部分分散游牧于纵横数千里的广漠之地，因此，在社会经济方面，各个部分的发展水平是不可能处于平衡状态的。留居当地、与从现大兴安岭一带南迁的鲜卑族通婚融合而形成的铁弗匈奴，在迁居内地之前未必已经开始农耕生活。据史书记载，在前秦时期，苻坚在刘卫辰的引导下灭掉拓跋代之后，曾在此地区采取了一些处置拓跋部的措施："散其部落于汉鄣边故地，立尉、监行事，官僚领押，课之治业营生，三五取丁，优复三年无税租。其渠帅岁终令朝献，出入行来为之制限。"[2]李凭先生认为这正是"息众课农"，"分土定

1　李吉甫：《元和郡县图志》卷四《关内道·夏州》，中华书局，1983，第99页。
2　房玄龄：《晋书》卷113《苻坚载记上》，中华书局，1974，第2899页。

居，不听迁徙"之意。[1] 前引所谓"汉鄣边故地"，《南齐书》卷57《魏虏列传》则记为"云中等四郡"[2]。这四郡为云中、五原、定襄、朔方，说明这个地区早在铁弗匈奴占据之前，就已有拓跋部进行农业生产了。

拓跋代国在刘卫辰的导引下被前秦攻灭，苻坚曾"分代民为二部，自河以东属库仁，自河以西属卫辰，各拜官爵，使统其众"[3]。刘卫辰统领之下的部众有许多拓跋鲜卑，因此，登国七年魏道武帝所获刘卫辰部内所有的积谷，并不一定就意味着一定是铁弗匈奴所种植的，这些刘卫辰所有的积谷极有可能是当地的其他已经从事农耕的民族（如拓跋鲜卑）所种植。在此之后仍有许多拓跋魏在此进行农耕的相关记载，如晋孝武帝太元十九年（394），拓跋珪使东平公拓跋仪"督屯田于河北，自五原至棝杨塞外，分农稼，大得人心"[4]。太元二十年（395），燕军至五原，"降魏别部三万余家，收穄田百余万斛"[5]。所有这些记载足以说明卫辰部在五原地区的积谷极有可能

1　李凭：《北魏平城时代》，社会科学文献出版社，2000，第36~40页。

2　萧子显：《南齐书》卷57《魏虏列传》，中华书局，1972，第983页。

3　司马光：《资治通鉴》卷104晋孝武帝太元元年，中华书局，1956，第3279页。

4　魏收：《魏书》卷15《拓跋仪列传》，中华书局，1974，第371页。

5　司马光：《资治通鉴》卷108晋孝武帝太元二十年，中华书局，1956，第3422页。

是代国灭亡之后留在此地的拓跋鲜卑所耕种。

　　史书很少有铁弗匈奴在此进行农耕的记载。尽管升平四年（360），刘卫辰曾降前秦，"请田内地，春来秋返，秦王坚许之"[1]。但是从史书对其他民族及其他事件的相关记载看，"求田内地""入塞寄田"之"田"极有可能就如有的学者所说是"畋"之异写。如《魏书》卷1《序纪》记载："圣武帝（诘汾）尝率数万骑田于山泽，欻见辎軿自天而下。既至，见美妇人，侍卫甚盛。帝异而问之……及期，帝至先所田处，果复相见。"[2] 此处"田"字，明显就是周伟洲先生所说的当为"畋"字之异写，意为狩猎。又据记载："（姚）兴性俭约，车马无金玉之饰，自下化之，莫不敦尚清素。然好游田，颇损农要。京兆杜挺以仆射齐难无匡辅之益，著《丰草诗》以箴之，冯翊相云作《德猎赋》以讽焉。"[3] 此处"田"也是"畋"字的异写，即游猎之意。因此刘卫辰"请田内地"实际上是请求在内地游猎，也只有这样才有可能做到"春来秋返"。

　　再从另一条史料看，铁弗匈奴也不可能存在农业经

1　司马光：《资治通鉴》卷101晋穆帝升平四年，中华书局，1956，第3182页。

2　魏收：《魏书》卷1《序纪》，中华书局，1974，第2~3页。

3　房玄龄：《晋书》卷117《姚兴载记上》，中华书局，1974，第2983页。

济。史载升平五年（361），刘卫辰掠前秦边民五十余口为奴婢以献于秦；秦王苻坚不领情，对其进行责备，并让其归还所掠的人口。卫辰由是叛秦，专附于代。[1]这条史料说明，前秦时期的铁弗匈奴还非常落后，有可能处于氏族社会末期，虽然从一些蛛丝马迹中也可以看出，铁弗匈奴内迁之后，在某些方面也开始汉化，但其汉化的速度绝对不至于快到如此程度。再说从事农耕就意味着首先要定居，没有一定的定居生活是不可能有农业耕作的。但是据史书记载即使是到了赫连勃勃建国之后其部族仍然主要以游牧生活为主，而且这也是铁弗匈奴的一个重要立国方针。如在赫连勃勃攻破了鲜卑薛干部，降伏其众以万数，在进攻后秦三城以北诸戍，斩秦将杨丕、姚石生等之后，勃勃仍不愿过定居生活。当时诸将皆劝勃勃："陛下欲经营关中，宜先固根本，使人心有所凭系。高平山川险固，土田饶沃，可以定都。"勃勃却断然拒绝说："卿知其一，未知其二。吾大业草创，士众未多；姚兴亦一时之雄，诸将用命，关中未可图也。我今专固一城，彼必并力于我，众非其敌，亡可立待。不如以骁骑风驰，出其不意，救前则击后，救后则击前，使

---

[1]　司马光:《资治通鉴》卷101晋穆帝升平五年，中华书局，1956，第3183~3184页。

彼疲于奔命，我则游食自若。不及十年，岭北、河东尽为我有。待兴既死，嗣子暗弱，徐取长安，在吾计中矣。"于是按照原定计划侵掠岭北，致使岭北诸城门不昼启。[1]这说明当时的铁弗匈奴部族仍然没有定居的农耕生活，而仍然主要是"游食自若"的游牧生活，但不排除其统治区域内有其他从事农业的民族存在。

无独有偶，关于铁弗匈奴族人是否应该过定居生活，是否定都，另一游牧民族拓跋鲜卑的王皇后也有着与勃勃基本相同的想法。"昭成初欲定都于灅源川，筑城郭，起宫室，议不决。后（王氏）闻之，曰：'国自上世，迁徙为业。今事难之后，基业未固。若城郭而居，一旦寇来，难卒迁动。'乃止。"[2]

对于赫连勃勃和拓跋魏平文皇后的不谋而合，南凉安国将军的一句话应该说是对他们做法的进一步解释。隆安五年（401）正月，武威王利鹿孤欲称帝，群臣皆劝之。安国将军鍮勿仑曰："吾国自上世以来，被发左衽，无冠带之饰，逐水草迁徙，无城郭室庐，故能雄视沙漠，抗衡中夏。今举大号，诚顺民心。然建都立邑，难以避患，储蓄仓库，启敌人心；不如处晋民于城郭，劝课农

1　司马光：《资治通鉴》卷 114 晋安帝义熙三年，中华书局，1956，第 3602 页。
2　魏收：《魏书》卷 13《平文皇后王氏列传》，中华书局，1974，第 323 页。

桑以供资储，帅国人以习战射，邻国弱则乘之，强则避之，此久长之良策也。（自汉以来，善为夷狄谋者，莫过此策矣。）且虚名无实，徒足为世之质的，将安用之！"[1]

赫连勃勃和平文皇后的话都是在他们与其臣下商议是否定都的情况下说出的，因此这也说明了勃勃并不是如有的学者所说实行的是多都制，[2]只能说明他们暂时不想定都或不想让其部族过定居生活而已，这是他们分别审视当时所处的具体情况做出的决定。仔细分析两个人的话，他们不约而同地说到"基业未固"，"大业草创，士众未多"这一情况，他们认为在这种形势下，游牧生活更能发挥其军事的优势，而且对于他们来说，此时军事上的胜利与掠夺似乎比农耕更为重要。因此在这个时候，他们是不应该也不可能有定居生活的，而没有定居生活，则农耕生产无法进行。由此可以推断出铁弗匈奴的社会经济状况仍是以游牧生活方式为主。

相反在许多史书中，有关铁弗匈奴从事畜牧生产的记载却很多。如"赫连氏有名卫臣（即卫辰）者……苻

1　司马光：《资治通鉴》卷112晋安帝隆安五年，中华书局，1956，第3517页；参见《晋书》卷126《秃发利鹿孤载记》，第3145页。
2　王社教：《有关统万城历史与环境的几个问题》，载《统万城遗址综合研究》，三秦出版社，2004，第123页。

坚时，卫臣入塞寄田，春来秋去。坚云中护军贾雍掠其田者，获生口马牛羊"[1]。此处虽出现"田"字，但从下文看，此"田"似如有的学者认为的为"畋"之异写，否则"掠其田者"不可能获得的是畜群。太和二年（367），拓跋代攻卫辰，"收其部落而还，俘获生口及马牛羊数十万头"[2]。太元十二年（387），"卫辰与慕容垂通好，送马三千匹于垂，垂遣慕容良迎之。显击败良军，掠马而去。垂怒，遣子麟、兄子楷讨之，显奔马邑西山"[3]。北魏登国六年（391）十一月，拓跋代"大破直力鞮军于铁岐山南，获其器械辎重，牛羊二十余万"[4]。同年在攻破刘卫辰父子所居代来城之后，又"获马三十余万匹，牛羊四百余万头，国用由是遂饶"[5]。这些都说明畜牧业是其主要经济方式，而且规模还不小。

甚至铁弗匈奴在其即将建国之时（407），仍然是以游牧业甚至狩猎业为主。史载"河西鲜卑（即柔然）杜仑献马八千匹于姚兴，济河，至大城，勃勃留之"，然后

1　沈约：《宋书》卷95《索虏列传》，中华书局，1974，第2331页。

2　魏收：《魏书》卷1《序纪》，中华书局，1974，第15页。

3　魏收：《魏书》卷23《刘库仁列传》，中华书局，1974，第606页；司马光：《资治通鉴》卷107晋孝武帝太元十二年，中华书局，1956，第3379页。

4　魏收：《魏书》卷2《太祖纪》，中华书局，1974，第24页。

5　司马光：《资治通鉴》卷107晋孝武帝太元十六年，中华书局，1956，第3402页。

"召其众三万余人伪猎高平川，袭杀没奕于而并其众，众至数万"[1]。"伪猎"一词，足以说明此时铁弗匈奴的游牧生活甚至是狩猎经济应该是他们的生活常态，不然他们没有必要为了袭击没奕于而"伪猎"，这样做反而容易招致怀疑。即使是赫连政权破灭的前夕，有资料显示牧业经济仍是其主要经济形态或者说是在其经济生活中占有重要地位，是其政权的主要经济支柱。夏承光二年（426），北魏第一次攻统万城时，"魏军夜宿城北，癸未，分兵四掠，杀获数万，得牛马十余万"[2]。次年，第二次攻统万城，"车驾入城，虏昌群弟及其诸母、姊妹、妻妾、宫人万数，府库珍宝车旗器物不可胜计，擒昌尚书王买、薛超等及司马德宗将毛修之、秦雍人士数千人，获马三十余万匹，牛羊数千万"[3]。如此大数额的畜群，没有一定规模的畜牧业是不可能的。

　　从铁弗匈奴其他城邑的建设上也可以看出，游牧生活是其主要的一种生活方式，因此才会出现赫连勃勃在准备出兵攻打长安之时，还有家属随军，这种方式当是游牧生活的一种。"赫连勃勃闻刘裕灭姚泓，命其子义

1　房玄龄：《晋书》卷130《赫连勃勃载记》，中华书局，1974，第3202页。

2　司马光：《资治通鉴》卷120宋文帝元嘉三年，中华书局，1956，第3789页。

3　魏收：《魏书》卷4上《世祖纪上》，中华书局，1974，第72~73页。

真等守长安，大悦，自将兵入长安，留太后于此，筑城以居"[1]。此即太后城，唐洛交县治今富县，太后城则在富县西。

所有这些都说明铁弗匈奴在建都统万城之前甚至建国之后，以游牧生活为主，只不过当时的游牧已经采取定居或半定居方式，进行的是比较稳定的畜牧生产，是一种比较先进的畜牧业生产方式而已；或者是半农半牧的方式，并没有完全定居，即使间或有农作，也是在游牧的过程中进行的，处于游牧向农耕过渡的阶段，夏国境内的农业生产主要是由其他民族所从事。

从以上所引资料可以看出，铁弗匈奴的畜牧业已相当发达，然其牧养的牲畜似乎仍如两汉时期，大多为马、牛、羊。铁弗匈奴重视养马，因为马可供乘骑、驮运、放牧，并可供骑射，是从事狩猎和战争的必需工具，铁弗匈奴作为一个以军事力量见长的政权，其养马业当然十分发达。而牛、羊的数量之所以较多，是因为它们易于牧养，繁殖力强。但更重要的是其肉和奶都是牧民日常生活中不可或缺的生活资料。此外，皮还可供制革或裘，毛可制毡等，用途比较广泛。

---

1 李吉甫：《元和郡县图志》卷3《关内道·鄜州》，中华书局，1983，第71页。

关于夏国的畜牧业生产发展情况，史籍无确切的统计资料，但从以上所引的有关事例不难看出，其畜牧业生产规模已相当可观。

除畜牧业外，狩猎业也是匈奴民族的传统产业。《史记·匈奴列传》载："其俗，宽则随畜，因射猎禽兽为生业，急则人习战攻以侵伐，其天性也。""儿能骑羊，引弓射鸟鼠；少长则射狐兔：用为食。"[1]作为匈奴人的后裔，铁弗匈奴仍旧保留了这一习俗，从"召其众三万余人伪猎高平川，袭杀没奕于而并其众"可以看出，狩猎是铁弗匈奴一种比较重要的经济方式，也是训练军队的一种方式，也可以看出狩猎方式是集体围猎，只有这样才有可能将狩猎较迅速地变成对敌作战，而不至于被对手所怀疑和察觉。

铁弗匈奴建立的夏政权以游牧经济为其主要经济支柱，这也就决定其经济结构中必然会有掠夺的成分。因为游牧经济是极其不稳定的，畜群的牧养和繁殖，需要丰美的水草和适宜的气候，因而受自然条件的约束和限制特别大。在当时生产力较低下的情况下，抗拒自然灾害的能力特别弱，一遇风灾雨雪，牲畜大量死亡，生产受到破坏，社会经济趋于萎缩。因此，游牧经济不能稳

---

1 司马迁:《史记》卷110《匈奴列传》，中华书局，1975，第2879页。

定维持夏国经常性财政支出和长期不间断的战争需求。在这种情况下，要维持众多的部落人口的生计，也就不得不对外进行掠夺，弥补其社会经济存在的不足，也就是史书所说的"急则人习战攻以侵伐"。因此夏国建立之初，勃勃就曾明确地说："吾以云骑风驰，出其不意，救前则击其后，救后则击其前，使彼疲于奔命，我则游食自若，不及十年，岭北、河东尽我有也。"[1]制定这样的战略方针，其目的就是进行经济掠夺。

从史书记载看，夏国建立以后，多次掳掠周边政权的财物作为一种经济补充，与其他政权争战后，都要迁徙人口，因为在当时的混战局面下，人口成为足食强兵的基础，尤其对于游牧经济来说，人口同时又成为财富的一种。

二 农业、手工业和商业

农业 考古发掘证实，匈奴早在公元前3世纪就已有农业了。在原蒙古人民共和国发掘的匈奴墓葬中，不仅有残存的农作物种子、农具，还出土了有盛装谷物的大型陶器。[2]在已发掘的匈奴城镇遗址中，出土了犁铧和

1　房玄龄:《晋书》卷130《赫连勃勃载记》，中华书局，1974，第3203页。
2　策·道尔吉苏荣:《北匈奴的坟墓》，《科学院学术研究成就》1956年第1期；参阅林幹《匈奴通史》，人民出版社，1986，第137页。

石磨。

汉文史籍也有匈奴人从事农业的记载。《史记·卫将军骠骑列传》载，汉元狩四年（前119），卫青将兵击匈奴，在抵达寘颜山（今蒙古国杭爱山南面支脉）赵信城时，曾"得匈奴积粟食军。军留一日而还，悉烧其城余粟以归"[1]。又《汉书·匈奴传》记，征和四年（前89）秋，匈奴地区因连续数月降雨、雪，畜产多冻饿而死，人民疫病，"谷稼不孰"。在壶衍鞮单于统治时期，由于其母阏氏"不正"，部众乖离，单于惧汉兵乘势发动进攻，便采纳卫律建议，建城筑楼以储存谷物，谋与移居当地汉族人民一起坚守[2]，后因有人反对，始被迫终止。

公元3世纪初年，南匈奴投降曹魏后，被安置于并州地区。在其内迁之后，生存空间发生变化，有了与汉族更多接触的机会，汉族比较先进的农业经济对匈奴社会经济有了更直接的影响。因此，南迁的匈奴也逐渐接受汉民族的农耕方式，也有可能逐渐开始有了农业经济。

但是对于农业经济对内迁民族的影响也应有一个比较客观的分析，农业经济对于游牧民族的影响程度是不可能整齐划一的。铁弗匈奴社会固有的强大的因袭力，

---

1 司马迁：《史记》卷111《卫将军骠骑列传》，中华书局，1975，第2935页。

2 班固：《汉书》卷94上《匈奴传上》，中华书局，1962，第3782页。

以及部落结构对匈奴社会的约束力，使得铁弗匈奴内迁之初，社会的变化并不是很大，只不过随着对后秦领土的不断占领，其统治区域不断扩大，辖境内农耕民族人口不断增多，农业经济才会有一些起色和发展，但这也并不意味着铁弗匈奴本族人已经从事农业。

如前所说，铁弗匈奴在前秦统治时期还没有农业，但苻坚时期的一些政策为铁弗匈奴部的汉化提供了机会和可能。如苻坚讨破卫辰，"分其部落"以统之，这一政策促使铁弗匈奴从游牧经济向农业经济转轨。但苻坚的政策只不过为铁弗匈奴的农耕生活提供了一种可能性，是否能够进行农耕生产还必须要有铁弗匈奴的自觉及其他条件。上述所引资料证明，铁弗匈奴在建国前后，社会结构还保留着部落组织，而部落组织又是不太可能进行农业生产的。

随着夏国势力向南发展，攻占了后秦等国许多领土，其统治区域内农耕民族人口也逐渐增多，于是其社会经济中也有了许多农业经济的成分。但是由于勃勃"游食自若"的立国政策，在夏国境内从事农业的并不是铁弗匈奴，有可能如南凉安国将军所建议的那样，夏国境内从事农业生产的大多是其他农业民族，如汉族、氐族、羌族等。

不过从史料分析，铁弗匈奴至迟应在统万城建成之后便有了定居生活及农业。有城市就意味着应该有一定程度的定居生活，城市是"人口密集、工商业发达的地区"。而且《晋书·赫连勃勃载记》中的赞辞也有这样一句话："爰创宫宇，易彼毡庐。"[1] 这句话也说明赫连勃勃改变了原有铁弗匈奴的生活方式，使他们有了"宫宇"，不再像以前一样住在"毡庐"里以游牧为生了。有了定居生活，逐渐就会出现农业生产。

史书明确记载铁弗匈奴进入定居生活大约是在承光二年（426），也就是其即将灭亡的前夕。北魏内部在讨论先出征夏还是漠北的柔然时，北平王长孙嵩与平阳王长孙翰、司空奚斤等曰："赫连居土（《资治通鉴》记载为'土著'），未能为患，蠕蠕世为边害，宜先讨大檀。及则收其畜产，足以富国；不及则校猎阴山，多杀禽兽，皮肉筋角，以充军实，亦愈于破一小国。"太常崔浩曰："大檀迁徙鸟逝，疾追则不足经久，大众则不能及之。赫连屈丐，土宇不过千里，其刑政残虐，人神所弃，宜先讨之。"[2] 对于"居土"，有学者认为有两层含义：其一，生活方式是定居，不再是居无定所，逐水草而居；其二，靠定居地区的土地吃饭。无论是哪一种解释，都能说明

1　房玄龄：《晋书》卷 130《赫连勃勃载记》，中华书局，1974，第 3214 页。

2　魏收：《魏书》卷 25《长孙嵩列传》，中华书局，1974，第 644 页。

赫连夏此时必有相当的农耕经济或者是以定居点为依托的驻牧畜牧业存在。[1]此话还是比较有道理的。而且统万城作为赫连夏政权的国都，当是其统治集团的聚集之地，如果缺少强有力的经济支撑，皇族、官吏、军队、乐伎等构成的众多非生产性人口群体是无法生存的，而这种经济支撑只有游牧经济是绝对不可能的，因此夏国境内也应有一定规模的农业经济。只不过从各种迹象看，在夏国境内从事农业的大多不是铁弗匈奴而已。

手工业经济 匈奴人的手工业，最重要的是冶铁业。从已出土的文物可以看出，早在公元前3世纪时，匈奴人就已使用铁器了，并广泛应用于畜牧业、农业和军事。

夏国的官营手工业具有一定的规模和产量，相对来说比较发达，有学者统计，夏国境内手工业"工匠要占到总人口的1.8%"[2]。这一点可以从国都统万城所聚集的财物看出，北魏攻破统万城时，获"宫人万数，府库珍宝车旗器物不可胜计"[3]。但是夏国的手工业有一个特别明显的特征，即手工业附属于军事，为其对外作战服务，因

---

1 丁超、韩光辉:《论赫连夏政权定都统万城的地理背景》，载《统万城遗址综合研究》，三秦出版社，2004，第67页。

2 刘驰:《十六国官营手工业初探》，《中国史研究》1993年第3期，第30页。

3 魏收:《魏书》卷4《世祖纪》，中华书局，1974，第72~73页；司马光:《资治通鉴》卷120宋文帝元嘉四年，第3795页。

而与其他政权的官营手工业一样畸形发展，主要表现在规模庞大的建筑业、兴盛的甲仗制造业、穷奢极欲的工艺品制造业等几个方面。

武器制造业。十六国时期，诸政权割据纷争，兵革不息，对武器的需求量较大，因此各国都非常重视武器的制造。各国都有制刀的记载。据《刀剑录》所载，前赵刘元海元熙二年造灭贼刀；后赵石勒造刀，工用万人；后蜀李雄，晏平元年造腾马刀五百口；前燕慕容儁元玺元年造二十八口刀；前秦造刀用五千工；北凉沮渠蒙逊永安三年造刀百口。赫连勃勃之时"造五兵之器，精锐尤甚。既成呈之，工匠必有死者：射甲不入即斩弓人；如其入也，便斩铠匠。又造百炼刚刀，为龙雀大环，号曰'大夏龙雀'，铭其背曰：'古之利器，吴楚湛卢。大夏龙雀，名冠神都。可以怀远，可以柔逋。如风靡草，威服九区。'世甚珍之"[1]，大夏龙雀成为一代名刀，且时常为后人所称颂。

冶炼铸造业。夏国的冶炼铸造业也有一定规模。其冶炼业主要为冶铜、冶铁等，冶铜主要用于铸币及装饰品，冶铁主要用于武器制造。大夏真兴铜钱，径2.3厘米，重2.2~2.5克不等。传世品，正面铸阳文隶书"大

1　房玄龄:《晋书》卷130《赫连勃勃载记》，中华书局，1974，第3205~3206页。

夏真兴"四字，右旋读。背面无文，为真兴年间铸。此钱实物极少，是不可多得的珍品。[1] 此外有学者见过夏国另一流通货币——承光币（承光为赫连昌之年号）[2]。这两种货币存世都不多，因此可以推测当时铸造的数量可能不大。

夏国的冶铜业除用于铸币之外，还用于装饰品的制造。史书载，夏国在建设国都统万城时，"复铸铜为大鼓、飞廉、翁仲、铜驼、龙兽之属，皆以黄金饰之，列于宫殿之前"。"凡杀工匠数千，以是器物莫不精丽。"[3] 由此可以看出，夏国当时应该有一定规模的黄金冶炼业。

商业 由于匈奴的经济基础主要是畜牧业，农产品和手工业品大都不能自给，因此为了补充日用必需品的不足，用牲畜等物同中原人民进行交换便十分迫切。史载西汉时期"匈奴自单于以下皆亲汉，往来长城下"[4]。自公元前 133 年起，匈奴虽与汉朝绝和亲，又不时发动战争，却仍然"乐关市"[5]，往来没有中断，内迁之后这种传

1　丁福保：《历代古钱图说》，上海人民出版社，1992，第 61 页。

2　姚勤镇：《沙漠中统万古都的探讨点滴》，载《统万城遗址综合研究》，三秦出版社，2004，第 167 页。

3　房玄龄：《晋书》卷 130《赫连勃勃载记》，中华书局，1974，第 3206 页。

4　班固：《汉书》卷 94 上《匈奴传上》，中华书局，1962，第 3765 页。

5　班固：《汉书》卷 94 上《匈奴传上》，中华书局，1962，第 3765 页。

统一直沿袭下来。

对于夏国的商业经济，史书没有记载，但是从其他方面可以看出，当时夏国统治区域内也应该有一定规模的商品经济。比如夏国有自己的货币，并且作为一般等价物进入流通领域，这说明其境内有了一定规模的商品经济，否则不会有对货币的需求。承光三年（427）北魏攻破统万城之后，获得大量珍宝及牲畜，"车驾入城，虏昌群弟及其诸母、姊妹、妻妾、宫人万数，府库珍宝车旗器物不可胜计……获马三十余万匹，牛羊数千万。以昌宫人及生口、金银、珍玩、布帛班赉将士各有差"[1]。除赏赐之外，魏世祖攻陷统万城后下令诸部将帅可任意拿取库藏金玉，"引诸将帅入其库藏，各令任意取金玉，诸将取之盈怀"[2]。这些史料表明，统万城内聚集了非常多的金银珍宝，而这些珍宝从当时夏国的经济发展水平看，不可能全部是夏国自产的。对于这些财宝的来源，《统万城铭》做了如此的交代："搜文梓于邓林，采绣石于恒岳，九域贡以金银，八方献其瑰宝。"[3]这些由"搜""采""贡""献"而来的财宝，只不过是统万城内

1　魏收：《魏书》卷4《世祖纪上》，中华书局，1974，第72~73页。

2　魏收：《魏书》卷33《公孙表列传》，中华书局，1974，第784页。

3　房玄龄：《晋书》卷130《赫连勃勃载记》，中华书局，1974，第3211~3212页。

所藏大量财宝的一部分，另一大部分应该是从商品流通的渠道得来的。

日本学者前田正名研究了当时平城通往西域的交通路线，有一条所谓的鄂尔多斯沙漠南缘路线，夏国都城统万城就处于这条交通路线上，因此前田先生推测"聚积在统万城中的金银珠宝就是自河西走廊方面流入的西域的珍宝"[1]。从夏国与当时占据姑臧的沮渠北凉的关系也可以看出夏国与西域的商业关系。义熙十年（414），夏国与北凉第一次结盟，此后史书再无两个政权来往的记载。直至夏承光二年（426），沮渠北凉在西秦的进攻下，遣使夏国请求其出兵攻打西秦，夏国立即作出反应并派兵。对此有学者认为414年首次结盟之后，至426年遣使请攻西秦这段时间内两个政权之间仍有联系，甚至"北凉曾经在一段时间内服从过夏国"[2]，这也为夏国与西域的贸易关系提供了保证。如此一来，前田先生的推测非常有道理，夏国境内的商品经济尤其是与西域地区的商品贸易还是比较发达的。

---

1 前田正名：《平城历史地理学研究》，李凭等译，书目文献出版社，1994，第287页。

2 王素：《沮渠氏北凉建置年号规律新探》，《历史研究》1998年第4期，第24页；三崎良章：《大夏纪年墓志铭中"大夏二年"的意义》，载《北朝史研究》，商务印书馆，2004，第551页。

第二节 夏国的文化

一 语言、文字

匈奴人是否有自己的文字，这在史学界还是一个具有争议的问题。不过根据文献记载，似乎答案是否定的，考古资料目前也没有发现非常明确的物证。《史记·匈奴列传》说，匈奴人"毋文书，以言语为约束"[1]。《后汉书·南匈奴传》也说，呼衍氏等大姓"主断狱听讼，当决轻重，口白单于，无文书簿领"[2]。说明匈奴有文字的可能性不大。

两汉时期匈奴大致处在有语言而无文字的阶段，据《汉书·匈奴传》载，汉人中行说"教单于左右疏记，以计识其人众畜牧"[3]。但当时学习汉文的只有匈奴单于身边的少数几个人。不过，由于南匈奴人入塞后逐渐向南迁徙，与汉人的交往日益增多，接受汉文化的匈奴部众势必也更多。因此，铁弗匈奴在其内迁之后极有可能使用的是汉字，这从史书记载中可以看出。此外，赫连勃勃攻入长安之后，与刘裕通使、约为兄弟的盟书当为汉字

---

1 司马迁：《史记》卷110《匈奴列传》，中华书局，1975，第2879页。
2 范晔：《后汉书》卷89《南匈奴列传》，中华书局，1965，第2945页。
3 班固：《汉书》卷94《匈奴传》，中华书局，1962，第3759页。

所写，以至于刘裕"览其文而奇之"，并叹曰"吾所不如也"[1]。

史书也载有勃勃御史中丞乌洛孤与北凉沮渠蒙逊结好时的一段盟书："自金晋数终，祸缠九服，赵魏为长蛇之墟，秦陇为豺狼之穴，二都神京，鞫为茂草，蠢尔群生，罔知凭赖。上天悔祸，运属二家，封疆密迩，道会义亲，宜敦和好，弘康世难。爰自终古，有国有家，非盟誓无以昭神祇之心，非断金无以定终始之好。然晋楚之成，吴蜀之约，咸口血未干，而寻背之。今我二家，契殊曩日，言未发而有笃爱之心，音一交而怀倾盖之顾，息风尘之警，同克济之诚，勠力一心，共济六合。若天下有事，则双振义旗；区域既清，则并敦鲁卫。夷险相赴，交易有无，爰及子孙，永崇斯好。"[2]这也是用汉字所写，因此可证铁弗匈奴使用的文字当为汉字。

北方诸族无论匈奴、乌桓、鲜卑、敕勒，都属于阿尔泰语系，他们的语言本来就比较接近，只有语族、语支之分，且方言不同而已。自南匈奴内迁之后，故地为鲜卑占据，"匈奴余种留者尚有十余万落，皆自号鲜卑，鲜卑由此渐盛"[3]。鲜卑在此基础上组成强大的部落联盟，

1　房玄龄：《晋书》卷130《赫连勃勃载记》，中华书局，1974，第3208页。
2　房玄龄：《晋书》卷130《赫连勃勃载记》，中华书局，1974，第3207页。
3　范晔：《后汉书》卷90《鲜卑列传》，中华书局，1965，第2986页。

统治了漠南塞北的许多民族，留在北方的匈奴人逐渐鲜卑化。因此，鲜卑民族的语言自然而然地成为当时大漠草原上一种流行的语言。作为鲜卑与匈奴混血的产物，铁弗匈奴自然也就接受了鲜卑语言，而且其统治部众也以鲜卑为主，夏国境内的语言也应以鲜卑语为主，但有可能保留或掺杂了许多匈奴词语和语法。

这一点从其境内有许多鲜卑语的地名也可以得到证实，如赫连勃勃所登并叹其美的契吴山即是。"水出契吴山，西径故里南，北俗谓之契吴亭。其水又西流注入河"[1]。从孝文帝迁洛阳之初"诏不得以北俗之语言于朝廷，若有违者，免所居官"[2]可以推断《水经注》中所说的"北俗"之语当为鲜卑语。这也证实了夏国境内鲜卑语是一种比较通用的语言。

二　文学、史学

魏晋南北朝时期北朝的文学主要有散文、诗歌、志怪小说。但从目前的史料看，夏国未见小说作品，已知的十六国诗歌中也没有确定为夏人所作的作品，所以完整保存下来的夏国文学作品仅有《晋书·赫连勃勃载记》

1　郦道元著，陈桥驿校证《水经注校证》，中华书局，2007，第80页。
2　魏收：《魏书》卷7下《高祖纪下》，中华书局，1974，第177页。

中的赋体韵文《统万城铭》一篇。《统万城铭》是典型的
应制之作，主要目的就是歌功颂德，为颂扬赫连夏的政
绩军功服务。全文主要分为三部分，分别考溯了赫连氏
的绵绵皇迹，赞颂了赫连氏建国立夏的军功武德；回顾
了统万城的修建过程，描绘了统万城的壮丽堂皇；最后
把以上两方面结合起来，以四言颂词礼赞了赫连氏的赫
赫伟业、无量功德。《统万城铭》写成之后，在当时"颇
行于世"[1]，后人对此铭的评价也非常高："朔漠之地，蕞尔
夷俗，胡义周之颂国都，足称宏丽。"[2]"朔漠之地"因为
胡义周的此篇《统万城铭》便可与人文荟萃的中原媲美，
评价不可谓不高。

当代也有学者对《统万城铭》进行了深入的研究，
对其文学价值给予了高度的评价。认为《统万城铭》"改
变了传统上的辞彩绚丽的做法，代之以朴素的文风"[3]，是
十六国散文的优秀篇章，也是北朝散文的重要作品，为
日后更高层次的文学繁荣创造了一定的条件。[4]

除《统万城铭》这篇千古绝唱外，另有赫连勃勃与

1　魏收：《魏书》卷52《胡方回列传》，中华书局，1974，第1149页。

2　令狐德棻：《周书》卷41《王褒庾信列传》，中华书局，1971，第743页。

3　周建江：《帝国文学的凸现——〈统万城铭〉及其意义》，《固原师专学
报》1994年第8期，第5页。

4　郭延龄等：《〈统万城铭〉的文学价值》，载《统万城遗址综合研究》，
三秦出版社，2004，第210页。

沮渠蒙逊盟书一段（亦载《晋书·赫连勃勃载记》）。此段盟书文采斐然，有声有色，是一篇很好的散文。可见夏国的文学在十六国时期的文学中也应当占有一定的地位。

我国早在先秦时期就设置史官修史，并有明确的分工，有记言、记事的左右史之分，这种传统在沿袭的过程中不断完善，以后的各朝各代基本上都设有专门的史官负责修前朝或本朝史，十六国时期各民族政权建立之后，也继承了设官修史的传统。赫连氏立国后设立了专掌著述、典史职的职官——著作郎，负责修撰国史。其所修国史，为当时人记当时事。由于原书早已亡佚，其真实情况只能从诸书著录及点滴遗文中略窥端倪。

赫连氏立国后所修国史，《隋志》、两《唐志》均无载录，近人王仲荦对于此书著录为："《夏国书》，夏赵思群著，佚，记夏赫连氏事。"[1] 不著卷数。该书在魏、唐的史书中略有记载。《魏书》卷67《崔光列传》载，崔光子崔鸿"弱冠便有著述之志，见晋魏前史皆成一家，无所措意。以刘渊、石勒、慕容儁、苻健、慕容垂、姚苌、慕容德、赫连屈子、张轨、李雄、吕光、乞伏国仁、秃

1　王仲荦：《魏晋南北朝史》，上海人民出版社，1979，第893页。

发乌孤、李暠、沮渠蒙逊、冯跋等，并因世故，跨僭一方，各有国书，未有统一，鸿乃撰为《十六国春秋》，勒成百卷，因其旧记，时有增损褒贬焉"，"近代之事最为备悉"。[1] 也有史书记载，魏世祖来到统万城之后，见赵逸（字思群）所著，曰："此竖无道，安得为此言乎！作者谁也？其速推之。"[2] 后在崔浩的劝谏之下赵逸才免于一死，并被拜为中书侍郎。由此可知，赫连夏立国后确曾撰有国史。"天水（今甘肃甘谷东）赵思群、北地（今陕西省铜川市耀州区）张渊，于真兴、承光之世，并受命著其国书。及统万之亡，多见焚烧。"[3] 关于夏国国史的撰写，有学者对于刘知幾的说法发表了不同意见，认为赫连勃勃时期的国书当是赵逸一人所修，时任太史令的张渊不可能参与修撰史书。[4] 不管夏国史书所撰为谁，赫连勃勃时曾撰修过史书是不争的事实。

三　其他

《史记·匈奴传》谓匈奴之俗，"岁正月，诸长小会

1　魏收：《魏书》卷 67《崔光列传》，中华书局，1974，第 1502、1505 页。
2　魏收：《魏书》卷 52《赵逸列传》，中华书局，1974，第 1145 页。
3　刘知幾撰，张振珮笺注《史通笺注》卷 12《古今正史》，贵州人民出版社，1985，第 453 页。
4　屈直敏：《赫连勃勃国书考略》，《敦煌学辑刊》1997 年第 1 期，第 137 页。

单于庭，祠。五月，大会龙城，祭其先、天地、鬼神。
秋，马肥，大会蹄林，课校人畜计"[1]。《后汉书·南匈奴
传》载："匈奴俗，岁有三龙祠，常以正月、五月、九月
戊日祭天神。"从此两书可知匈奴人在塞外时，祭祀的只
是他们本族的神灵和祖先。《南匈奴传》又载："南单于既
内附，兼祠汉帝。"[2] 入塞的匈奴"兼祠汉帝"，表明他们
是奉中原汉族王朝为正统的。

　　匈奴信奉天神，因此有占卜的习俗，铁弗匈奴也
沿袭了这一传统，虽然史书没有明载，但有间接的史料
可以说明这一点。夏国太史令张渊和徐辩就是当时比较
有名的天文占候家。史载张渊"明占候，晓内外星分。
自云尝事苻坚，坚欲南征司马昌明，渊劝不行，坚不
从，果败。又仕姚兴父子，为灵台令。姚泓灭，入赫连
昌，昌复以渊及徐辩对为太史令。世祖平统万，渊与辩
俱见获。世祖以渊为太史令，数见访问"[3]。北魏神䴥二年
（429），在是否讨伐柔然的讨论中，张渊利用其占卜之
术认为不宜征讨，但因"渊专守常占，而不能钩深致远，
故不及浩"[4]，因崔浩的坚决反对而作罢。

1　司马迁:《史记》卷110《匈奴列传》，中华书局，1975，第2892页。
2　范晔:《后汉书》卷89《南匈奴列传》，中华书局，1965，第2944页。
3　魏收:《魏书》卷91《术艺列传》，中华书局，1974，第1944~1945页。
4　魏收:《魏书》卷91《术艺列传》，中华书局，1974，第1945页。

随着佛教的传播，铁弗匈奴也有可能信奉佛教，有史书记载赫连勃勃接受佛教是因为佛教徒的刀枪不入。赫连勃勃攻入长安，刘义真败走，勃勃在追击义真的路途中，道俗无论"少长咸见坑戮"，而其中一沙门"惠始身被白刃，而体不伤。众大怪异，言于屈丐。屈丐大怒，召惠始于前，以所持宝剑击之，又不能害，乃惧而谢罪"[1]。这段叙述也许想说明佛教的教化力量，但也可以看出赫连勃勃对待佛教态度的转变，即由对佛教僧徒的滥杀到对佛教的宽容、接纳或信仰。至于赫连勃勃不杀佛教徒甚至最后信奉佛教的原因，并不是如此事记载的这样，其真实原因也许正如石虎所说："朕出自边戎，忝君诸夏，至于飨祀，应从本俗。佛是戎神，所应兼奉，其夷赵百姓有乐事佛者，特听之。"[2]从许多资料看，赫连勃勃也曾是一个虔诚的佛教信仰者。他建国称帝之后，大量建寺造塔传教，银川《海宝塔重修记》中就有记载。

不仅如此，夏国在保存我国古代的正统音乐方面也有一定贡献。十六国时期，战争频繁，华夏民族传统的礼乐文明遭到严重的破坏，"自中原丧乱，晋室播荡，永嘉已后，旧章湮没"。凉州张氏政权保留了雅乐的一部

---

1 魏收：《魏书》卷114《释老志》，中华书局，1974，第3033页。
2 房玄龄：《晋书》卷95《艺术列传》，中华书局，1974，第2487~2488页。

分，前秦灭张氏后而得之，东晋太元十一年（386）后，一部分传入南方，一部分保留在后秦。赫连勃勃攻入长安之后掠入统万城，至北魏世祖攻破统万城之后，这部古雅乐又入北魏，成为北魏古乐的第二渊源，才使得传统的正统音乐流传。[1]

对于夏国的建筑艺术将在统万城研究一章详细介绍，此处不再赘述。

关于大夏的雕刻艺术，文字和实物资料都不多，现能反映夏国雕刻艺术水平的只有存于西安碑林博物馆的大夏石马。此石马通高 200 厘米，长 225 厘米，1954 年陕西西安北郊长安城内查家寨子出土。该石马造型古朴，通体剥蚀，缺耳，两条直立的前腿与微曲的后腿之间，均以未凿穿的原石相连，愈显深沉稳重。前足裆下刻"大夏真兴六年""大将军"等隶书题记 9 行，现多已剥落。

第三节　胡汉杂糅的社会生活习俗

关于大夏国铁弗匈奴的社会生活状况，史书记载较少，而且大多是一些间接的资料，因此无法对其全貌进

1　魏收：《魏书》卷 109《乐志》，中华书局，1974，第 2841 页。

行比较系统的研究，只能从有限的资料中的零星记载对铁弗匈奴的社会生活做一些细枝末节的梳理。从一般常理及其他内迁民族的情况看，铁弗匈奴内迁初期无论是衣食住行还是婚姻习俗当都与内迁之前无二，只是随着内迁日久，这些方面才会发生一些变化。内迁之后，铁弗匈奴与汉族长期杂居共处，难免汉化。而汉化的最初最直接的表现应该就体现在社会生活方面，这些方面的变化慢慢影响其他方面，最终从各个方面与汉族融合在一起。只不过由于铁弗匈奴是一个游牧特性比较浓厚的民族，其原有的民族习俗有可能保留得比较多、时间比较长，因而形成了一种胡汉杂糅的状况。但是由于资料有限，对于铁弗匈奴所保持的胡族习俗，只能以此前有关匈奴的资料论述，而且对于其与农耕民族的习俗交流也无法加以阐述。

服饰 据《史记·匈奴列传》载，战国时赵武灵王推行"胡服骑射"，王国维先生《胡服考》一文谓胡服之入中国肇始于此。而沈从文先生《中国古代服饰研究》又据文献资料推测，所谓"胡服"实际是上三代时中原服式辗转流入胡域者。不过无论如何，赵武灵王所改胡服，为当时匈奴流行的服式，应该是没有问题的。

王国维先生谓胡服为上褶下绔之式，[1]即上身类似于

1　王国维:《胡服考》，载《观堂集林》卷22，中华书局，1959，第665页。

袍，其长度大者至膝，小者较膝为短；下身类似于套裤，为左右两条裤筒。《释名》："绔，跨也，两股各跨别也。"《说文》"绔"字段注："今所谓套绔。左右各一，分衣两胫。"王说不为无据。

但是，蒙古诺颜山第6号匈奴墓葬出土的一件刺绣上，绣着一个骑白马的人，看上去显然穿的是裤子，"绔"应与骑白马者的裤子样式相同。蒙古学者策·道尔吉苏荣在《北匈奴的坟墓》一文中介绍了上述情况，他认为6号墓葬出土的裤子式样与现代蒙古人穿的并无区别，只是裤腿稍瘦。可知，汉代匈奴人所穿裤子中又有连裆的。陕西长安县客省庄匈奴墓葬出土一透雕铜饰，为两人摔跤游戏的场面。有的学者认为，雕的两个匈奴人穿的就是合裆的裤子，他们进而提出胡服的"绔"均为合裆，汉服的"绔"才是类似于套裤的开裆裤。[1]

《急就章》颜师古注称褶为左衽，然而近年的出土文物中又有右衽的胡人形象；颜注复谓褶为宽袖，近年的出土文物中亦见大袖衣衫的胡人形象。吕思勉先生在《两晋南北朝史》中论及此事，谓胡人之褶本为左衽、窄袖，传入汉地后始易为右衽、宽袖，其说可以信从。

《汉书·匈奴传》载"自君王以下咸食畜肉，衣其皮

---

[1] 吕一飞：《胡族习俗与隋唐风韵》，书目文献出版社，1994，第41页。

革，被旃裘"，又载汉文帝时，匈奴单于"得汉絮缯，以驰草棘中，衣裤皆裂弊，以视不如旃裘坚善也"[1]。《淮南子》卷13《泛论训》"绻领"条高诱注："皮衣屈而绕之，如今胡家韦袭反褶以为领也。"[2] 证明两汉时匈奴仍以绣褶为服，而其用于缝制绣褶的材料是旃裘或韦，即野兽的皮毛。

《汉书》《后汉书》均有匈奴人致歉时脱帽的记载，可见两汉时期匈奴人有戴帽的习惯。蒙古学者策·道尔吉苏荣在《北匈奴的坟墓》一文介绍，蒙古诺颜山匈奴墓葬出土了三顶匈奴人的帽子。两顶见于第6号墓葬，其中一顶帽用薄毡制成，其外是毛织品，里面是深蓝色的丝织品。帽子的前檐满覆貂皮，后檐外面是红色的毛织品，里面也是深蓝色的丝织品。帽子两边有护耳，用貂皮贴边，里外都是杏红色的缎子。帽顶有扣绊，护耳有绿色绸带。另一顶形状类似于现在蒙古人戴的尖顶帽。帽子是将两块红色的缎子缝在一起，帽顶也是用薄毡制成，里面絮有棉花一类东西，帽里是丝织品，上有扣绊和飘带。第三顶见于第12号墓葬，为杏红色缎子所做，帽顶为椭圆形，帽檐有黑色缎子贴边，与现在蒙古人戴

1　班固:《汉书》卷94上《匈奴传上》，中华书局，1962，第3743、3759页。
2　何宁:《淮南子集释》卷13《泛论训》，中华书局，1998，第911页。

的便帽颇为相近。这三顶帽子尤其是尖顶的一种，应该就是汉代匈奴人帽子的一般式样。

山东沂南汉墓出土的石刻中，有几名高鼻深目的胡族骑兵形象，他们各戴尖顶毡帽，身穿齐膝短衣，一手持剑，一手挽盾。他们所戴毡帽，大约与上述诺颜山匈奴墓葬出土的薄毡尖顶帽实物相似。另据史籍所载，魏晋迄于隋唐，受胡风影响的尖顶毡帽即所谓"浑脱帽"，流行于中原地区。此事从出土资料也可得到印证。我们推测，魏晋时期入塞的匈奴人，依然采取这种帽子的式样，大概是不会错的。

匈奴人经常使用腰带，腰带又以带钩及带扣括结。《汉书·匈奴传》颜师古注："犀毗，胡带之钩也。亦曰鲜卑，亦谓师比，总一物也，语有轻重耳。"[1]带钩、带扣的实物，在汉、晋匈奴墓葬中均有出土。

匈奴人又有穿靴的习惯，《广韵》引《释名》曰："本胡服，赵武灵王服之。"诺颜山6号墓葬出土的物品中，有一双缎制的长筒靴，与现在蒙古人所穿的靴子式样别无二致。此靴大概为帐内所用，匈奴人在野外行走、骑马时穿的靴子，应该是皮制的。

这些虽然是汉代匈奴的衣饰情况，不能如实地反映

1　班固：《汉书》卷94上《匈奴传上》，中华书局，1962，第3758页。

铁弗匈奴的真实情况，但是由于铁弗匈奴是一个游牧特性比较浓厚的民族，而且游牧经济一直是其主要经济支撑，因此在其进入关中地区之前，变化当不是很大。进入关中地区之后，境内统治下的汉族逐渐增多，耳濡目染，铁弗匈奴有可能在服饰方面有所改变。

饮食 《史记·匈奴传》记："匈奴之俗，人食畜肉，饮其汁，衣其皮。"[1]《汉书·匈奴传》谓其"自君王以下咸食畜肉"[2]。可知两汉时期匈奴人主要是以野兽、牲畜之肉为食，同时也饮其乳汁。

铁弗匈奴内迁之后，大多数的民众仍以游牧经济为其主要经济方式，因此他们的主要食物当是牲畜的肉、乳。随着农业经济的发展及所辖境内农业民族的增加，受这些农业民族的影响，铁弗匈奴的饮食方式当有所改变，汉族的食物也成为他们日常食用的一类食物。

居住 铁弗匈奴内迁之前与其他北方游牧民族一样，一般都过着"随草畜牧而转移"，"逐水草迁徙，无城郭常居耕田之业"的生活[3]，以穹庐为宅，没有城郭。著名的《敕勒歌》谓"天似穹庐，笼盖四野"，为我们勾画出北方少数民族普遍居住的穹庐的形状。

---

1 司马迁:《史记》卷 110《匈奴列传》，中华书局，1975，第 2900 页。
2 班固:《汉书》卷 94 上《匈奴传上》，中华书局，1962，第 3743 页。
3 班固:《汉书》卷 94 上《匈奴传上》，中华书局，1962，第 3743 页。

城居生活是典型的农业民族的居住方式，铁弗匈奴内迁之后，受农业民族的影响，逐渐开始了城居生活。至于铁弗匈奴何时开始城居生活，笔者在前面已经谈到，此处不再重复。总之应该是赫连勃勃改变了本民族的居住习惯，一如史书所载勃勃为其本族部民"爱创宫宇，易彼毡庐"[1]，此后，铁弗匈奴就基本上有了城居生活。

婚姻及其他习俗 匈奴人实行氏族外婚制，同一氏族男女不准互相通婚，只有在氏族以外才能寻找自己的配偶。一旦丈夫死亡，妻子不得与氏族以外任何人结婚。《史记·匈奴传》及《汉书·匈奴传》皆记匈奴人"父死，妻其后母；兄弟死，皆取其妻妻之"[2]。说明两汉时期的匈奴有收继婚的习俗，这种收继婚的习俗就是氏族外婚制的产物，是氏族残余习俗在婚姻关系上的具体体现。而且其婚姻形式有不计行辈婚，如昭成（拓跋什翼犍）时，务桓"遣使求和于代，什翼犍以女妻之"[3]，"昭成以女妻卫辰（务桓之子）"[4]。

西汉时期，匈奴就有"拜日之始升"的习俗，因此

---

1 房玄龄:《晋书》卷130《赫连勃勃载记》，中华书局，1974，第3214页。
2 司马迁:《史记》卷110《匈奴列传》，中华书局，1975，第2879页；班固:《汉书》卷94上《匈奴传上》，中华书局，1962，第3743页。
3 司马光:《资治通鉴》卷96晋成帝咸康七年，中华书局，1956，第3046页。
4 魏收:《魏书》卷95《铁弗刘虎传》，中华书局，1974，第2055页。

北宋时期有人说"夷人多尚东"[1]，而这一点在夏国修建国都统万城时得到充分的体现。统万城的朝向不是按照中原帝都一般面向正南的做法，而是转而面向东方。从统万城的平面布局来看，宫城、内城、郭城的位置都是按着一条近东西向的轴线依次修建的。这种坐西朝东的都城布局，是不同于中原帝都坐北朝南的传统模式的，充分体现了北方游牧民族本身的文化特点。

此外，铁弗匈奴在节日习俗上有过冬至的习惯。夏承光二年（426），北魏第一次攻打统万城时，渡过君子津，逼近统万城时正值冬至，赫连昌正在和群臣宴饮狂欢，以至于措手不及，仓皇应战，使北魏第一次攻夏就掠获了可观的财物和人口。

1　乐史:《太平寰宇记》卷37《夏州·朔方县》，中华书局,2007，第785页。

第六章
附论——大夏国都统万城研究

第一节　统万城遗址的发现及研究概况

一　统万城遗址的发现及考古发掘

大夏国都统万城被攻破之后，北魏在此设统万镇，北魏太和十一年（487）又改为夏州，隋唐因之。统万城一直是鄂尔多斯高原南部地区的政治、军事中心，五代及北宋，这一带成为党项羌平夏部的聚居区。平夏部经常与北宋发生冲突，至淳化五年（994）宋太宗以夏州"深在沙漠"，下诏毁废夏州，迁其民于绥、银二州。这座位于我国北方农牧交错地带的重镇，由此逐渐被风沙侵蚀，被人们所冷落，孤寂地淹没在茫茫的毛乌素沙漠之中，成为历史的"弃儿"。此后的元、明、清各代，统万城一名不再见于同时期的文献记载，城市本身也湮入茫茫沙海之中，但是有心人并没有彻底忘记它。

统万城在被人们遗弃了800多年之后，终于迎来重见天日的一天。清朝道光二十一年（1841），当时的榆林府知府李熙龄纂修《榆林府志》时由于急于解决夏州城故址、怀远县水道两个问题，派当时的怀远县知县何丙勋在本县境内寻找夏州城故址。[1] 何丙勋"携带罗盘、纸笔随步定向"，出城西行，跨越长城，涉渡四河（芦子河、蘑菇河、无定河、黑水河），穿沙漠，登高坡，"至旧相传之白土城"，做了详细的勘察和记录，并绘图说明，调查归来后，即将调查结果写成《复榆林徐太守松查夏州城故址禀》（有学者认为当为《复榆林李太守熙龄查夏州城故址禀》）[2]，踏勘后确定今统万城遗址即是。禀文描绘真切，记录翔实，将夏州城故址的方位、环境、形势及遗存情况和民间传说叙述得一清二楚。但该禀文中对调查的夏州城故址与统万城址的沿袭关系只字未提，是何丙勋的好友杨江读过何写的禀稿后，"走马专视"白土城一圈，明确认定该城址即是赫连勃勃所建的统万城，并在禀稿之末写了"杨江附记"。附记中作了如下记述：

1　另一说法是道光二十五年（1845），当时的榆林知府徐松派的怀远知县何丙勋。参见张穆、何秋涛补校《蒙古游牧记》；张鼎彝纂《绥乘》卷8《古迹志》"赫连夏故都"条下；刘济南、张斗山修，曹子正纂《横山县志》等。

2　侯甬坚：《道光年间夏州城址（统万城）的调查事由》，《陕西师范大学学报》（哲学社会科学版）2003年第4期，第93页。

"闻赫连氏蒸土筑城，或其遗欤，相度形势于记载，夏州适相符合，且为西夏发迹之所，竟无可疑。"并将加了附记的禀文收入《河套图考》。何丙勋的报告虽然比较简略，但时间最早，记录也最原始。

　　100余年之后的1956年，陕西省文管会和陕西省博物馆组成陕北文物调查征集组，调查统万城，拍摄城址全景和各墩台、马面照片多帧，征集了一批文物。参与调查的俞少逸同志将此次收获写成《统万城遗址调查》。这次调查，明确了统万城即当地群众称谓的"白城子"，行政管理上已划归靖边县，具体方位在内蒙古和陕西的交界处，"南距靖边一百一十里，东距榆林二百四十里，北距内蒙古的乌审旗一百八十里"。这次调查还绘制出城址平面图，使学人得以首次看到统万城的格局。这两个相隔一百多年的调查报告为我们提供了一个统万城的粗略轮廓，极大地丰富了人们对统万城的认识。

　　1964年暑假，北京大学侯仁之教授带领毛乌素沙漠历史地理考察小组，对统万城及其周围地区进行了实地考察，初步探讨了统万城的兴废与当地自然环境变化之间的相互关系，发表了两篇论文[1]，首次从历史地理学的角

1　侯仁之：《历史地理学在沙漠考察中的任务》，《地理》1965年第1期；《从红柳河上的古城废墟看毛乌素沙漠的变迁》，《文物》1973年第3期。

度提出了一个十分有意义的关于统万城历史环境的变迁问题，第一次把统万城的选址、兴衰过程置于历史地理环境中考虑，从环境变迁的角度，思考统万城兴废的原因，并将其与毛乌素沙漠的环境变迁联系到一起，从而拓宽了统万城的研究领域，将统万城的研究工作推进到一个新的高度。论文发表之后，引起了国内外相关学者对统万城的广泛关注，也由此引发了相关学科的学者对统万城环境问题的关注，不同学科背景的学者，从不同专业的角度对统万城所在的毛乌素沙漠的古今环境变化展开了热烈讨论。

20世纪70年代初期，陕西省考古研究所研究员戴应新多次调查该城址并进行试掘，其使用仪器勘测的结果，校正了前人步测或拉尺丈量的误差，从而绘制出更为精确的城址地图。根据其方位，认定统万城北数十里外的纳林河就是史载的黑水，"现统万城东南横山县的黑河与古黑水无涉"。在东西二城址内，清理出宫殿或衙署基址各一处；发掘西城南垣设在一号马面之内的竖坑形仓库；勘验西南城角高31米的墩台上多级椽孔的分布，因知该墩台实乃角楼建筑的基座。马面仓库内掘出的大量植物标本，是当时这一带植被茂盛、环境优良的物证。此次试掘还发现了位于城址对面、无定河南岸各山峁上数十处墓葬群。据出土文物判断，多系唐墓。城内的出土文物有各种瓦当、雕刻建筑材料以及汉唐官私铜印多方。另外一大收获是，通过现代科学技术手段揭开了所谓"蒸土筑城"的千古之谜。[1]

1996年，陕西省文物局为了做好统万城的保护管理工作，安排榆林市文管办负责编写统万城保护规划，并派戴应新研究员参与指导。当年9~11月，对统万城进行了考古调查、勘探。这是一次投入人员最多、持续时间最长、相对比较深入细致全面的考古调查。这次调查不仅详细地记录了东西城以及外郭城并对其重新进行了测绘，而且向城的东西南北四方扩大范围进行了考察，有了许多鲜为人知的新发现：外廓城东垣南北两端和南垣底部的大墩台，西城西北、西南通向西北方陵墓、陵城的夯筑路基，无定河南的高台（戴先生认为是《统万城铭》中所述"离宫"和"冲天台"遗址），西城西北查干圪台的墓葬区和西北的另一座城址。此次调查结束后，保护规划的征求意见稿以及制作的幻灯片、照片、测绘图等于1997年2月送交陕西省文物局，作为考古发掘的亲历者，戴应新对与统万城相关的一些问题做了比较详细的介绍、分析和研究。[2]

1　陕西省文管会:《统万城址勘测记》,《考古》1981年第3期, 第225~232页。

2　戴应新:《赫连勃勃与统万城》, 陕西人民出版社, 1990;《大夏统万城城址考古记》,《故宫学术季刊》第17卷第2期, 第41页;《统万城城址勘测记》,《考古》1981年第3期, 第225~232页。

2002年，邢福来首度率考古队对统万城西南隅台和永安台两处基址进行发掘，基本明确了隅台平面结构、剖面形制和夯筑方法，初步确定了护城壕的存在，并依现有护城壕堤弧度复原原护城壕，深可达6米，宽13米左右，壕内壁光滑，与红柳河谷对照，提出了"城壕不蓄水亦是一道绝对难以逾越的鸿沟"的看法。[1]2002年10月，陕西省考古研究所联合中国历史博物馆遥感考古中心，用小型飞机对统万城进行了航空遥感探测，发现了统万城周边地面有许多堆积物。相信对航拍资料的判读会有新的研究成果，并为考古调查与发掘提供有价值的提示。

2004年，康兰英对清道光年间至2002年在统万城地区进行的主要考古调查活动进行了追溯，并概述了各次调查中的主要考察方法和收获。[2]统万城的调查研究工作，从清代何丙勋算起，至今已有一百多年的历史，初步形成了跨地域、跨学科的态势。这不仅拓宽了统万城研究的视野和学科领域，而且吸引了众多专家、学者和专业工作者纷纷关注和热心于统万城的调查研究，从而凝聚

1　邢福来：《统万城遗址考古发掘的新收获》，《中国历史地理论丛》2003年专辑，第89页。
2　康兰英：《统万城调查与研究》，载《统万城遗址综合研究》，三秦出版社，2004，第16~20页。

了学术力量，积累了调查研究资料和成果。可以说对于统万城的调查研究，不仅有了一个良好的基础，而且开辟了一条全方位调查研究的途径，并初步取得了令人瞩目的成果，产生了承前启后的效应。

1982 年成立了靖边县统万城文管所，专门负责遗址的保护和研究；1983 年 9 月靖边县人民政府公布该遗址为县级第一批文物保护单位；1992 年 4 月陕西省人民政府公布该遗址为第三批省级重点文物保护单位；1996 年国务院公布该遗址为第四批国家级重点文物保护单位；2002 年又确定该遗址进入申报世界文化遗产之列。

二　统万城遗址的研究概况

统万城建城初期的生态环境及毛乌素沙漠形成原因研究

这方面的研究在统万城研究中比较深入，成果比较多，有三十多篇文章。1964 年暑假，侯仁之先生对统万城进行考察之后，撰写了两篇论文，[1] 并提出了一个问题：统万城初建时是什么样子？如果是像现在一样到处

1　侯仁之：《历史地理学在沙漠考察中的任务》,《地理》1965 年第 1 期;《从红柳河上的古城废墟看毛乌素沙漠的变迁》,《文物》1973 年第 1 期，第 35~41 页。另收入侯仁之《历史地理学的理论与实践》，上海人民出版社，1979，第 47~59 页。

是滚滚流沙，赫连勃勃为什么要把他的都城建造在这样一个地方？反之，如果建城之初，这里并不是沙漠，那么它是在什么时候才开始变成沙漠的？这些流沙又从哪里来的？侯先生的研究思路引起了国内相关学科的学者对统万城环境问题的关注。随着研究的进一步深入，学者研究的内容从统万城扩大到了整个毛乌素沙漠，不同学科背景的学者们，从不同专业的角度对统万城及其所在的毛乌素沙漠的环境变化展开了热烈的讨论和深入的研究。

关于统万城初建时期的生态环境，学术界主要有三种观点：一种观点认为现今是沙漠的地方，在先秦甚至是北魏时期还是水草丰美的草原或森林草原景观，如侯仁之、史念海、吴祥定、朱士光等人；[1]另一种观点则认为毛乌素沙漠早在更新世后期就已经存在，如赵永复、董

---

1 侯仁之：《从红柳河上的古城废墟看毛乌素沙漠的变迁》，《文物》1973年第1期，第35~41页；史念海：《两千三百年来鄂尔多斯高原和河套平原农林牧地区的分布及其变迁》，《北京师范大学学报》（社会科学版）1980年第6期；吴祥定等：《历史时期黄河流域环境变迁与水沙变化》，气象出版社，1994，第74~79页；朱士光：《评毛乌素沙地形成与变迁问题的学术讨论》，《西北史地》1986年第4期，第17~27页（另收入朱士光《黄土高原地区环境变迁及其治理》，黄河水利出版社，1999，第198~216页）。

光荣、李华章、牛俊杰等人；[1] 还有一种观点认为当时周边环境已经受到风沙侵袭，就其环境质量来说，当时是沙质草原，呈现着沙草并存的半干旱荒漠草原景观。[2]

在讨论统万城周边环境的同时，学者们又对毛乌素沙漠的形成原因进行研究，在持这两种截然不同观点的学者之间，对于毛乌素沙漠的形成原因也自然分为两种分歧比较大的观点。认为毛乌素沙漠主要是地质时期形成的学者，大都认为沙漠的形成与人类的活动没有多大关系，如赵永复在广泛搜集历史文献的基础上，列举了从北魏至明清时期有关毛乌素地区的"流沙"记载，提出了毛乌素沙漠主要是自然因素的产物，是第四纪以来就已经存在的自然现象，而不是什么"人造沙漠"[3]。持当

1　董光荣等：《鄂尔多斯高原第四纪古风成沙的发现及其意义》，《科学通报》1983年第16期，第998~1001页；赵永复：《历史上毛乌素沙地的变迁问题》，《历史地理》创刊号，上海人民出版社，1981，第34~37页；赵永复：《再论历史上毛乌素沙地的变迁问题》，《历史地理》第7辑，上海人民出版社，1990，第171~180页；李华章：《中国北方农牧交错带全新界环境演变的若干特征》，《北京师范大学学报》（自然科学版）1991年第1期；牛俊杰、赵淑贞等：《关于历史时期鄂尔多斯高原沙漠化问题》，《中国沙漠》2000年第1期，第67~70页。

2　侯甬坚、周杰、王燕新：《北魏（AD386—534）鄂尔多斯高原的自然—人文景观》，《中国沙漠》2001年第2期；《统万城遗址：环境变迁实例研究》，载《统万城遗址综合研究》，三秦出版社，2004，第211页。

3　赵永复：《历史上毛乌素沙地的变迁问题》，《历史地理》创刊号，上海人民出版社，1981，第34~37页；《再论历史上毛乌素沙地的变迁问题》，《历史地理》第7辑，上海人民出版社，1990，第171~180页。

时生态环境比较好的学者大多认为沙漠的形成与人类的活动密切相关，如王尚义等人。[1]

随着研究的深入，学者们运用如地貌学与第四纪环境学等其他学科的方法，把历史文献与地理环境分析结合起来，将统万城初期的生态环境研究进一步深入。邓辉等从自然环境区域分异的角度，对历史文献中相互矛盾的记载做了分析，认为流动沙丘、固定沙丘、梁地、低湿地草甸等不同类型的隐域环境可以同时存在于毛乌素沙漠内部，在统万城周围生态环境退化的过程中，人类的不合理活动起了很大的作用；[2]针对邓辉此文，袁林从人口角度进行分析，认为"人类过度开发导致统万城周围地区环境恶化的观点是应当重新加以推敲的"[3]。另有学者对城墙内保存的木材和孢粉进行了深入研究，并综合其他相关的研究成果，对统万城地区当时的自然景观进行复原，认为统万城当时的植被是温带干草原，局部区

1　王尚义、董靖保：《统万城的兴废与毛乌素沙地变迁》，《地理研究》2001年第3期；王尚义、董靖保、牛俊杰、谢鸿喜、赵淑贞：《毛乌素沙地变迁之再认识》，载《统万城遗址综合研究》，三秦出版社，2004，第223页。

2　邓辉、夏正楷、王瑃瑜：《从统万城的兴废看人类活动对生态脆弱地区的影响》，《中国历史地理论丛》2001年第2期，第113页。

3　袁林：《从人口状况看统万城周围环境的历史变迁——统万城考察札记一则》，《中国历史地理论丛》2004年第3期，第144页。

域存在大片森林。[1]

在讨论统万城及毛乌素沙漠的环境变迁时，有一问题又被引出，那就是史书所载统万城以北的契吴山的地理位置。因为持十六国时期统万城周围的环境比较好、毛乌素沙漠主要是由于人类活动所造成观点的学者，其主要论据就是赫连勃勃所叹美的契吴山。对于此说也有学者持不同看法，他们从文献记载、夏国的主体民族及当时的生态环境三个方面分析，得出契吴山不在统万城以北，而是在云中地区即现在的托克托地区的结论，如牛俊杰、赵淑贞等。[2] 笔者对此有不同的看法，从三个方面论述了契吴山当如史书所载，在统万城以北。[3]

定都统万城的原因

这也是统万城研究中一个比较深入的问题，学者从

1　孙同兴等：《陕北统万城地区历史自然景观及毛乌素沙漠迁移速率》，《古地理学报》2004 年第 3 期，第 363 页。

2　任世芳、赵淑贞：《秦至北魏黄河中游环境变迁与下游水患关系》，《土壤侵蚀与水土保持学报》1988 年第 6 期，第 100~105 页；牛俊杰、赵淑贞：《关于历史时期鄂尔多斯高原沙漠化问题》，《中国沙漠》2000 年第 1 期，第 67~70 页；任世芳、赵淑贞、任伯平：《关于南北朝至隋唐时期黄土高原北部的土地利用方式》，《中国历史地理论丛》2001 年增刊；任世芳、赵淑贞、任伯平：《再论北魏契吴的真实地理位置问题》，《山西大学师范学院学报》2002 年第 1 期，第 41 页。

3　吴洪琳：《试论十六国时期契吴山的地理位置》，《中国历史地理论丛》2005 年第 1 期，第 70 页。

生态环境、政治、交通、军事、地理背景、经济等各个角度，对赫连勃勃定都统万城的原因进行了深入的讨论。[1]

统万城的城市建置史

对于这一问题，众说纷纭，目前还没有一个共同认可的结论，主要争论的问题是统万城与汉代奢延城及与大城的关系。

对于统万城与奢延城的关系主要有两种观点：一是认为统万城即是汉代的奢延城，如洪亮吉、侯仁之、王北辰、戴应新、吴宏岐等，[2]许多学者都沿袭了这种观点；二是认为统万城与奢延城的关系有待于进一步研究，如侯

1　丁超、韩光辉：《论赫连夏政权定都统万城的地理背景》，载《统万城遗址综合研究》，三秦出版社，2004，第62~71页；张维慎：《赫连勃勃定都统万城原因试探》，载《统万城遗址综合研究》，三秦出版社，2004，第72~77页；李学江：《大夏国都统万城兴起的地理基础》，《西北史地》1992年第1期，第9页。

2　洪亮吉：《十六国疆域志》，商务印书馆，1958。侯仁之：《从红柳河上的古城废墟看毛乌素沙漠的变迁》，《文物》1973年第1期，第47页。王北辰：《公元六世纪初期鄂尔多斯沙漠图图说——南北朝、北魏夏州境内沙漠》，《中国沙漠》1986年第3期，第29~36页；《毛乌素沙地南沿的历史演化》，《中国沙漠》1983年第4期，第11页（后收入《王北辰西北历史地理论集》，学苑出版社，2003，第45页）。戴应新：《赫连勃勃与统万城》，陕西人民出版社，1990，第38页；《统万城城址勘测记》，《考古》1981年第3期。吴宏岐：《关于大夏国都统万城的城市形态与内部布局问题》，《中国历史地理论丛》2004年第3期，第129页。

甬坚[1]，甚至有学者认为二者之间没有关系，如王社教等。[2]

对于统万城与大城的关系，主要有四种观点：一是认为大城即是当时的统万城（今陕西靖边北红墩界乡的白城子），如洪亮吉、吴宏岐等；[3]二是认为大城是当时幽州治所，在统万城以北，如谭其骧、史念海等人；[4]三是认为《水经注》中"改筑大城"是大城、小城之意，而其他史料中的大城则是后来的幽州治所，如周伟洲等；[5]四是认为大城与统万城的关系尚不清楚，如侯甬坚等。[6]

也有学者认为统万城是在汉代朔方县所在地基础上兴建的。[7]

1　侯甬坚：《统万城遗址：行政建置和人类居住的历史》，载《统万城遗址综合研究》，三秦出版社，2004，第41页。

2　王社教：《有关统万城建史和环境史的几个问题》，载《统万城遗址综合研究》，三秦出版社，2004，第121页。

3　洪亮吉：《十六国疆域志》，商务印书馆，1958；吴宏岐：《关于大夏国都统万城的几个问题》，《中国历史地理论丛》2004年第3辑，第129页。

4　谭其骧主编《中国历史地图集》第4册，第15~16幅；史念海：《十六国时期各割据霸主的迁徙人口》，《中国历史地理论丛》1992年第3、4辑，另收入其论文集《河山集》第七辑。

5　周伟洲：《十六国夏国新建城邑考》，载《统万城遗址综合研究》，三秦出版社，2004，第95页；王社教：《有关统万城历史与环境的几个问题》，载《统万城遗址综合研究》，三秦出版社，2004，第123页。

6　侯甬坚、周杰、王燕新：《北魏（AD386—534）鄂尔多斯高原的自然—人文景观》，《中国沙漠》2001年第2期，第188页。

7　张永帅：《关于统万城历史的几个问题》，《中国历史地理论丛》2008年第1辑，第97页。

统万城的名称来源

史书记载统万城之"统万"的来源为"朕方统一天下，君临万邦，可以统万为名"[1]。陈喜波等人对于统万城之名做了进一步考释，认为统万城来源于匈奴语，是一个合成词，其含义是"拥有万国的意思，用汉语'统万'来翻译可谓一箭双雕，既能满足音译的要求，也能反映出匈奴语的真实含义和统治者统驭万邦的勃勃雄心"[2]。

城市平面形态、空间格局及其功能分区

这一问题也是统万城研究中一个争议比较大的点。关于统万城的城市形态，目前比较流行的说法是该城有三重城垣，即头道城、二道城、三道城，首倡者是清道光年间怀远县知县何丙勋。[3]但是关于这三道城垣的形态解释争议比较大，有人认为这三道城即外郭城、东城、西城三部分，如戴应新等人；[4]邓辉等人利用大比例尺航空遥感影像判读、历史文献分析和实地考察等多种手段，提出了不同的看法，认为何氏所说三道城即外郭城、内

---

1 房玄龄：《晋书》卷 130《赫连勃勃载记》，中华书局，1974，第 3205 页。

2 陈喜波、韩光辉：《统万城名称考释》，《中国历史地理论丛》2004 年第 3 期，第 157 页。

3 张穆：《蒙古游牧记》卷 6《内蒙古伊克昭盟游牧所在》；杨江：《河套图考·夏州城考》，民国《横山县志》卷 4《艺文·杂记》。

4 陕北文物调查征集组（俞少逸执笔）：《统万城遗址调查》，《文物参考资料》1957 年第 10 期，第 52 页；戴应新：《统万城城址堪测记》，《考古》1981 年第 3 期，第 225~232 页。

城与宫城。[1]此外，邓辉对统万城的城市形态、城市形态
所反映的文化特点、建城初期统万城周边的生态环境、
历史上统万城地区的人类活动以及统万城在民族文化交
流和自然环境变迁两方面的启示意义做了比较深入的研
究。[2]对于统万城的平面形态，吴宏岐认同邓辉的看法，
并且对统万城与奢延城、大城的关系，统万城东城与西
城的城垣、马面和城门问题，统万城宫城的范围与永安
殿的位置，统万城内城的其他宫室与苑囿布局做了进一
步研究。[3]刘景纯则认为统万城所谓的郭城是一种虚设的
城池，人工兴建的郭城是不存在的。[4]

　　对于统万城的功能分区，刘景纯认为现存城址的东
城应是内城部分，西城是宫城，而东城中的子城可能是
官署所在，而其礼制建置当在城南和城东。[5]同时他还对
统万城是否有护城河以及统万城内的水源进行了探讨，

1　邓辉、夏正楷、王瑞瑜:《利用彩红外航空影像对统万城的再研究》,
《考古》2003年第1期，第70~77页。

2　邓辉:《统万城——民族文化交流的丰碑、生态环境变迁的见证》,载
《统万城遗址综合研究》，三秦出版社，2004，第1~15页。

3　吴宏岐:《关于大夏国都统万城的城市形态与内部布局问题》,《中国历
史地理论丛》2004年第3期，第129~143页。

4　刘景纯:《统万城布局结构及其相关问题的探讨和推测》,载《统万城遗
址综合研究》，三秦出版社，2004，第113~120页。

5　刘景纯:《统万城布局结构及其相关问题的探讨和推测》,载《统万城遗
址综合研究》，三秦出版社，2004，第113~120页。

认为统万城没有护城河，城内水源可能是《水经注》中所谓的温泉，红外航空影像判读出城西北的西南角有所谓的护城河，和目前考古发掘在城西南西侧发现的所谓护城壕，实际上都不是护城河，而是引水和排水在城墙附近的特殊表现。李令福认为实地调查中的二道子河（呼油乌素河）是寻找护城河和城内用水水源地的重要线索。[1]

对于东西二城哪个先建也有争议。有人认为西城先建东城后建。[2]但张力仁对此有不同看法，他认为东城、西城同时建。[3]对于东、西城的地位学术界也有争议。张驭寰认为统万城以东城为主，西城为辅。[4]也有学者认为东城即奢延旧城，西城是宫城，是奢延城旧址扩大的新增部分，其重要性明显大于东城，并分析了原因。[5]

统万城的规划设计特点。统万城的设计者在建造这座都城时，除了充分考虑和吸收中原帝都的传统布局外，在设计上又保留了某些北方草原民族的传统习俗。除此

1　李令福：《2000~2003年统万城遗址考察记》，《中国历史地理论丛》2003年专辑，第103页。

2　白寿彝：《中国通史》第7册，上海人民出版社，1995，第44页。

3　张力仁：《大夏国都统万城的兴与衰》，载《统万城遗址综合研究》，三秦出版社，2004，第78~87页。

4　张驭寰：《中国城池史》，百花文艺出版社，2003，第194页。

5　刘景纯：《统万城布局结构及其相关问题的探讨和推测》，载《统万城遗址综合研究》，三秦出版社，2004，第113~120页。

之外，统万城的规划设计还受到中原汉族文化中天人感应、法天象地等思想的强烈影响。[1]

《统万城铭》的研究

《统万城铭》是现存唯一记录统万城建造历史及其形制的夏国文学作品。郭延龄等人对胡义周《统万城铭》的文学价值进行了细致剖析，认为它具有北朝文学起始阶段的显著特点，是赫连夏文学完璧独存的珍品。[2]

王智真通过对无定河南岸三处文化遗存的地理位置、经济交往等方面进行比较分析，认为《统万城铭碑》遗址当在白城子村委院外南坡平台上，并对护碑设施的形制进行了推测论述。[3]

还有学者对《统万城铭》中的"背名山而面洪流"之"名山"与"洪流"有不同的看法，其中之"名山"，侯仁之先生等人认为是契吴山[4]，刘景纯认为是阴山山脉[5]。

---

1 邓辉、夏正楷、王璿瑜：《利用彩红外航空影像对统万城的再研究》，《考古》2003年第1期，第70~77页。

2 郭延龄、黄黎苏、黄济深：《〈统万城铭〉的文学价值》，载《统万城遗址综合研究》，三秦出版社，2004，第204~210页。

3 王智真：《〈统万城铭碑〉碑址调查》，载《统万城遗址综合研究》，三秦出版社，2004，第111页。

4 侯仁之：《从红柳河上的古城废墟看毛乌素沙漠的变迁》，《文物》1973年第1期，第37页。

5 刘景纯：《统万城布局结构及其相关问题的探讨和推测》，载《统万城遗址综合研究》，三秦出版社，2004，第116页。

统万城的建筑特点及其价值

陶宗震对统万城在筑城史上的价值进行了详细阐述，认为统万城的规划设计从战防的实际需要和实际效用出发，创造性地用三合土筑城并修筑马面，以及利用马面中的空间作为战备仓储等，是其独具匠心之处。同时对统万城的衰落与环境变迁也进行了初步的探讨。[1]

姚勤镇在考古资料与长期实地勘查的基础上，对统万城的五个建筑特征进行了归纳分析，还提出了南郭城的范围、赫连勃勃的信仰及其陵墓等需要继续考证的相关问题。文章揭示的统万城的建筑手法及其重要的学术研究价值颇具启发性。[2]

杨满忠对统万城的建筑规模与布局、兴建的历史原因、历史地位与作用等进行了研究，认为统万城不但是中华民族建筑史上的典型艺术杰作，也是民族大融合与我国少数民族"华化"过程中的历史丰碑。[3]

1　陶宗震：《统万城的兴衰与历史价值》，《南方建筑》1995 年第 3 期，第 21~28 页。

2　姚勤镇：《沙漠中统万古都的探讨点滴》，载《统万城遗址综合研究》，三秦出版社，2004，第 164~167 页；《统万城的历史演变及其建筑特点探析》，《延安大学学报》（社会科学版）2004 年第 2 期，第 126~128 页。

3　杨满忠：《统万城建筑规模及其历史作用——统万城历史文化研究之一》，载《统万城遗址综合研究》，三秦出版社，2004，第 173~177 页。

其他

日本学者市来弘志将历史文献与实地考察结合起来，就历史上统万城在地理战略上所处的位置及重要意义作了初步的考察。[1]

徐小玲等人从总体上阐述了统万城的价值与意义，认为"统万城历史文化内涵丰富，生态环境意义重大，具有重要的考古文物价值、建筑艺术价值、科学研究价值和旅游价值"[2]。

薛正昌对赫连勃勃在高平称王、建都统万、即位灞上、镇守"北京"等重大历史事件以及《统万城铭》分别进行了阐述，较为全面地复原了这一时期的历史进程。[3]

综上所述，对于大夏国都统万城遗址的研究可以说是非常深入，内容十分广泛。但由于文献及考古资料的限制，有些方面的研究还稍显不足，如统万城的形制格局、功能分区、城郭范围以及统万城居民的民俗信仰、生活状况等。因此，今后对统万城遗址的研究应该拓宽视野，丰富研究方法，拓展研究领域。

1　市来弘志：《论大夏统万城的战略地位》，《中国历史地理论丛》1998 年增刊，第 155 页。

2　徐小玲、延军平：《统万城的现代意义与价值研究》，《中国历史地理论丛》2004 年第 3 期，第 155 页。

3　薛正昌：《赫连勃勃与统万城》，载《统万城遗址综合研究》，三秦出版社，2004，第 55~61 页。

第二节　统万城的地理环境与交通

一　夏国建立初期统万城的生态环境

自侯仁之先生于 1964 年考察统万城，把统万城的选址、兴衰过程置于历史地理环境中研究之后，选址的原因即成为统万城研究的一个热点。学术背景不同的学者们从不同的角度研究赫连勃勃定都统万城的原因，大致说来不外乎从生态环境、交通、军事、政治等几个方面分析，争论特别大的一点就是关于统万城的生态环境问题，见前所述。这些争论里，十六国时期契吴山的位置又成为一个争论的焦点。因为认为统万城建城之时生态环境比较好的一个主要依据，就是赫连勃勃曾盛赞契吴山良好自然景观的一段话："美哉斯皋，临广泽而带清流，吾行地多矣，未有若斯之美。"[1]另一种文献记载略有不同："美哉，临广泽而带清流。吾行地多矣，自马领以北，大河以南，未之有也！"[2]虽然他们并没有直接谈到契吴山的地理位置，但从所论述的问题中可以看出他们是认同史

1　李昉：《太平御览》卷 555《礼仪部》引崔鸿《十六国春秋·夏录》，中华书局，1960，第 2511 页。

2　李吉甫：《元和郡县图志》卷 4《关内道·夏州》，中华书局，1983，第 100 页。

书所记载的契吴山当在统万城以北的。对于契吴山的位置,《元和郡县图志》的记载略有不同,卷4《夏州·朔方县》记:"故白城,一名契吴城,在县北一百二十五里契吴山。"同书又记:"契吴山,在县北七十里。"[1]周伟洲先生认为县北一百二十五里为确。[2]对于这一问题,王北辰先生说得更为明确,而且进一步认为乌审旗达卜察克镇(今属嘎鲁图镇)西南方约十二公里处的阿拉托洛海丘陵,即是《十六国春秋》及《元和郡县图志》所记之契吴山。[3]认为鄂尔多斯高原上的沙漠很早就存在的学者中,有几位则具体谈到了契吴山的地理位置问题,如牛俊杰、赵淑贞、任世芳等人。[4]他们认为契吴山不在

1　李吉甫:《元和郡县图志》卷4《关内道·夏州》,中华书局,1983,第99、100页。

2　周伟洲:《十六国夏国新建城邑考》,载《统万城遗址综合研究》,三秦出版社,2004,第95页。

3　王北辰:《唐代长安—夏州—天德军道路考》,《历史地理》第9辑,上海人民出版社,1990,第264页;《内蒙古乌审旗古代历史地理丛考——龟兹县、榆溪塞、契吴山》,载《王北辰西北历史地理论文集》,学苑出版社,2000,第84、377~378页。

4　牛俊杰、赵淑贞等:《关于历史时期鄂尔多斯高原沙漠化问题》,《中国沙漠》2000年第1期;任世芳、赵淑贞、任伯平:《关于南北朝至隋唐时期黄土高原北部的土地利用方式》,《中国历史地理论丛》2001年增刊;任世芳、赵淑贞、任伯平:《再论北魏契吴的真实地理位置问题》,《山西大学师范学院学报》2002年第1期;任世芳、赵淑贞:《秦至北魏黄河中游环境变迁与下游水患关系》,《土壤侵蚀与水土保持学报》1988年第6期。

统万城以北，主要从三个方面论述：一是文献解读方面，认为在记载统万城的四种文献《十六国春秋》《水经注》《魏书》《晋书》中，只有《水经注》是第一手资料，而《水经注》没记载契吴山；二是统万城以北的契吴山（城）地区是匈奴族盘踞地区，不可能有鲜卑语地名，因为"契吴"一词是鲜卑语；三是从当时的自然景观及环境变迁的角度分析，认为至迟在北魏时期鄂尔多斯高原就有沙漠存在，因此风景宜人的契吴山（城）不可能在统万城附近，应在云中地区（即今内蒙古托克托）。对于牛俊杰等人的论述，笔者认为有不当之处，为了叙述方便，下面从两个方面论述。

任世芳、赵淑贞、牛俊杰等人从文字的对照上，认定在记载统万城的四种文献中只有郦道元的《水经注》为第一手资料，由此因《水经注》在描述统万城时没有提到契吴而断定"统万城以北并无契吴山，更无契吴城"[1]，笔者认为这个判断不太恰当。因为从四种文献的撰写时间上看，《十六国春秋》的作者和《水经注》的作者所处的时代基本上相同，撰写的时间也大体差不多，《魏书》稍晚一些，《晋书》最晚。这样说来关于十六国时期

1　任世芳、赵淑贞、任伯平：《关于南北朝至隋唐时期黄土高原北部的土地利用方式》，《中国历史地理论丛》2001年增刊。

的史籍,《十六国春秋》和《水经注》的记载应比较真实可靠,但是如果从这两种文献的史料来源上看,崔鸿的《十六国春秋》是在十六国时期各国所撰国书的基础上编纂而成的,所记当更为可信。

我国早在先秦时期就设置史官修史,并有明确的分工,有记言、记事的左右史之分,这种传统在被沿袭的过程中不断完善,以后的各朝各代基本上都设有专门的史官负责修前朝或本朝史。夏赫连氏立国后也同样设立专掌著述、典史职的职官著作郎,负责修撰国史。史书记载,魏世祖来到统万城之后,见夏国史官赵逸所著,曰:"此竖无道,安得为此言乎!作者谁也?其速推之。"[1]后在崔浩的劝谏之下才免其一死。另《魏书》卷67《崔光列传》记载,崔光之侄崔鸿"弱冠便有著述之志,见晋魏前史皆成一家,无所措意。以刘渊、石勒、慕容儁、苻健、慕容垂、姚苌、慕容德、赫连屈孑、张轨、李雄、吕光、乞伏国仁、秃发乌孤、李暠、沮渠蒙逊、冯跋等,并因世故,跨僭一方,各有国书,未有统一,鸿乃撰为《十六国春秋》,勒成百卷。""近代之事最为备悉。"[2]由此可知,赫连夏立国后确曾撰有国史,其所修史,为当

---

1 魏收:《魏书》卷52《赵逸传列》,中华书局,1974,第1145页。
2 魏收:《魏书》卷67《崔光传列》,中华书局,1974,第1502、1505页。

时人记当时事，应比较可信。

从上文所引也可以看出，崔鸿所撰《十六国春秋》的一个重要来源就是各少数民族政权所修之国史。对于崔鸿所修之《十六国春秋》，后人评价是在"搜集诸国旧史"的基础上"考核众家，辨其异同，除烦补缺，错综纲纪，易其国书曰录，主纪曰传，都谓之《十六国春秋》"[1]。而且崔鸿在编撰此书的过程中，"搜集诸国旧史，属迁京甫尔，率多分散，求之公私，驱驰数岁"。"唯常璩所撰李雄父子据蜀时书，寻访不获，所以未及缮成，辍笔私求，七载于今"，"购访始得，讨论适讫"[2]，才将此书脱稿。从刘知幾《史通》的记载可以推断出，崔鸿撰此书前后所用时间长达22年之久，"（崔）鸿始以景明之初，求诸国逸史，逮正始元年，鸠集稽首，而以犹阙蜀事，不果成书。推求十有五年，始于江东购获，乃增其篇目，勒为十卷（当为百卷）"。由此可以看出崔鸿认真慎重的撰史态度，故《十六国春秋》应该是比较可信的。也正是因为崔鸿认真慎重、取材力求翔实的态度，唐朝时官修的《晋书》，30篇载记完全采录崔书。而论者把后人所称赞崔鸿之处作为其短处，似乎不太合常理。更何况魏收在指出崔书的一些错误

1　刘知幾著，张振珮笺注《史通笺注》卷12《古今正史》，贵州人民出版社，1985，第453页。
2　魏收：《魏书》卷67《崔光列传》，中华书局，1974，第1504~1505页。

之后，对崔鸿也给予了很高的评价："（崔）鸿博综古今，立言为事，亦才志之士乎？"[1] 即使是如魏收所说，崔书也有一些不尽如人意之处，但毕竟瑕不掩瑜，由于一点小错而全面否定崔鸿之作也是不可取的。由此而认为崔鸿对于契吴山的记载是附会，是没有道理的。

牛俊杰、赵淑贞等人从孝文帝迁洛阳之初的诏令"诏不得以北俗之语言于朝廷，若有违者，免所居官"[2] 推测，《水经注·河水》注云"水出契吴山，西经故里南，而北俗谓之契吴亭"中的"契吴"是鲜卑语，在此点上论述没错，但由此得出"匈奴族不可能在自己的统治区取一个鲜卑族的地名"的结论却是不妥当的。[3] 在做出这一推测的时候显然忘记了一点，那就是铁弗匈奴的来源及大夏政权境内的主要民族。

首先从其族源上看，铁弗匈奴本身就是民族融合的结果，即鲜卑和匈奴的混血，这点史书上有明确记载："北人谓胡父鲜卑母为'铁弗'，因以为号。"[4] 其次，从大夏国的整个历史看，鲜卑族始终是其非常重要的组成部分，铁弗匈奴与鲜卑族有着千丝万缕的联系。早在勃勃祖刘虎之世，

1 魏收:《魏书》卷67《崔光列传》，中华书局，1974，第1507页。
2 魏收:《魏书》卷7下《高祖纪下》，中华书局，1974，第177页。
3 任世芳、赵淑贞、任伯平:《关于南北朝至隋唐黄土高原北部的土地利用方式》，载《中国历史地理论丛》2001年增刊，第126页。
4 魏收:《魏书》卷95《铁弗刘虎列传》，中华书局，1974，第2054页。

曾与白部鲜卑俱依附于汉政权匈奴刘聪，被封为"安北将军、监鲜卑诸军事、丁零中郎将"[1]。晋怀帝永嘉四年（310），刘虎与白部鲜卑联合，进攻刘琨控制下的新兴、雁门二郡，刘琨请时据盛乐（今内蒙古和林格尔县北）的鲜卑拓跋猗卢相救，猗卢乃发兵两万，助琨击破刘虎和白部鲜卑，摧毁他们的营帐。虎收集余众，西渡黄河，居朔方，雄踞肆卢川，这些余众里当包括白部鲜卑。至刘务桓及刘卫辰代领部众时，都曾归附过拓跋鲜卑所建的代国，并被什翼犍妻之以女。太元十六年（391），代来城被攻陷之后，卫辰第三子"勃勃乃奔于叱干部"，后被送于姚秦高平公没奕于，没奕于妻之以女。[2]为赫连夏建造统万城的将作大匠叱干阿利，为鲜卑族，没奕于又为鲜卑部破多罗部帅。姚兴之时，以"勃勃为持节、安北将军、五原公，配以三交五部鲜卑及杂虏二万余落，镇朔方"。义熙三年（407），"讨鲜卑薛干等三部，破之，降众万数千"[3]。至此，薛干部臣属于赫连夏。从此看来，铁弗匈奴的许多部众都是鲜卑各部，而且夏政权建立之后，鲜卑族仍然是其主要的构成民族，如义熙十二年（416），勃勃使"镇东将军羊苟儿将鲜

---

1 房玄龄：《晋书》卷130《赫连勃勃载记》，中华书局，1974，第3201页。
2 房玄龄：《晋书》卷130《赫连勃勃载记》，中华书局，1974，第3201~3202页。
3 房玄龄：《晋书》卷130《赫连勃勃载记》，中华书局，1974，第3202页。

卑五千镇安定，进攻秦镇西将军姚谌于雍城，谌委镇奔长安”[1]。另外，早在铁弗匈奴迁居朔方之前，鄂尔多斯高原就是鲜卑、丁零等族聚集居住的地方。[2]

从以上历史事实可以看出，铁弗匈奴具有鲜卑族的血统，鲜卑族也始终是赫连夏政权的一个重要组成部分，因此在其统治区域之内出现鲜卑语的地名，是毫不奇怪的，也是极有可能的，赵氏等人的推断显然是不妥当的。

再者，如果契吴山真的如赵氏等人所云在云中地区，而赵氏也知道在愍帝建兴三年至齐明帝建武元年（315~494）的180年间，云中始终是北魏的统治中心，那么北魏如何会允许赫连勃勃之子赫连昌在此建城立庙并将勃勃葬在此地呢？[3]20世纪90年代在统万城西北四公里沙漠中一个叫查干圪台的地方，发现有南北对峙的一对墓冢，这对墓冢无论墓堆和陵城城垣夯土的颜色、成分和夯筑的技法，与统万城没有多少差别，有学者认

1　司马光：《资治通鉴》卷117晋安帝义熙十二年，中华书局，1956，第3687页。

2　周伟洲：《魏晋南北朝十六国时期鲜卑族向西北地区的迁徙及其分布》，《民族研究》1983年第5期，另收入周伟洲论文集《西北民族史研究》，中州古籍出版社，1994，第82~83页。

3　李吉甫：《元和郡县图志》卷4《关内道·夏州》记载："故白城，一名契吴城，在县北一百二十五里契吴山。赫连中囷中山所筑，勃勃尝所叹美，故其子昌因立此城，以立勃勃之庙。勃勃墓，在县西二十五里。"（第101页）

为与统万城同一时期；而且利用文献记载分析，勃勃的先辈与子孙均不得葬于统万城，推测"这二座位置显赫有着王家气魄，其堆土夯筑方法又与统万城相同的坟冢，只能是赫连勃勃和其王后的，可以说是非勃勃夫妇而莫属"[1]。这也是契吴山（城）在统万城附近的一个有力证据。

牛俊杰等人又分析说："卫辰父子居毛乌素沙漠腹地悦跋城（代来城）至少达32年之久……而且由悦跋去'契吴'，是往南而非'北游'，显然真契吴不在所绘之地，而是在水草丰美的'云中川'"[2]。我认为这一判断似乎有点武断。史书中并未记载勃勃是从何处出游，而他们断定是从代来城出游，不知有何依据。如果从统万城出游的话，则为北游了。即使赫连勃勃有可能如牛俊杰等人所说，在代来城居住至少达32年，同时他们也承认赫连勃勃在"AD391 — AD407约16年可能离开毛乌素沙地"，在这离开毛乌素沙地的16年时间里，赫连勃勃应该是有可能出游且北游的吧？更何况从代来城逃出来之后，由于东部重新建国的北魏势力不断强大，赫连勃勃只能把注意力放在南边的后秦，因此大多数时间都活动

1　戴应新：《大夏统万城址考古记》，《故宫学术季刊》第17卷第2期，第41页。

2　牛俊杰、赵淑贞：《关于历史时期鄂尔多斯高原沙漠化问题》，《中国沙漠》2000年第1期，第68页。

在代来城以南或以西地区，这从大夏政权的领土扩张过程是可以看出的。况且赫连勃勃在代来城并未居住30多年，太元十六年（391），北魏攻破代来城，年仅十一岁的勃勃逃至驻牧在三城一带的薛干部，后又被送至镇守高平的没奕于处，三城、高平皆在统万城以南。不知牛俊杰等人是从何处得知赫连勃勃至少在代来城居住了32年之久的。

　　有关统万城的建城原则，史书记载赫连勃勃是在"近详山川，究形胜之地"之后才选择了"背名山而面洪流，左河津而右重塞"的地方营建都城的。[1] 牛氏、赵氏等人用描写统万城的这句话，对照赫连勃勃称赞契吴的话"临广泽而带清流"，得出两种文献描写的生态环境不一样，因此不是一个地方。[2] 笔者认为这只不过是不同的作者对于一个大环境中不同的局部小环境的描述而已。对于统万城附近的生态环境，历史文献中记载不同的地方不只这一处，其矛盾之处随处可见，可谓是好坏参半。如《水经注》对统万城地区的生态环境有这样的

1　房玄龄：《晋书》卷130《赫连勃勃载记》，中华书局，1974，第3211页。

2　任世芳、赵淑贞：《秦至北魏黄河中游环境变迁与下游水患关系》，《土壤侵蚀与水土保持学报》1988年第6期；任世芳、赵淑贞、任伯平：《关于南北朝至隋唐黄土高原北部的土地利用方式》，载《中国历史地理论丛》2001年增刊，第126页。

描述："（奢延）水西出奢延县西南赤沙阜，东北流……奢延水又东北，与温泉合。源西北出沙溪，而东南流，注奢延水。奢延水又东，黑水入焉，水出奢延县黑涧，东南历沙陵，注奢延水。"[1]《水经注》提到位于无定河畔的统万城西南方有"沙阜"，西北方有"沙溪"，东南方有"沙陵"。但是，同时代的史书也有当时的代来城、统万城牛羊成群的记载，如登国六年（391），魏太祖占领卫辰代来城，"收其珍宝、畜产，名马三十余万、牛羊四百余万"。[2]承光三年（427）六月，世祖攻陷统万城时，掳获"府库珍宝车旗器物不可胜计"，"获马三十余万匹，牛羊数千万"。[3]魏从代来城、统万城先后共掳获马六十余万匹，牛羊千四百万头，"足见当时河南、河西即今陕西榆林地区和内蒙伊克昭盟一带畜牧业非常的发达，而这又必然建立在牧草丰盛、自然生态环境良性循环的基础之上，否则，以斯地的范围断不能载养如此众多的牧畜的"。[4]北魏占领这里以后，继续发展畜牧经济，牲畜数量仍有所发展，"世祖之平统万，定秦陇，以河西水草善，乃以为牧地。畜产滋息，马至二百余万匹，橐驼将

---

1 王国维校《水经注校》，上海人民出版社，1984，第94~95页。

2 魏收：《魏书》卷110《食货志》，中华书局，1974，第2849页。

3 魏收：《魏书》卷4上《世祖纪上》，中华书局，1974，第72~73页。

4 戴应新：《赫连勃勃与统万城》，陕西人民出版社，1990，第34页。

半之，牛羊则无数"。[1]此处的河西，学者李并成详细论证，考定为鄂尔多斯高原。[2]

对于这些文献记载矛盾之处，有几个学者的解释非常清楚："从区域分异的角度去分析历史文献记载，这些关于统万城周围生态环境的记载并不相互矛盾，这些看似矛盾的自然景观是可以同时存在于毛乌素沙地内的。……无论是在沙漠期，还是间沙漠期，毛乌素沙地内部都是同时存在沙地、湖泊、草甸、草原等生态景观类型。沙漠期或间沙漠期，在空间上反映的是这些生态景观类型比例的变化。"[3]"统万城附近既有'沙陵''沙阜'，同时又有'绿洲''清流'，其环境是沙草并存。"[4]即使是从现在的生态环境看，"统万城与桃利滩东部的苏吉山相距约七十里，两地的地貌类型与生态景观亦不相同"，统万城是茫茫黄沙，而桃利滩则是"生态环境较好的湿滩

1　魏收:《魏书》卷110《食货志》，中华书局，1974，第2857页。

2　李并成:《〈魏书·食货志〉"河西"地望考辩》，载《瓜沙史地研究》，甘肃文化出版社，1996，第74页。

3　邓辉、夏正楷、王璿瑜:《从统万城的兴废看人类活动对生态环境脆弱地区的影响》，《中国历史地理论丛》2001年第2期，第107页。

4　王尚义等:《统万城的兴废与毛乌素沙地之变迁》，《地理研究》2001年第3期，第349页；侯甬坚、周杰、王燕新:《北魏（AD386—534）鄂尔多斯高原的自然—人文景观》，《中国沙漠》2001年第2期，第193页。

地"，"仍依稀可见所谓'临广泽而带清流'的景象"。[1]

不仅文献记载有不同和矛盾之处，考古发掘也体现了这一点。考古钻探发现表明，统万城"在距地面13米下的城墙也是直接坐落在古风成沙之上"，但同时城址发掘中还有许多腐烂的植物，如统万城西南垣马面中空，有一竖坑，坑内的支柱、楼板与粮草霉腐叠压在一起，共有百余车之多。专家鉴定分别是松、柏、侧柏、杉和柠条、沙大王、沙蒿、沙柳等，[2] 还发现一些未曾腐朽的旧藏材木，学者推测这些材木"当是赫连勃勃初建统万城时的遗物，而为就地采伐所得的"[3]；而且从航空影像也可以判读分析出"在内城北部、西部，外郭城的北部，均有古河道的痕迹"，这些考古发现，对照胡义周所写《统万城铭》中的"高隅隐日，崇墉际云，石郭天池，周绵千里"，"华林灵沼，重台秘室；通房连阁，驰道苑园"，可以看出统万城建城之初，其邻近地区应是草地连绵，河流纵横，而不是现今流沙遍布的情形。古代人

1　邓辉、夏正楷、王璿瑜：《从统万城的兴废看人类活动对生态环境脆弱地区的影响》，《中国历史地理论丛》2001年第2期，第104页。

2　陕北文物调查征集组：《统万城遗址调查》，《文物参考资料》1957年第10期；陕西省文管会：《统万城城址勘测记》，《考古》1981年第3期，第228页。

3　史念海：《两千三百年来鄂尔多斯高原和河套平原农林牧地区的分布及其变迁》，《北京师范大学学报》（社会科学版）1980年第6期，第4页。

们对于自然环境的描写，必然有一定的依据，不会无中生有，虽然文学性的语言难免有夸张之处，但还是有一定的客观依据，应该是反映一些实际情况的。正如一位学者所说："赫连勃勃虽然将军事目的作为他建立统万城的决定因素，但其周围的立城环境与经济条件也是必不可少的重要原因。因为他既不会把都城建立在流沙荒野之中，也不会让 10 万之众的生活供给全赖于远处及内地运送。"[1] 而且"统万城周围，在河湖水盛、秋高马肥的季节，对于见惯漠北沙漠荒滩的游牧人来说，自然可以发出自己的赞美之词"[2]，因此，从自然景观与生态环境的角度看，赫连勃勃所称赞的契吴山也完全有可能在统万城附近。只是值得我们注意的是，在谈到统万城附近的环境之时，不能说得太美、太好，但也绝不会如现在这样是一片沙碛。

二 统万城的地理位置及交通

统万城军事上的战略地位也当是都城选址的一个必须要考虑的因素。从对外发展上看，统万城在军事进攻

---

1 王尚义等：《统万城的兴废与毛乌素沙地之变迁》，《地理研究》2001 年第 3 期，第 349 页。

2 侯甬坚、周杰、王燕新：《北魏（AD386—534）鄂尔多斯高原的自然—人文景观》，《中国沙漠》2001 年第 2 期，第 189 页。

中具有比较重要的战略地位，这正如日本学者市来弘志所指出的，"统万城位于鄂尔多斯沙漠南缘路之上，不仅侵攻陇东便利，并且如溯无定河支流而进，马上便可由洛水而出，正当夺取长安的两条进军路线的交汇处。另外，若沿沙漠西行，再急转南下，又可顺高平川谷直达高平城，再加之，位置处于鄂尔多斯的中心地之故，与东面的北魏、北方的柔然既可保持着相对的安全距离，又能够在必要时施加军事的压力。可以说在以河套为进退之地，视南下为争夺目标的格局上，统万城作为向外发起攻击的据点，具有其他地方无可比拟的战略地位"[1]。

又《统万城铭》说统万城"背名山而面洪流，左河津而右重塞"，其占据战略要地，控制交通线的良苦用心昭然若揭。具体说来，"名山"不是横亘于统万城南的东西走向的白于山，而是宁夏、内蒙古交界地区南北走向的山脉，史称木根山；"洪流"则是指统万城东侧的红柳河（无定河），直至更远处的黄河；"左河津"即赫连夏疆域之北黄河东西转而南北流的河段上的渡口，而最具战略意义的渡口就是君子津（今内蒙古清水河县喇嘛湾），北魏皇帝向西巡行、狩猎、攻伐必由此路；"右重

---

1 市来弘志:《论大夏统万城的战略地位》，载《汉唐长安与黄土高原》，陕西师范大学中国历史地理研究所，1991，第155页。

塞"则应为统万城地区以南白于山、子午岭等山脉上的重重城池要塞。有学者认为，统万城"从而构建了理想的战略地理空间格局"[1]。但也有学者对统万城四面的"名山""洪流""重塞""河津"有其他解释，如史念海先生认为所谓的名山指的是统万城北面的契吴山[2]，侯甬坚也认为"所背名山只能是北面的契吴山"[3]，刘景纯则认为是指"战国秦汉以来屡屡为人称道的阴山山脉"[4]。不管对此如何解释，统万城还是考虑了军事方面的原因而建的。

根据已有的研究可知，"由延安西北行，经志丹县和顺宁寨，再北至白于山下，分成东西两路：西路沿红柳河河谷而下，经宁条梁通往内蒙古；东路沿芦河而下，经靖边县通到古代的夏州。明代鞑靼南攻曾数次经过前一条通道。后一条通道为东晋十六国时期夏国赫连勃勃开凿的"[5]。这两条通道均循红柳河谷而行，其交会点如无意外就是统

1　丁超、韩光辉：《论赫连夏政权定都统万城的地理背景》，载《统万城遗址综合研究》，三秦出版社，2004，第64页。

2　史念海：《两千三百年来鄂尔多斯高原和河套平原农林牧地区的分布及其变迁》，《北京师范大学学报》（社会科学版）1980年第6期，第1~14页。

3　侯甬坚：《统万城遗址：环境变迁实例研究》，载《统万城遗址综合研究》，三秦出版社，2004，第211页。

4　刘景纯：《统万城布局结构及其相关问题的探讨和推测》，载《统万城遗址综合研究》，三秦出版社，2004，第116页。

5　史念海：《陕西北部的地理特点和在历史上的军事价值》，载《河山集》第4辑，陕西师范大学出版社，1991，第78页。

万城。统万城高耸于红柳河谷，控制着该交通要道。"从
魏晋南北朝以直至迄唐宋，循无定河（红柳河）谷而行的
这条农牧交错带上的交通要道在沟通中原农耕地区和边疆
游牧地区的政治经济往来中发挥重要作用。因而当双方关
系恶化时，这里也理所应当成为战争的频发地区。"[1]

三　朔方地区对于铁弗匈奴的意义——兼论夏国定
都统万城的原因

东晋义熙三年（407），赫连勃勃自称大夏天王，建
立夏政权，当年就攻破居于三城的鲜卑薛干部，此后进
攻后秦三城以北诸戍，也取得一系列胜利。在此背景下，
勃勃部将劝其定都高平，但勃勃认为其"大业草创，众
旅未多"，而"姚兴亦一时之雄，关中未可图也"，应该
采用"云骑风驰，出其不意，救前则击其后，救后则击
其前"的"游食自若"方式，逐渐蚕食后秦的领土。经
过多年的征战，赫连勃勃的势力范围扩张至安定、杏城
一线，在这种情况下，勃勃决定修筑都城，但还是没有
考虑诸将此前建议的高平，而是新筑都城于朔方水北、
黑水之南，即统万城。原因何在呢？

1　丁超、韩光辉：《论赫连夏政权定都统万城的地理背景》，载《统万城遗
址综合研究》，三秦出版社，2004，第65页。

一个政权、国家，为社稷安危计，国都必然建立在有利于巩固统治的地区，赫连勃勃定都统万城就非常明显地体现了这一点。早在东汉时期，南单于分部众屯于朔方郡（今内蒙古河套地区），铁弗匈奴源自匈奴，为匈奴右贤王去卑之后。曹魏时，分南迁匈奴为五部，其中北部统四千余落居于雁门郡的新兴县，去卑之子刘猛在曹魏政权的政策影响下，由平阳迁入雁门郡，并任匈奴北部帅。赫连勃勃之祖刘虎统领部落之时（310），由于与拓跋代国作战失利入居朔方，从此刘虎及所部离开了晋北老家，开始活动在朔方地区。随着铁弗匈奴势力的扩大以及前秦苻坚的支持，刘卫辰时入居塞内，拥有河西之地，屯驻于代来城。代来城被攻破后，赫连勃勃投靠后秦，被委任为"持节、安北将军、五原公，配以三交五部鲜卑及杂虏二万余落，镇朔方"，赫连勃勃由此发迹，晋义熙三年在此地称天王、大单于，建立夏政权，至此铁弗匈奴在朔方已经活动了近百年。由此可见，朔方地区是赫连氏长期经营的根据地，对于铁弗匈奴来说有着非同寻常的意义。北魏登国六年（391），在拓跋代国的攻击下，铁弗匈奴的活动中心代来城被攻破，拓跋鲜卑"收卫辰子弟宗党无少长五千余人，尽杀之"[1]，尽管

1　魏收：《魏书》卷2《太祖纪》，中华书局，1974，第24页。

此战铁弗匈奴受到形成之后最沉重的打击，但朔方地区赫连子遗部落肯定还有不少。"除了血统单一因素以外，还有许多很重要的因素影响人群之组合，如生态环境所孕育的生活方式、心理归属感、共同语言等"[1]，赫连氏统领的铁弗匈奴在十六国这一战事纷扰的年代凝聚在一起，成为赫连勃勃政权的统治基础。赫连勃勃统治盛时，"南阻秦岭，东戍蒲津，西收秦、陇，北薄于河"[2]，统治范围相当于今陕西北部、关中及内蒙古、宁夏、甘肃部分地区，但真正可依峙的应该还是朔方这一发迹之地，该地区也是赫连勃勃建国后的统治核心区，定都于此可以进退有据。

从自然地理上说，"从东北地区的大兴安岭起，斜向西南，沿冀辽走廊的努鲁尔虎山、燕山，内蒙古的大青山、阴山，山西的恒山，陕西北部的白于山、横山，经过宁夏的贺兰山、六盘山，到达川甘边界西北的岷山，这条线上是中国地势的第二和第三阶梯的结合部，也是降水差异导致的湿润区与半干旱区的分界。在这条由东北而西南的气候结合带以东地区，降水相对丰富，基本上是适合农业耕作的地区；以西地区，降水逐步减少，

1　毛汉光：《中国中古政治史论》，上海书店出版社，2002，第 8 页。
2　顾祖禹：《读史方舆纪要》卷 3《州域形势》，中华书局，2005，第 145 页。

草原和戈壁沙漠散布其间，一般以农牧兼营或纯牧业为主"[1]。赫连勃勃所选定的统万城位于毛乌素沙漠南缘，黄土高原和沙漠交接，正是学者所说的农牧交错地带，农区和牧区两种资源交汇于此，便于利用。

第三节　统万城的基本布局及沿革

一　统万城的基本布局

关于统万城的布局，学界争论颇多。对于统万城是否有郭城，学界似乎没有疑问，只是对郭城的解释有分歧，约有三种观点。一种认为"外郭城依无定河北岸缘边地势，呈西南—东北走向，然后西折，趋向东城北垣，破坏严重，仅留断断续续几段略高于地面的残迹，轮廓不大清楚"[2]。另外，1957年陕北文物调查征集组表示"外城遗址据说在内城之北约六里，东南约二里"[3]。另一种观点认为目前可见城址的东城就是外郭城。[4] 第三种观点认

1　李孝聪:《历史时期农牧业接壤地区的交通、聚落与文化互动》，载《统万城遗址综合研究》，三秦出版社，2004，第39页。

2　陕西省文管会:《统万城城址勘测记》，《考古》1981年第3期，第225页。

3　陕北文物调查征集组（俞少逸执笔）:《统万城遗址调查》，《文物参考资料》1957年第10期，第225页。

4　邓辉、夏正楷、王瑽瑜:《利用彩红外线航空影像对统万城的再研究》，《考古》2003年第1期，第70页。

为统万城的所谓郭城是"一种虚设的城池，人工兴建的
郭城是不存在的"，理由是"从航空影像上看，统万城的
北部地区绝无任何古城址踪迹"[1]，但论者没有提出任何文
献证据。

目前，大多数学者认为统万城分为外郭城、东城和
西城，群众称为头道城、二道城和三道城。统万城三重
城垣说首倡于清道光年间陕西省榆林府怀远县知县何丙
勋："其地有土城，周围三重，俱用土筑。渡无定河，西
行二里许，进头道城，又西半里许，进二道城，又西
数十武，进三道城。"[2]1956年，陕北文物调查征集组
对统万城进行了初步调查，采用了何氏的三重城垣说。
1975~1977年，考古学家戴应新先后几次到现场考察，认
为统万城"城址基本上在一个平面上，西北略高，分为
外郭城、东城和西城，群众称为头道城、二道城、三道
城。外郭城依无定河北岸缘边地势，呈西南—东北走向，
然后西折，趋向东城北垣，破坏严重，仅留断断续续几
段略高于地面的残迹，轮廓不大清楚。从其断垣走向和
城址内瓦砾、骨渣分布范围判断，外郭城面积比东、西

1 刘景纯：《统万城布局结构及其相关问题的探讨和推测》，载《统万城遗
址综合研究》，三秦出版社，2004，第115页。
2 参见张穆《蒙古游牧记》卷6《内蒙古伊克昭盟游牧所在》、杨江《河
套图考·夏州城考》和民国《横山县志》卷4《艺文·杂记》。

两城略大，东西相距十里"[1]。邓辉等人利用大比例尺彩红
外航空影像判读、历史文献分析和实地考察等研究手段
对统万城的城市形态进行了综合研究，提出了与前人不
同的看法，认为何氏报告中的头道城、二道城、三道城
分别指的是外郭城、内城和宫城，[2]此说比较令人信服。

　　关于统万城东、西二城的城垣、马面和城门问题，
目前所见的有关调查报告及研究成果分歧比较大。俞少
逸在1957年调查报告中称："二道城在东面存有506公
尺的城址，南面及西北角都尚有痕迹。其中唯有内城城
址最为显著。城址南北长527.1公尺，东西长608.9公
尺，略成方形。""（内城）城址一周和城连接的墩台还很
多，计东面十一座，西面八座，北面六座，南面十一座。
东南北三面的二十八座都不甚显著，只有西面七座很突
出，距城壁稍远，遗址尚高可十公尺上下。"[3]1975~1977
年，戴应新曾三次至统万城遗址考察，在有关调查报告
中称，统万城"东城周长2566米，其东垣长737米、西
垣774米、南垣551米、北垣504米；西城周长2470米，

1　陕西省文管会：《统万城城址勘测记》，《考古》1981年第3期，第225页。
2　邓辉、夏正楷、王瑞瑜：《利用彩红外线航空影像对统万城的再研究》，《考古》2003年第1期，第70页。
3　陕北文物调查征集组（俞少逸执笔）：《统万城遗址调查》，《文物参考资料》1957年第10期，第52页。

其东垣长 692 米、西垣 721 米、南垣 500 米、北垣 557
米"。报告又称:"西城四面各有城门一道,南门名朝宋
门,东门名招魏门,西门名服凉门,北门名平朔门。南、
北、东三门俱圮毁,仅存基址轮廓,西门瓮城宛然尚存,
门道宽 3 米。东城北垣无门,东垣有一门道,南垣情况
不明,西垣则共招魏门与西城相交通。""城址四垣外面
加筑马面,由于各垣长度不同,马面有多有少,如西城
北垣有马面十座,南垣八座,东城北垣仅七座。"[1]关于西
城的城门与马面,戴应新在另外的报告中又补充说:"西
城四面各有城门一座,南、东门俱毁圮仅基址,西门和
北门瓮城尚存其轮廓,门道各宽三公尺。城址四垣之外
加筑马面,西城马面较密,如东西和北垣各有一〇八座,
南垣八座。"[2]如果仔细对比俞氏与戴氏的报告,就会发现
二者的一些数据有出入,如俞氏报告中说"二道城"东
垣长 506 米,而戴氏记为 737 米,其间相差 231 米。对
于这种出入,吴宏岐认为是由于方位判断失误所造成[3],这
种解释比较合理,戴应新的报告比较接近实际。学者胡

1　陕西省文管会《统万城城址勘测记》,《考古》1981 年第 3 期;戴应新:
《大夏统万城考古记》,台北《故宫学术季刊》1999 年第 2 期,第 41 页。
2　戴应新:《大夏统万城考古记》,台北《故宫学术季刊》1999 年第 2 期,
第 41 页。
3　吴宏岐:《关于大夏国都统万城的城市形态与内部布局问题》,《中国历
史地理论丛》2004 年第 3 期,第 129 页。

正波探讨了统万城西城南垣的马面功能，认为它兼具了生活和军事功能，但更多地体现在休憩、赏景等方面。[1]

除此之外，对于东西城的性质争议也比较大。有学者认为统万城的东城属内城性质，"官廨衙署居东城"[2]，西城为宫城，其重要性明显大于东城。[3]但张驭寰的看法则正好相反。[4]结合文献资料与考古资料，可以看出统万城的西城为宫殿区，史载勃勃"法玄象以开宫，拟神京而建社，窃先王之徽号，备中国之礼容"[5]，此处的"神京"当指勃勃致北凉沮渠蒙逊盟书中所说"二都神京"，亦即长安和洛阳。但从勃勃的经历以及统万城修建的主持者为鲜卑薛干部叱干阿利来看，统万城城内的布局主要是借鉴汉及后秦的长安城。而长安城的宫室如未央宫、长乐宫等大多都在城的西南，因此统万城的宫城极有可能在城的西部。张永帅认为将统万城分为宫城、皇城、外郭城三大块的做法与中国古代都城制度发展史相违背，

1　胡正波：《统万城西城南垣马面的建筑功用》，《山西建筑》2008年第22期。

2　统万城文物管理所编印《统万城简介》。

3　刘景纯：《统万城布局结构及其相关问题的探讨和推测》，载《统万城遗址综合研究》，三秦出版社，2004，第117页。

4　张驭寰的《中国城池史》载："统万城实际上分为东城与西城，从平面图上看东城为主，西城为辅。东城为四门。"（百花文艺出版社，2003，第194页。）

5　房玄龄：《晋书》卷130《赫连勃勃载记》，中华书局，1974，第3213页。

外郭城不适宜从事游牧的匈奴民族，东城之外的部分可能是在修筑统万城时未被加以利用的汉朔方城的残留遗迹，西城之外的部分可能是游猎场，或是战备马匹的圈养场。[1]

《统万城铭》载统万城内还有许多建筑，如左社右稷，且有明堂、露寝、华林灵沼、崇台秘室、离宫、别殿等。[2] 对于《统万城铭》所记这些建筑的位置，根据文献及考古资料，有一些已经能大致确定，如永安殿（露寝），现今统万城西城南部中央高大的台基遗址即是。此台基"为长方形，东西长，南北窄，夯土南缘与西城南垣基本保持平行，结构与西南隅台相同，即平面呈'井'字形，相对独立的夯土块组成庞大的夯土台，夯土块之间自基础而上有明显的缝隙，平夯。夯土台周围有厚25厘米左右的踩踏面，之下即为原始沙层。自踩踏面而上，现存夯土台高近19米"[3]。而且"永安台大部分已坍塌，坍塌后残留的夯土上仍留下人们生活遗迹，如井、灰坑、柱洞、灶坑等。从地层中出土的遗物分析，永安台大面

1　张永帅：《关于统万城历史的几个问题》，《中国历史地理论丛》2008年第1辑，第97页。

2　房玄龄：《晋书》卷130《赫连勃勃载记》，中华书局，1974，第3210~3213页。

3　邢福来：《统万城遗址考古发掘的新收获》，《中国历史地理论丛》2003年专辑，第92页。

积的坍塌在宋代之前"[1]。对于统万城内的其他建筑的位置，如离宫、别殿等也有学者对之进行研究，然因资料缺乏，多为推测。

二　统万城的沿革

关于统万城的建城史，史学界看法不一。主要争论的地方有三：一是与汉代奢延城的关系，二是与"大城"的关系，三是与汉朔方城的关系。对于统万城与汉代奢延城的关系，主要有两种观点：一是认为统万城是在汉代奢延城的基础上改建而成的，如侯仁之等；[2]二是认为统万城与汉代的奢延城没有关系，如王社教等。[3]关于统万城建城史争论的第二个地方是统万城与"大城"的关系，主要有以下三种观点：一是认为统万城是在两汉时期的大城县基础上改建而成的，如清代学者洪亮吉[4]、当代学者

1　邢福来：《统万城遗址考古发掘的新收获》，《中国历史地理论丛》2003年专辑，第 92 页。

2　侯仁之：《从红柳河上的古城废墟看毛乌素沙漠的变迁》，《文物》1973年第 1 期；王北辰：《毛乌素沙地南沿的历史演化》，《中国沙漠》1983 年第 4 期；吴宏岐：《关于大夏国都万城的城市形态与内部布局问题》，《中国历史地理论丛》2004 年第 3 期；戴应新：《赫连勃勃与统万城》，陕西人民出版社，1990，第 38 页。

3　王社教：《有关统万城建城史和环境史的几个问题》，载《统万城遗址综合研究》，三秦出版社，2004，第 121 页。

4　洪亮吉：《十六国疆域志》卷 16《夏州》，商务印书馆，1958，第 438 页。

吴宏岐等[1]；二是认为统万城与两汉时期的大城县没有关系，两汉时期的大城县成为夏国幽州治所，在统万城以北，如谭其骧、史念海等人[2]；三是认为《水经注》中"改筑大城"之大城，是具有大城、小城之意的"大城"，而此"大城"又可能是汉代的奢延城，其他史书中记载的"大城"当是后来的幽州治所，如周伟洲等[3]。以上各家的说法各有各的道理，但笔者认为仍有不全面及值得商榷之处。

"大城"之名最早与十六国时期的历史事件联系在一起是407年，"柔然可汗社仑献马八千匹于秦，至大城，勃勃掠取之"。胡三省注，"大城县，前汉属西河郡，后汉属朔方郡，魏、晋省"。[4]对于此"大城"清代学者洪亮吉认为即是赫连夏后来的都城——统万城。《十六国疆域志》卷16中考证夏国所置幽州沿革时记载："幽州：《晋

1　吴宏岐：《关于大夏国都统万城的城市形态与内部布局问题》，《中国历史地理论丛》2004年第3期，第129页。

2　谭其骧主编《中国历史地图集》第4册，第15~16幅；史念海：《十六国时期各割据霸主的迁徙人口》，《中国历史地理论丛》1992年第3、4辑，后收入其《河山集》第7辑。

3　周伟洲：《十六国夏国新建城邑考》；王社教：《有关统万城建城史与环境史的几个问题》，载《统万城遗址综合研究》，三秦出版社，2004，第93、121页。

4　司马光：《资治通鉴》卷114晋安帝义熙三年，中华书局，1956，第3597页。

书·地理志》赫连勃勃僭号于统万，是为夏。置幽州牧于大城。崔鸿《十六国春秋·夏录》河西鲜卑杜仑献马八千匹于秦，济河，至大城，勃勃留之，《晋书·载记》勃勃攻姚兴将金洛生于黄石固、弥姐豪地于我罗城，皆拔之，徙七千余家于大城，以其丞相右地代领幽州牧以镇之。勃勃又攻兴将姚寿都于清水城，寿都奔上邽，徙其人万六千家于大城。郦道元《水经注》赫连龙升七年改筑大城，名曰统万。案此则统万城即大城。勃勃既以幽州牧镇大城，则改筑统万后亦属幽州可知。《晋地志》先言僭号于统万，后言置幽州牧于大城，二语微误。考自统万建后，《夏录》及《载记》不再言及大城，是大城为统万城之一证。道元所言真可据矣。"[1]

然而，实际情况并非如洪氏所说。第一，虽然在统万城建成后，《十六国春秋·夏录》及《晋书·赫连勃勃载记》不再言及"大城"，但《宋书》卷95《索虏列传》却还有关于"大城"的记载："元嘉五年（428），使大将吐伐斤西伐长安（此吐伐斤即达奚斤之异译），生擒赫连昌于安定，封昌为公，以妹妻之。昌弟赫连定在陇上，吐伐斤乘胜以骑三万讨定，定设伏于陇山弹筝谷破之，斩吐伐斤，尽坑其众。定率众东还，后克长安，（拓

1　洪亮吉：《十六国疆域志》卷16《夏州》，商务印书馆，1958，第438页。

跋）焘又自攻不克，乃分军戍大城而还。"[1]当然此处的
"大城"，另据其他史书记载当为"贰城"[2]。第二，"大城"
之名在有关十六国的历史文献记载中的消失不是在统万
城建成之后，而基本上是在设幽州牧于"大城"之后逐
渐少见，直至彻底在文献记载中消失的。赫连勃勃设幽
州牧于"大城"是发生在义熙五年（409）秋九月之事[3]，
而最后一次在史书中出现"大城"是在义熙六年（410）
春三月之事[4]，前后相差只有半年时间，统万城则是在义熙
九年（413）建成并命名的，在410年春三月至413年三
年多的时间里，史书再无有关"大城"的记载，这一切
可以说明此"大城"与统万城并无多少关系，与这些历
史事件相关的"大城"即两汉时期的"大城"，应是后来
的幽州治所。而《水经注》中所说"改筑大城"之"大
城"，应另有其城。

在涉及统万城的历史文献中，除《水经注》外也
再无"改筑大城"之类的记载。关于统万城的建城及
命名，大多数历史文献在措辞上基本上使用的是"营

1　沈约：《宋书》卷95《索虏列传》，中华书局，1974，第2330页。
2　魏收：《魏书》卷30《丘堆传列》，中华书局，1974，第719页。
3　司马光：《资治通鉴》卷115晋安帝义熙五年，中华书局，1956，第3620页。
4　司马光：《资治通鉴》卷115晋安帝义熙六年，中华书局，1956，第3630页。

起都城"或"筑都城",甚至是"宜名新城"等,而
没有"大城"一词,更没有如《水经注》用"改筑大
城"。如"发岭北民、夷十万,于朔方黑渠之南营起京
城"[1]。"(义熙九年三月,)夏王勃勃大赦,改元凤翔;以
叱干阿利领将作大匠,发岭北夷、夏十万人筑都城于朔
方水北、黑水之南。勃勃曰:'朕方统一天下,君临万
邦,宜名新城曰统万。'"[2]"夏州:……至晋末,赫连勃勃
于今州理僭称大夏……于朔水之北,黑水之南,营起都
城,即今州理是也,名曰统万城。"[3]以上均未出现"大城"
之名。

对于《晋书·地理志》先言赫连勃勃僭号于统万,
后言置幽州牧于"大城"这一情况,洪氏认为"二语微
误",这也恰恰说明了统万城与两汉时期的"大城"并无
多少关系。勃勃称天王之时还没有统万城之名,《晋书·
地理志》之所以这样说,是因为后来如《水经注》所说
的"改筑大城"之"大城"不是一个特定的城邑名称,
只能是一个比较重要的活动据点或规模相对比较大的城

1 李昉:《太平御览》卷127《偏霸部》引崔鸿《十六国春秋·夏录》,中华书局,1960,第615页。
2 司马光:《资治通鉴》卷116晋安帝义熙九年,中华书局,1974,第3658~3659页。
3 李吉甫:《元和郡县图志》卷4《关内道·夏州》,中华书局,1983,第99页。

邑的称呼，即是后来的统万城，因此《晋书·地理志》的撰者只能采用建城之后的名称"统万城"了，而没有沿袭《水经注》"改筑大城"之"大城"。

故而《水经注》一书所说的"改筑大城"当与原西汉之大成县、东汉之大城县没有多少关系，其所改筑的"大城"当另有其城，也就是后来的统万城。在有关十六国时期的各类史书中，根据赫连夏的国史撰写且成书较早的《十六国春秋》，对于夏国都城的有关情况记载为："赫连勃勃于朔方县筑大城，既成，下书曰：今都城已建，宜立美名，朕方统一天下，君临万国，都城宜以统万为名。"[1] 从中可以明显地看出"大城"似乎是新建的一个城市，而且其之所以在正式命名统万城之前名为"大城"，是因为其规模比较大而已，并不是一个特定城市的名称。再加之，夏国都城从 413 年始建至 419 年正式命名统万城，其间共六年，有一个暂时的名称还是有可能的。至于统万城是否如许多学者所说是汉代的奢延城，史料阙载，此处暂不讨论。

另有学者认为统万城是在汉朔方县治所的基础上兴建的。[2]

1 李昉：《太平御览》卷 164《州郡部》引崔鸿《十六国春秋》，中华书局，1960，第 802 页。
2 张永帅：《关于统万城历史的几个问题》，《中国历史地理论丛》2008 年第 1 辑，第 97 页。

综上所述，笔者认为夏国都城统万城的建城史当从十六国时期大夏国营建其城以为国都时算起。

十六国时期的统万城是其历史上最辉煌的时期。赫连勃勃于义熙三年（407）闻知后秦与北魏重新通好而背叛后秦，建立夏政权。但勃勃并没有如中原王朝政权及其他少数民族政权一样，建立政权的同时就立都，而是在"大业草创，众旅未多"的情况下，"救前则击其后，救后则击其前"，"云骑风驰，出其不意"地"游食自若"了六年后，才决定"以叱干阿利领将作大匠，发岭北夷夏十万人，于朔方水北、黑水之南营起都城"，且历时六年才建成。都城建好之后，勃勃认为其"方统一天下，君临万邦，可以统万为名"[1]，统万城即由此定名。《古今姓氏书辩证》卷29说"统万"亦作"吐万"、"统万突"或"吐万突"，有人由此认为统万即统万突，是合成词，"应由统万与突两部分组成"，"吐万突或统万突，在词义结构上可表示为 tumantu=tuman（万）＋ tu（有），即拥有万国的意思，用汉语'统万'来翻译可谓一箭双雕，既能满足音译的要求，也能反映出匈奴语的真实含义和统治者统驭万邦的勃勃雄心"[2]。

1　房玄龄：《晋书》卷130《赫连勃勃载记》，中华书局，1974，第3205页。

2　陈喜波、韩光辉：《统万城名称考释》，《中国历史地理论丛》2004年第3辑，第156页。

统万城建成之后，成为夏政权的一个政治中心，也是夏抵御北魏进攻的一个军事堡垒。可以说统万城自建城至被攻破的这一段时间是夏政权发展的鼎盛时期。

统万城是以蒸土而筑成的，史载筑城时如果"锥入一寸，即杀作者而并筑之"[1]。而且勃勃还"常居城上，置弓剑于侧，有所嫌忿，手自杀之。群臣忤视者，凿其目；笑者，决其唇；谏者，谓之诽谤，先截其舌，而后斩之"[2]。统万城"台榭高大，飞阁相连，皆雕镂图画，被以绮绣，饰以丹青，穷极文采"[3]，辉煌一时，历经了一千六百多年风霜，仍屹立在无定河边。真兴六年（424）勃勃为其国都四个城门命名：东曰招魏门，南曰朝宋门，西曰服凉门，北曰平朔门。充分体现了赫连勃勃的梦想。

建成之后的统万城，"城高十仞，基厚三十步，上广十步，宫墙五仞"[4]，非常高大宽广，且"其坚可以砺刀斧"[5]。统万城的坚固为当时人所周知，北魏群臣多次提到"统万城坚，非十日可拔"，而且夏国统治者也认为"城

1　房玄龄：《晋书》卷130《赫连勃勃载记》，中华书局，1974，第3205页。
2　魏收：《魏书》卷95《铁弗刘虎列传》，中华书局，1974，第2057页。
3　魏收：《魏书》卷95《铁弗刘虎列传》，中华书局，1974，第2059页。
4　魏收：《魏书》卷95《铁弗刘虎列传》，中华书局，1974，第2059页。
5　魏收：《魏书》卷95《铁弗刘虎列传》，中华书局，1974，第2059页。

既坚峻，未可攻拔"。真兴七年（425）赫连勃勃死，夏国内部混乱，北魏借机攻打夏国，先后两次攻打统万城，但都不是直接攻破，第一次未克而返，第二次是诱敌出城，然后混入溃军入城拿下统万城。

统万城被北魏攻破之后，意味着其作为大夏国都的历史结束，开始了它的第二个历史时期。魏世祖攻克统万城后设统万镇，北魏太和十一年（487）置夏州，以统万城为夏州治所。北魏夏州领化政、阐熙、金明、代名四郡九县，辖区相当于今榆林市、延安大部和内蒙古鄂尔多斯市与宁夏东部。

隋时统万城属朔方郡。大业末年，梁师都窃据统万僭登皇帝位，国号梁，建元永隆。唐高祖武德六年（623），延州总管段德操攻拔统万东城，梁师都保西城求救于突厥颉利可汗。贞观二年（628），唐太宗命柴绍、薛万均合力攻破统万城。唐廷以其地复为夏州，置都督府，领朔方、德静、宁朔、长泽四县。党项羌与尔后的统万城遗址和夏州的历史有极密切的关系，可以说，统万城是党项羌创建国家的摇篮，夏州的夏则是以该族为主体的西夏政权国号的由来。

党项羌是我国一个古老的民族，据说是三苗的后裔，汉西羌的别种，原居于青海、川北、陇南一带。唐初吐蕃在青藏高原崛起，其日益强大的势力压迫党项羌人向内地

迁徙，于是陇东、宁夏和陕北成为他们新的居住地。党项
羌性格强悍，勇于反抗，元和末（814）夏州刺史田缙强
取他们的羊马牲口，引致事端发生骚乱。会昌四年（844）
九月，"制以皇子愕为开府仪同三司、夏州刺史、朔方军
节度大使，时党项叛，命亲王以制之"[1]。为了镇压和安抚他
们，唐廷还设置过"招讨党项使"的官职。

唐末，黄巢起义军攻入长安，诸路将帅纷纷率勤王
之师向京城进发。中和元年（881），"宥州刺史拓跋思
恭，本党项羌也，纠合夷、夏兵会鄜延节度使李孝昌于
鄜州，同盟讨贼"[2]。唐僖宗为嘉奖他的战功，特提升其为
夏州节度使，赐姓李，封夏国公，从此拓跋氏便与皇族
同姓称为李氏。夏州地区也获得了"定难军"的称号，
统辖夏、银、宥、绥四州之地，成为名副其实的藩镇了。

五代时，夏州李氏集团采取保存实力、避免参与中
原争战的策略，先后向梁、唐、晋、汉、周称臣纳贡，
而中原各政权和太原的北汉也承认其"虽未称国而王其
土"的现实，给予李氏名号、特权以羁縻之，所以相互
之间基本保持相安无事的状态。至党项族建立西夏政权
之后，统万城遂成为宋与西夏双方争夺的对象。宋淳化

---

1 刘昫：《旧唐书》卷18上《武宗纪》，中华书局，1975，第602页。
2 司马光：《资治通鉴》卷254唐僖宗中和元年，中华书局，1956，第
8249页。

五年（994）四月，宋太宗发布命令，毁废夏州城，迁居民于绥、银等州，为的是要使这座百雉坚城，不再被反叛势力窃据，与朝廷对抗。统万城头道城应即毁圮于此时，东城与西城还保有垣郭，但因居民迁徙，也夷为废墟。从此，有六百年历史的北方重镇——统万城便销声匿迹在浩瀚的毛乌素沙漠之中了。这一阶段，统万城发展演变情况不详，据遗存现状推测，统万城应无大规模的建设活动，形制、规模仍基本保持了大夏国都时的情况。至于有人认为元朝所设的察罕脑儿城可能即在夏州古城，[1]有待进一步分析研究。

宋太宗下诏迁民毁城后，统万城这座显赫一时的古城湮没在茫茫沙漠之中，直至清道光二十五年（1845），才被重新发现。

由此可见，统万城从初建（413）至彻底废毁（994），实际上沿用了近六百年时间。

第四节 统万城的价值与意义

夏国国都统万城遗址现今大都被漫漫沙漠淹没，遗

1　周清澎:《从察罕脑儿城看元代的伊克昭盟地区》,《内蒙古大学学报》（哲学社会科学版）1978 年第 2 期，第 34 页。

址南边沙丘连绵，东北方是一望无际的沙海，是一种非常典型的沙漠景观，那么初建之时的状况如何呢？1975~1980 年的城址勘测发现，统万城"城址建筑物废墟的瓦砾层下，是原生自然堆积的细砂，钻深 13 米，已深入到城墙根基之下，仍是一色的黄砂，这证明砂是筑城前就有的"[1]。这一结果告诉人们，统万城兴建时的自然环境是以沙地为主，这与对鄂尔多斯高原广泛进行的第四纪地质调查，发现大量第四纪古风成沙的结果相一致。有学者根据气候证据、生物证据、第四纪地质证据等资料证据，推测统万城兴建时，其周围已经受到风沙侵袭，就其环境质量来说，当属于沙质草原，呈现着沙草并存的半干旱荒漠草原景观。因此，从这个意义上说，统万城是建筑在沙漠上的都市，此后人类活动的起因、过程、强度不一，但都是在沙地条件下展开的。统万城地区的环境演化具有快速多变的特点，历史资料证实人类作为自然—社会系统中最活跃的因素，相当积极地参与了环境变化过程。[2] 现今统万城高耸于沙海之中的白色城垣与角楼残迹，折射出人类文化遗存与生态环境的强烈反差，同时也反映出当地生态环境的巨大变化，统万城的兴废

1　陕西省文管会：《统万城城址勘测记》，《考古》1981 年第 3 期，第 225 页。
2　侯甬坚：《统万城遗址：环境变迁实例研究》，载《统万城遗址综合研究》，三秦出版社，2004，第 211 页。

不仅是一个城市的历史问题，而且揭示了北方生态环境敏感地区人地关系的变化过程。[1] 统万城的兴废作为反映环境变迁的一个尺度，具有非常典型的意义，能够说明人类活动对生态环境脆弱地区产生的巨大影响。另外，统万城也是具体探讨和区分自然因素与人类因素对环境变迁影响强度的比较理想的实验场所。[2]

统万城在我国建筑和筑城史上也有着非同寻常的意义，主要体现在以下几个方面。

（1）它是早期使用三合土建筑的城市。主持兴建统万城的是夏国的将作大匠叱干阿利，史载其"蒸土筑城"，对于何谓"蒸土筑城"千余年来不得其解。陕西省考古所和靖边县文管会曾多次对遗址筑城垣的土质进行化验鉴定，认定主要成分是四成强的碳酸钙，各两成的石英、黏土，这三种成分即明代以后常用的三合土。碳酸钙是石灰（氧化钙）吸收二氧化碳而成的，质极坚硬，石英即砂粒。砂、黏土、石灰加水混合成了三合土。三合土是优良的建筑材料，应用于建筑领域在中原地区是比较晚的事情。石灰遇水，体积就会迅速膨胀，挤压砂

1　邓辉、夏正楷、王瑄瑜：《从统万城的兴废看人类活动对生态环境脆弱地区的影响》，《中国历史地理论丛》2001年第2辑，第104页。
2　《沙漠古都统万城学术研讨会会议征文》，http://env—dfv.snnu.edu.cn/newsdetail.asp?id=28。

土，使之紧密，再加上每15~20厘米的加压夯筑，使得"其城土色白而坚固"，"可砺刀斧"。使用三合土筑城，在我国早期的建城史上是比较少见的。建造这么一座三合土的城池，必须烧制大量的石灰，生石灰加水，在其变成熟石灰的过程中，释放出大量热气，雾气冲腾，故而统万城被传为"蒸土筑城"。

（2）它是早期使用木筋建筑的首创。统万城西南角楼是古都遗址的最高点，现存高度31.62米，当地人称为龙墩。墩台以城为基，下部和城垣浑为一体，向外加宽。在高出城垣的部分，壁面上有横列椽、柱脚孔洞上下共六级。孔洞壁面光滑，内留残木呈水平方向深入墩壁，椽和柱脚系预先纳入，且与夯层基本一致。自上而下，第二、三、五级是椽孔，第四、六级是柱脚洞，椽孔呈圆形，小而周密，柱脚洞内圆外方，最下一级柱子直径约30厘米。这是中国早期木筋在建筑中的使用，在目前发掘的古代城市中尚属首例。其作用有二：一是如同现在的钢筋与水泥石子浇混，形成拉力，增强耐久力；二是可以以横木作础，横木一头伸入墩壁，另一头与墩壁表面平齐，上头承柱，伸出墩壁的原排上面铺厚板成板道，宛如悬崖峭壁架设的栈道或栏杆式阁房，供瞭望和上对下御敌使用。

（3）它是早期使用马面兼仓库建筑的创举。马面又叫"行城"或"敌台"，是依一定距离在城垣外侧所建凸出的墩台，平面呈长方形，或半圆形，因外观狭长如马面而得名。马面的主要功能是能够自上往下从三面打击城下的敌人。两个马面之间构成了一个立体交叉攻击网，极大地提高了城垣战斗力和防御力。统万城马面虽不能说林立，但亦可称密布，西城南垣更为突出。在500米长的南垣中有马面八座，既长大又宽厚，每座长18.8米、宽16.4米。除此之外，统万城在宽大的马面中设仓库，即《统万城铭》中所谈之"崇台秘室"。如邻角楼隅墩一号马面中间系空的，有一方形竖坑，长7米、深6米，内壁光滑陡直，南北壁有檩洞和木质棚板残迹；架檩棚板，分坑为上下两层。四壁现无门，推想是由顶部坑口缘梯上下出入，但有被堵塞了门洞的痕迹，呈上拱下长方形，疑是当时建筑用或原通城内后封堵。据当地马彩明老人讲，1958年马面顶坍，坑内上层有大量霉烂成末的糜子遗迹，生产队拉了几百平板车当肥料使用，老人参与了吊挖运送的劳动。坑内底层有高粱米霉烂成锯末状的遗迹，说明马面内是作为储粮库使用。这样的建筑使马面起到了双重作用，既御敌又为储粮武库，在筑城史上少有这样的实例，在古代建筑和军事文献中也未有类似的记载，实属我国早期建筑史上的创举。

（4）它是早期套城建筑的典范。我国古代的城市建筑形制，发展到春秋战国时出现了许多类型，套城就是一种，它是适应当时战乱形势而发展起来的，主要用于军事防御。统万城是古代三十一座套城之一，也是全国仅有的六座都市套城之一。统万城套城子城罗城与东西城并列套在一起，西城周长2470米，东城周长2566米，子城城池范围约0.7平方公里。郭城分别延伸至东约1200米、南约1800米、西约2000米、北约2000米，城池范围约12平方公里。这三座套城以三合土板夯筑而成，规整致密，是我国早期套城都市建筑的典范。[1]

统万城是我国现在已经消失了的匈奴民族留下的一座早期帝王都城遗址，是该民族留给后世的一个特殊见证，统万城的命名、选址、城市形态设计等几个方面，都充分体现了匈奴文化特色[2]，是中国匈奴民族历史文化的一个载体，也是草原文化与中原农耕文化交融汇集的经典范例。[3]农耕文化与草原文化的交汇地区往往是游牧民族学习农耕文明中筑城等技术的关键地区，也是游牧文明向农耕文明过渡的地区。统万城南望关中平原，北

1　姚勤镇：《沙漠中统万古都的探讨点滴》，载《统万城遗址综合研究》，三秦出版社，2004，第164页。

2　陈喜波：《统万城址中的匈奴文化探析》，《榆林学院学报》2008年第5期，第31页。

3　《沙漠中的统万城遗址》，http://www.nihaotw.com/lasj/news-show.asp/id=11124。

控草原大漠，正好位于我国北方的农牧交错带，是农耕
文明与游牧文明碰撞的地区。学者利用航空遥感影像初
步恢复的统万城的城市形态反映了南北文化交流的特点，
既体现了中原汉族文化的都城营造制度，也保留了北方
游牧民族的一些传统习俗，还反映出中原地区天人感应、
法天象地的思想。[1]

　　总之，统万城在环境变迁、建筑以及文化方面都具
有重大的历史意义及现实意义。

1　邓辉、夏正楷、王瑔瑜：《利用彩红外航空影像对统万城的再研究》，
《考古》2003 年第 1 期，第 70 页。

结　语

　　鲜卑向西、南迁徙后，占据了匈奴故地，与已经进入中原腹地但后又因故出塞的南匈奴去卑一支混居杂处，以匈奴为父系、以鲜卑为母系融合而成一个新种族——铁弗匈奴。铁弗匈奴形成之后经过几代人多年的努力，成为当时中国北方一支比较强大的势力，与"胡母鲜卑父"的拓跋鲜卑在代北地区争战多年，失利之后，迁居朔方，至刘卫辰时，曾导引前秦灭拓跋代国。北魏建立之后，铁弗匈奴遭受又一次沉重打击，其活动中心代来城被攻破，铁弗匈奴首领刘卫辰宗党五千余人被杀，卫辰被部下所杀。刘卫辰之子勃勃侥幸逃出，依附于姚兴，后在后秦姚兴的帮助下，重新回到其祖、父经营多年的朔方地区，聚集力量，并利用当时的混乱局面建立夏国。

　　夏国建立后，经过几次试探性的军事行动，意识到向其他方向发展阻力较大，因此调整策略，制定了正确的行动纲领，凭借其强大的军事力量，蚕食了后秦北边的大部领土，并在后秦被东晋刘裕灭亡之后攻入其都城长安，势力一度"南阻秦岭，东戍蒲津，西收秦陇，北薄于河"，即使在其衰落之时，仍有力量灭亡西秦政权，并给西进的北魏势力以强有力的打击。

但是，在强大的军事力量支撑下发展非常迅速的夏政权与其他内迁少数民族建立的政权一样，必定面临着如何对所征服地区进行管理与统治的问题。铁弗匈奴是一个游牧特征比较浓厚的民族，因而其立国方针和政策上存在许多先天的不足和缺陷。这些不足和缺陷体现在经济上就是没有及时进行转型，不重视农业生产，仍旧以游牧经济为主。虽然国都统万城建成之后，铁弗匈奴有可能出现定居生活，但种种迹象表明，夏国境内从事农业耕作的大多是其他农耕民族，而且在民族意识上，赫连勃勃又刻意强化和凸显其民族特征，比如其改来自汉朝宗室的刘姓为胡族特色深厚的胡姓等。这一做法在当时内迁少数民族汉化及淡化民族意识已经成为一种趋势的情况下，毫无疑问有点不合时宜。

在政治上，夏国仿照魏晋制度任命百官，但是受铁弗匈奴所处的社会阶段所限，加上其周边形势的风云变幻，夏国对军事职官比较重视；在其文官系统中，汉族所占比例较大，但多是从事图籍文书修撰之类的工作，因此在中央政务上没有多大的作为，对夏国的政权没有起到应有的作用，即使是在夏政权中受到重用的赫连勃勃谋臣王买德，其作用也主要发挥在军事谋略上，即"武功"，"文治"似乎没有值得称道的地方；在地方行政上，前期如学者所说，夏国境内只设州不设郡县，夏国后期，尤其是攻入关中地区之后，有零星史料证明，其可能沿袭了以前几个政权的做法，或主观上也想在地方行政制度上有一些作为，但由于资料有限，无法进一步确知具体情况。夏国统治政策的残暴及统治者追求奢侈享受，四处抄掠，使夏政权成为周边政权的共同敌人，因此在统治基础非常薄弱的情况下，在周边政权尤其是北魏的攻击下迅速走向灭亡。

综上所述，夏国政权的建立是时势使然，但由于时代的局限及铁弗匈奴本民族的特性，夏政权不可能超越当时的历史发展阶段，其灭亡也成为一种历史必然。尽管如此，夏国对中国历史产生过一定影响，有一定的地位。

参考文献

一 文献古籍

[1] 司马迁:《史记》,中华书局,1975。

[2] 班固:《汉书》,中华书局,1962。

[3] 范晔:《后汉书》,中华书局,1965。

[4] 陈寿:《三国志》,中华书局,1959。

[5] 房玄龄:《晋书》,中华书局,1974。

[6] 沈约:《宋书》,中华书局,1974。

[7] 萧子显:《南齐书》,中华书局,1972。

[8] 魏收:《魏书》,中华书局,1974。

[9] 李百药:《北齐书》,中华书局,1972。

[10] 李延寿:《北史》,中华书局,1974。

[11] 欧阳修:《新五代史》,中华书局,1974。

[12] 王国维校《水经注校》,上海人民出版社,1984。

[13] 郦道元著,陈桥驿校证《水经注校记》,中华书局,
    2007。

[14] 李吉甫：《元和郡县图志》，中华书局，1983。

[15] 司马光：《资治通鉴》，中华书局，1976。

[16] 李昉：《太平御览》，中华书局，1960。

[17] 王钦若：《册府元龟》，中华书局，1960。

[18] 乐史：《太平寰宇记》，中华书局，2007。

[19] 顾祖禹：《读史方舆纪要》，中华书局，2005。

[20] 杜佑：《通典》，中华书局，1988。

[21] 林宝：《元和姓纂》，金陵书局校刊本。

[22] 邓名世：《古今姓氏书辩证》，江西人民出版社，
2006。

[23] 沈括：《梦溪笔谈》，中华书局，2015。

[24] 刘知幾著，张振珮笺注《史通笺注》，贵州人民出版
社，1985。

二　著作

[1]〔日〕白鸟库吉：《东胡民族考》，商务印书馆，1934。

[2] 洪亮吉：《十六国疆域志》，商务印书馆，1958。

[3]〔日〕内田吟风：《匈奴史研究》，创元社，1953。

[4] 唐长孺：《魏晋南北朝史论丛（外一种）》，河北教育出
版社，2002。

[5] 赵万里：《汉魏南北朝墓志集释》，科学出版社，1956。

[6] 姚薇元：《北朝胡姓考》，中华书局，1962。

[7] 马长寿：《北狄与匈奴》，生活·读书·新知三联书店，1962。

[8] 马长寿：《乌桓与鲜卑》，上海人民出版社，1962。

[9] 周一良：《魏晋南北朝史论集》，中华书局，1963。

[10] 吕思勉：《两晋南北朝史》，上海古籍出版社，2005。

[11] 唐长孺：《魏晋南北朝史论丛续编》，生活·读书·新知三联书店，1978。

[12] 王仲荦：《魏晋南北朝史》，上海人民出版社，1979。

[13] 陈寅恪：《隋唐政治渊源略论稿》，上海古籍出版社，1980。

[14] 何启民：《中古门第论集》，台湾学生书局，1982。

[15] 谭其骧：《中国历史地图集》，中国地图出版社，1982。

[16] 何兹全：《读史集》，上海人民出版社，1982。

[17] 唐长孺：《魏晋南北朝史拾遗》，中华书局，1983。

[18] 韩国磐：《魏晋南北朝史纲》，人民出版社，1983。

[19] 周伟洲：《敕勒与柔然》，上海人民出版社，1983。

[20] 林幹：《匈奴史论文选集》，中华书局，1983。

[21] 万绳楠：《魏晋南北朝史论稿》，安徽教育出版社，1983。

[22] 林幹：《匈奴历史年表》，中华书局，1984。

[23] 马长寿：《关中所见前秦至隋初的关中部族》，中华书局，1985。

[24] 周伟洲：《吐谷浑史》，宁夏人民出版社，1985。

[25] 周一良：《魏晋南北朝史札记》，中华书局，1985。

[26] 林幹：《匈奴通史》，人民出版社，1986。

[27] 林幹：《匈奴史料汇编》，中华书局，1988。

[28] 周伟洲：《汉赵国史》，广西师范大学出版社，2006。

[29] 周伟洲：《南凉与西秦》，陕西人民出版社，1987。

[30] 黄烈：《中国古代民族史研究》，人民出版社，1987。

[31]《中国北方民族关系史》编写组编《中国北方民族关系史》，中国社会科学出版社，1987。

[32] 万绳楠整理《陈寅恪魏晋南北朝史讲演录》，黄山书社，1987。

[33] 齐陈骏等：《五凉史略》，甘肃人民出版社，1988。

[34] 陈玉屏：《魏晋南北朝兵户制度研究》，巴蜀书社，1988。

[35] 唐长孺：《山居存稿》，中华书局，1989。

[36] 万绳楠：《魏晋南北朝文化史》，黄山书社，1989。

[37] 罗宏曾：《魏晋南北朝文化史》，四川人民出版社，1989。

[38] 北京图书馆金石组编《北京图书馆藏中国历代石刻拓本汇编》，中州古籍出版社，1989。

[39] 韩国磐:《南北朝经济史略》，厦门大学出版社，1990。

[40] 林幹:《东胡史》，内蒙古人民出版社，1990。

[41] 戴应新:《赫连勃勃与统万城》，陕西人民出版社，1990。

[42] 祝总斌:《两汉魏晋南北朝宰相制度研究》，中国社会科学出版社，1990。

[43] 严耀中:《北魏前朝政治制度》，吉林教育出版社，1990。

[44] 孙玉兰、徐良玉:《民族心理学》，知识出版社，1990。

[45] 严耕望:《中国地方行政制度史——魏晋南北朝地方行政制度》，史语所集刊专刊，1990。

[46] 丁福保:《历代古钱图说》，上海人民出版社，1992。

[47] 劳格:《唐尚书省郎官石柱题名考》，中华书局，1992。

[48] 唐长孺:《魏晋南北朝史隋唐史三论》，武汉大学出版社，1992。

[49] 周伟洲:《中国中世西北民族关系史研究》，西北大学出版社，1992。

[50] 林士铎:《北魏史》，山西高校联合出版社，1992。

[51] 洪涛:《三秦史》，复旦大学出版社，1992。

[52] 田余庆:《秦汉魏晋史探微》,中华书局,1993。

[53] 蒋福亚:《前秦史》,北京师范学院出版社,1993。

[54] 陈仲安、王素:《汉唐职官制度研究》,中华书局,1993。

[55] 陈连庆:《中国古代少数民族姓氏研究》,吉林文史出版社,1993。

[56] 王钟翰:《中国民族史》,中国社会科学出版社,1994。

[57] 刘学铫:《鲜卑史论》,台北南天书局有限公司,1994。

[58] 陈琳国:《魏晋南北朝政治制度研究》,台湾文津出版社,1994。

[59] 〔日〕前田正名:《平城历史地理学研究》,李凭译,书目出版社,1994。

[60] 梁满仓:《中国魏晋南北朝习俗史》,人民出版社,1994。

[61] 吴祥定等:《历史时期黄河流域环境变迁与水沙变化》,气象出版社,1994。

[62] 高敏:《魏晋南北朝经济史》,上海人民出版社,1996。

[63] 张金龙:《北魏政治史研究》,甘肃教育出版社,1996。

[64] 白翠琴:《魏晋南北朝民族史》,四川民族出版社,1996。

[65] 赵向群:《五凉史探》,甘肃人民出版社,1996。

[66] 张世富:《民族心理学》,山东教育出版社,1996。

[67] 黄惠贤:《中国政治制度通史》第四卷《魏晋南北朝》,人民出版社,1997。

[68] 黎虎:《魏晋南北朝史论》,学苑出版社,1997。

[69] 高敏:《魏晋南北朝军事制度研究》,大象出版社,1998。

[70] 朱大渭、张文强:《中国军事通史》第八卷《两晋南北朝军事史》,军事科学出版社,1998。

[71] 朱大渭等:《魏晋南北朝社会生活史》,中国社会科学出版社,1998。

[72] 李凭:《北魏平城时代》,社会科学文献出版社,2000。

[73] 翁独健主编《中国民族关系史纲要》,中国社会科学出版社,2001。

[74] 吕建福:《土族史》,中国社会科学出版社,2002。

[75] 田余庆:《拓跋史探》,生活·读书·新知三联书店,2003。

[76] 杨建新:《中国西北少数民族史》,民族出版社,2003。

[77] 张驭寰：《中国城池史》，百花文艺出版社，2003。

[78] 〔日〕谷川道雄：《隋唐帝国形成史论》，李济沧译，
上海古籍出版社，2004。

[79] 陕西师范大学西北环发中心编《统万城遗址综合研
究》，三秦出版社，2004。

三　论文

[1] 唐长孺：《晋代北境内各族"变乱"的性质及五胡政
权在中国的统治》，《魏晋南北朝史论丛（外一种）》，
河北教育出版社，2002。

[2] 唐长孺：《拓跋国家的建立及其封建化》，《魏晋南北朝
史论丛（外一种）》，河北教育出版社，2002。

[3] 陕北文物调查征集组（俞少逸执笔）：《统万城遗址调
查》，《文物参考资料》1957 年第 10 期。

[4] 黄烈：《五胡汉化与五胡政权的关系》，《历史研究》
1963 年第 3 期。

[5] 侯仁之：《从红柳河上的古城废墟看毛乌素沙漠的变
迁》，《文物》1973 年第 1 期。

[6] 蒋福亚：《十六国时期的民族斗争及其实质》，《民族研
究》1980 年第 5 期。

[7] 史念海：《两千年来鄂尔多斯高原和河套平原农林牧地

区的分布及其变迁》,《北京师范大学学报》(社会科学版)1980年第6期。

[8] 赵永复:《历史上毛乌素沙地的变迁问题》,《历史地理》创刊号,上海人民出版社,1981。

[9] 高敏:《两晋时期兵户制考略》,《历史研究》1982年第2期。

[10] 吴震:《吐鲁番文书中的若干年号及相关问题》,《文物》1983年第1期。

[11] 董光荣等:《鄂尔多斯高原第四纪古风成沙的发现及其意义》,《科学通报》1983年第16期。

[12] 冯君实:《十六国官制初探》,《东北师范大学学报》(哲学社会科学版)1984年第4期。

[13] 何兹全:《十六国时期的兵制》,《燕园论学集》,北京大学出版社,1984。

[14] 朱雷:《出土石刻及文书中北凉沮渠氏不见于史籍的年号》,《出土文献研究》,文物出版社,1985。

[15] 牟发松:《十六国地方行政机构的军镇化》,《晋阳学刊》1985年第6期。

[16] 朱士光:《评毛乌素沙地形成与变迁问题的学术讨论》,《西北史地》1986年第4期,另收入朱士光《黄土高原地区环境变迁及其治理》,黄河水利出版社,1999。

[17] 周伟洲：《十六国时期的“胡汉分治”》，《西北历史研究》，三秦出版社，1987。

[18] 邱久荣：《十六国时期的胡汉分治》，《中国民族学院学报》1987年第3期。

[19] 任世芳、赵淑贞：《秦至北魏黄河中游环境变迁与下游水患关系》，《土壤侵蚀与水土保持学报》1988年第6期。

[20] 王北辰：《内蒙古乌审旗古代历史地理丛考——龟兹县、榆溪塞、契吴山》，《干旱区地理》1989年第4期，后收入《王北辰西北历史地理论文集》，学苑出版社，2000。

[21] 周建奇：《释“赫连”》，《内蒙古大学学报》（哲学社会科学版）1989年第2期。

[22] 马欣、张习武：《十六国军制初探》，《天津师大学报》1990年第1期。

[23] 王北辰：《唐代天德军——夏州——天德军道路考》，《历史地理》第9辑，上海人民出版社，1990，后收入《王北辰西北历史地理论文集》，学苑出版社，2000。

[24] 赵永复：《再论历史上毛乌素沙地的变迁问题》，《历史地理》第7辑，上海人民出版社，1990。

[25] 冯君实：《魏晋官制中的护军》，中国南北朝史学会编

《魏晋南北朝史论文集》，齐鲁书社，1991。

[26] 汪福宝:《秃发、拓跋"分姓"目的辨析》，载《魏晋南北朝史论文集》，齐鲁书社，1991。

[27] 李华章:《中国北方农牧交错带全新界环境演变的若干特征》，《北京师范大学学报》(自然科学版)1991年第1期。

[28] 史念海:《十六国时期各割据霸主的人口迁徙》，《中国历史地理论丛》1992年第4辑，后载于《河山集》第七集，陕西师范大学出版社，1999。

[29] 高敏:《十六国前秦、后秦时期的护军制》，《中国史研究》1992年第2期。

[30] 刘弛:《十六国官营手工业初探》，《中国史研究》1993年第3期。

[31] 张金龙:《十六国"地方"护军制度补正》，《西北史地》1994年第4期。

[32] 吴宏岐:《后秦"岭北"考》，《中国历史地理论丛》1995年第2辑。

[33] 李志敏:《魏晋六朝"杂胡"之称释义问题》，《民族研究》1996年第1期。

[34] 高敏:《十六国时期的军镇制》，《史学月刊》1998年第1期。

[35] 王素:《沮渠氏北凉建置年号规律新探》，《历史研究》

1998 年第 4 期。

[36]〔日〕市来弘志:《论大夏统万城的战略地位》，载《汉唐长安与黄土高原》，《中国历史地理论丛》1998年增刊。

[37]周伟洲:《魏晋南北朝时期的护军制》，《燕京学报》1999 年第 6 期。

[38]戴应新:《大夏统万城址考古记》，台北《故宫学术季刊》1999 年第 2 期。

[39]牛俊杰、赵淑贞等:《关于历史时期鄂尔多斯高原沙漠化问题》，《中国沙漠》2000 年第 1 期。

[40]侯甬坚:《十六国北朝"岭北"地名溯源》，《中国历史地理论丛》2001 年第 1 辑。

[41]侯甬坚、周杰、王燕新:《北魏（AD386 — 534）鄂尔多斯高原的自然—人文景观》，《中国沙漠》2001年第 2 期。

[42]邓辉、夏正楷、王瑨瑜:《从统万城的兴废看人类活动对生态环境脆弱地区的影响》，《中国历史地理论丛》2001 年第 2 辑。

[43]王尚义:《统万城的兴废与毛乌素沙地之变迁》，《地理研究》2001 年第 3 期。

[44]王义康:《魏晋"杂胡"释义问题探析》，《民族研究》2001 年第 3 期。

[45] 任世芳、赵淑贞、任伯平:《关于南北朝至隋唐时期黄土高原北部的土地利用方式》,《黄土高原地区历史环境与治理对策会议文集》,《中国历史地理论丛》2001 年增刊。

[46] 周伟洲:《十六国官制研究》,《文史》2002 年第 1 辑。

[47] 任世芳、赵淑贞、任伯平:《再论契吴的真实地理位置问题》,《山西大学师范学院学报》2002 年第 1 期。

[48] 邓辉、夏正楷、王瑄瑜:《利用彩红外航空影像对统万城的研究》,《考古》2003 年第 1 期。

[49] 侯甬坚:《道光年间夏州城故址（统万城）的调查事由》,《陕西师范大学学报》(哲学社会科学版)2003 年第 4 期。

[50] 李令福、侯甬坚:《走向世界的沙漠古都——统万城》,《中国历史地理专辑》, 2003。

[51] 邢福来:《统万城遗址考古发掘的新收获》,《走向世界的沙漠古都——统万城》,《中国历史地理专辑》, 2003。

[52] 杨鲁安:《大夏真兴钱考》,《内蒙古金融研究》2003 年第 S2 期。

[53] 朱大渭:《儒家民族观与十六国北朝民族融合及其历史影响》,《中国史研究》2004 年第 2 期。

[54] 陈喜波、韩光辉:《统万城名称考释》,《中国历史地理论丛》2004 年第 3 期。

[55] 徐小玲、延军平:《统万城的现代意义与价值研究》,《中国历史地理论丛》2004 年第 3 辑。

[56] 〔日〕三崎良章:《大夏纪年墓志铭中"大夏二年"的意义》,《北朝史研究》,商务印书馆,2004。

[57] 〔日〕关尾史郎:《北凉政权と"真兴"奉用》,《东洋史苑》21,1982,转引自三崎良章《大夏纪年墓志铭中"大夏二年"的意义》,载《北朝史研究》,商务印书馆,2004。

[58] 陈琳国:《休屠、屠各和刘渊族姓》,《北京师范大学学报》(社会科学版)2006 年第 4 期。

[59] 陈勇:《去卑监国的败局与屠各刘豹的崛起》,《民族研究》2007 年第 2 期。

[60] 杨满忠:《统万城文化溯源》,《宁夏师范学院学报》2007 年第 2 期。

[61] 陈琳国:《西晋内迁杂胡与杂胡化趋势》,《学术月刊》2007 年第 10 期。

[62] 张永帅:《关于统万城历史的几个问题》,《中国历史地理论丛》2008 年第 1 辑。

[63] 胡正波:《统万城西城南垣马面的建筑功效》,《山西建筑》2008 年第 4 期。

[64] 陈喜波:《统万城中的匈奴文化探析》,《榆林学院学报》2008 年第 5 期。

[65] 姚文波:《赫连勃勃墓地考》,《甘肃社会科学》2008 年第 6 期。

附录一
铁弗匈奴与夏国大事记

195年（东汉兴平二年）

汉献帝由长安返洛阳，南匈奴右贤王去卑受杨奉、董承之招曾与原白波帅韩暹等击败李傕、郭汜等，护卫献帝。

216年（东汉建安二十一年）

曹操留呼厨泉单于于邺（今河北磁县南），令去卑去平阳（今山西临汾）监国。

251年（三国魏嘉平三年）

使去卑后裔居雁门。

271年（西晋泰始七年）

刘猛率部叛逃出塞。

309 年（西晋永嘉三年）

右贤王去卑之子诰升爰卒，子虎立，居新兴，号铁弗氏，与白部鲜卑皆附于汉，刘琨自将击虎。

318 年（东晋太兴元年）

刘虎自朔方侵拓跋郁律西部，被郁律击破，虎走出塞，从弟路孤率其部落降于郁律。

341 年（东晋咸康七年）

冬，十月，刘虎寇代西部，代王什翼犍遣军逆击，大破之。虎卒，子务桓立，遣使求和于代，什翼犍以女妻之。务桓又朝贡于后赵，赵以务桓为平北将军、左贤王。

356 年（东晋永和十二年）

刘务桓卒，弟阏头立，将贰于代。二月，代王什翼犍引兵西巡临河，阏头惧，请降。

358 年（东晋升平二年）

刘阏头部落多叛，惧而东走，乘冰渡河，半渡而冰解，后众悉归务桓之子刘悉勿祈，阏头奔代。

赫连夏国史

360 年（东晋升平四年）

三月，匈奴刘卫辰遣使降秦，请田内地，春来秋返。秦王坚许之。

七月，什翼犍以女妻刘卫辰。

361 年（东晋升平五年）

春正月，刘卫辰掠秦边民五十余口为奴婢以献于秦；秦王坚责之，使归所掠。卫辰由是叛秦，专附于代。

365 年（东晋兴宁三年）

刘卫辰复叛代，代王什翼犍东渡河，击走之。

匈奴右贤王曹毂、左贤王刘卫辰皆叛秦。建节将军邓羌讨卫辰，擒之于木根山。

以曹毂为雁门公，刘卫辰为夏阳公，各使统其部落。

367 年（东晋太和二年）

代王什翼犍击刘卫辰。卫辰不意兵猝至，与宗族西走，什翼犍收其部落什六七而还。卫辰奔秦，秦王坚送卫辰还朔方，遣兵使其继续戍之。

374 年（东晋宁康二年）

代王什翼犍击刘卫辰，卫辰南走。

376年（东晋太元元年）

刘卫辰为代所逼，求救于秦，秦王坚派兵三路以卫辰为向导击代。代灭之后，分代民为二部，自河以东属库仁，自河以西属卫辰，各拜官爵，使统其众。

390年（东晋太元十五年）

七月，刘卫辰遣子直力鞮攻贺兰部，魏王珪引兵救之，直力鞮退。

391年（东晋太元十六年）

十一月，拓跋珪自五原金津南济河，径入卫辰国，卫辰部落骇乱。辛卯，珪直抵所居悦跋城，卫辰父子出走。将军伊谓擒直力鞮于木根山，卫辰为其部下所杀。

十二月，诛卫辰宗党五千余人，皆投尸于河。

卫辰少子勃勃亡奔薛干部。

399年（东晋隆安三年）

刘卫辰子文陈降魏，魏主珪妻以宗女，拜上将军，赐姓宿氏。

407年（东晋义熙三年，大夏龙升元年）

勃勃于大城掠柔然可汗献给后秦的八千匹马，集其
众三万人伪猎于高平川，袭击其岳父没奕于而并其众。

勃勃自谓夏后氏之苗裔，自称大夏天王、大单于，
建元龙升，国号大夏。置百官，以其兄右地代为丞相，
封代公；力俟提为大将军，封魏公；叱干阿利为御史大
夫，封梁公；弟阿利罗引为司隶校尉，若门为尚书令，
叱以健为左仆射，乙斗为右仆射。

讨鲜卑薛干部，降众以万数。进攻姚兴三城以北诸
戍，斩姚兴将杨丕、姚石生等。诸将劝其定都高平，但
勃勃拒绝。

勃勃向南凉秃发傉檀求婚，为秃发傉檀拒绝，于
是率骑两万出征南凉，深入百里，杀伤万人，驱掠
二万七千余口、牛马羊数十万而还。秃发傉檀率兵追击，
但又被勃勃败于阳武下峡，南凉名臣勇将死者什六七。

败后秦将张佛生于青石原，俘斩五千余人。

408 年（东晋义熙四年，大夏龙升二年）

后秦派齐难率兵两万攻打勃勃，勃勃退守河曲，在齐难
返回的路途中袭击齐难，俘斩七千余人。又于木城擒获齐难，
虏其将士一万三千人。于是岭北夷夏归附勃勃者以万数。

409 年（东晋义熙五年，大夏龙升三年）

姚兴亲自率兵攻打勃勃，至贰城与勃勃战，秦兵大败。兴还长安，勃勃又攻破后秦敕奇堡、黄石固、我罗城，徙七千余家于大城，以其丞相右地代领幽州牧以镇之。

410 年（大夏龙升四年）

勃勃遣其尚书胡金纂攻后秦平凉，姚兴率兵迎击，击杀金纂。勃勃又遣兄子左将军罗提攻陷定阳，坑将士四千余人。

勃勃寇陇右，破白崖堡，遂趣清水，略阳太守姚寿都弃城而逃，勃勃徙其民万六千户于大城，姚兴自安定追之，不及而还。

411 年（大夏龙升五年）

正月，勃勃平东将军鹿弈干攻屯于杏城的后秦姚详，斩杀姚详，尽获其众。勃勃又率骑三万攻安定，与秦将杨佛嵩战于青石北原，秦军大败，降勃勃者四万五千人。攻入后秦东乡，徙三千余户于贰城。后秦镇北参军王买德投奔夏国。

412 年（大夏龙升六年）

勃勃欲乘乱攻取乞伏炽磐，被王买德劝止。

413 年（大夏凤翔元年）

勃勃大赦，改元凤翔，以叱干阿利为将作大匠，发岭北夷夏十万人于朔方水北、黑水之南营建都城，名曰统万。

自谓其祖从母姓为非礼，因此改姓"赫连"，意即帝王系天为子，其徽赫与天相连。其非正统者以铁伐为氏，意为刚锐如铁，皆堪伐人。

九月，与出以眷联合攻打北魏，置吐京护军。

414 年（大夏凤翔二年）

正月，勃勃攻魏河东蒲子，西河胡曹成杀勃勃吐京护军。

十月，北燕冯跋与夏联合，勃勃遣御史中丞至燕结盟。

十二月，勃勃封其妻梁氏为王后，子璝为太子，子延为阳平公、昌为太原公、伦为酒泉公、定为平原公、满为河南公、安为中山公。

415 年（大夏凤翔三年）

勃勃攻克后秦杏城，执守将姚逵，坑士卒两万人。姚兴如北地，遣广平公弼及辅国将军敛曼嵬向新平进军，兴还长安。

北凉沮渠蒙逊派其将沮渠汉平与夏国结盟。

九月，赫连建领兵攻克平凉，执平凉太守姚军都，进入新平被姚弼擒于龙尾堡。

416年（大夏凤翔四年）

六月，勃勃率骑四万攻克上邽，杀秦州刺史姚军都及将士五千余人，毁城而去。进攻阴密，又杀后秦将姚良子及将士万余人，以其子昌为雍州刺史，镇守阴密。后秦将姚恢弃安定，奔长安，安定人胡俨、华韬率五万户据安定，投降勃勃，勃勃使镇东将军羊苟儿将鲜卑五千镇安定。

攻后秦将姚谌于雍城，谌奔长安。勃勃据守雍城，进一步侵掠郿城。秦将姚绍率兵五万击勃勃，勃勃退至安定，胡俨拒勃勃入城并以城降后秦，后秦追勃勃于马鞍坂，前进至朝那，不及而还，勃勃归杏城。

勃勃遣兄子罗提侵池阳，秦车骑将军姚裕等击走夏军。

后秦姚兴死，子姚泓立。

417年（大夏凤翔五年）

勃勃反攻安定，再次占领安定，于是岭北之地尽为勃勃所有。

东晋刘裕北伐，入关中，克长安，灭后秦，遣使勃勃，请通和好，约为兄弟。

勃勃以其子抚军大将军瓒都督前锋诸军事，率骑两万攻长安，前将军赫连昌屯潼关，以王买德为抚军右长史，屯青泥，勃勃率大军为后继。

418 年（大夏凤翔六年）

赫连瓒至渭阳，关中民降之者属路。东晋将领傅弘之大破赫连瓒于池阳，斩获甚众，又破夏军于寡妇渡，夏军退。

十月，关中郡县悉降于夏国。赫连瓒夜袭长安，未果。勃勃进据咸阳，长安樵采路绝。

十一月，刘裕留其子义真镇守长安，刘义真东返，赫连瓒率众三万追义真，至青泥，晋军大败，傅弘之等人为屯守于青泥的王买德所擒。

长安百姓逐朱龄石，龄石焚长安宫殿，奔潼关，勃勃入长安。

勃勃筑坛于灞上，即皇帝位，改元昌武。

赫连昌破潼关曹公故垒。

419 年（大夏真兴元年）

夏将叱奴侯提率步骑两万攻晋将毛德祖于蒲坂，毛祖德归彭城。

勃勃征京兆韦祖思，因其恭惧过甚而杀之。

群臣劝勃勃定都长安，为勃勃所拒，于长安置南台，以赫连璝领大将军、雍州牧、录南台尚书事，镇守长安。

勃勃返还统万，以宫殿落成，改元真兴，勒石刻铭，颂其功德。

420年（大夏真兴二年）

十月，起冲天台于统万南山，欲登之以望长安。

424年（大夏真兴六年）

勃勃欲废太子赫连璝而立赫连伦，璝领兵七万攻伦，战于高平，伦死，赫连昌杀璝而并其众，拥军八万回统万，勃勃立昌为太子。

名其国都统万城四门：东曰招魏，南曰朝宋，西曰服凉，北曰平朔。

425年（大夏承光元年）

勃勃死，子昌继位。

426年（大夏承光二年）

乞伏炽磐再次遣使北魏，请用兵于夏。

乞伏炽磐攻河西，河西王沮渠蒙逊遣使夏国，请求夏国乘虚攻枹罕。夏遣征南大将军呼庐古将骑两万攻苑川，车骑大将军韦伐攻南安。

北魏太武帝乘勃勃之丧，决意伐夏。九月，派奚斤领兵四万五千南攻蒲坂，周几攻陕城。十月，太武帝亲率两万轻骑攻打统万，渡君子津，抵统万城，与昌军交战，昌败入城，魏军四掠，获牛马数万头，徙万余家而还。

夏弘农太守曹达不战而走，魏军进入三辅地区。

赫连昌蒲坂守将赫连乙斗及长安守将赫连助兴弃城西走安定，魏军进入长安。

427年（大夏承光三年）

正月，夏遣平原公定率众两万攻长安。

五月，太武帝第二次伐夏，济君子津，进至统万，赫连昌率骑三万出城应战，败逃上邽。

魏军克统万，虏获昌诸弟、诸母、妻妾及府库珍宝无数。

与魏军于长安相持的赫连定奔上邽。魏将娥清、丘堆攻下夏国贰城。

九月，安定民举城降魏。

428 年（大夏胜光元年）

二月，魏军攻上邽，赫连昌退守平凉。时魏军马多疫死，深沟高垒以自固，只派丘堆掠粮于民间。赫连昌乘此机会击败魏军，后昌又被魏将安颉设伏所俘获。

赫连昌余众举赫连定为王，即位于平凉。

三月，魏赐爵赫连昌会稽公。

魏将奚斤图功过殷，轻装来攻，定知魏军缺粮乏水，两路邀击，大败来敌，杀六七千人，奚斤、娥清被俘于平凉马髦岭，丘堆闻奚斤之败，惊奔蒲坂。夏军再次攻入长安。

四月，赫连定遣使请和，魏主以诏谕之使降。

429 年（大夏胜光二年）

正月，夏酒泉公隽自平凉奔魏。

五月，赫连定乘北魏讨蠕蠕之机，想夺取统万，进军至统万以东的侯尼城，不敢进而返。

十月，赫连定狩猎于阴槃。

430 年（大夏胜光三年）

三月，魏封赫连昌为秦王。

九月，赫连定遣其弟谓以代领数万人攻打鄜城，被魏平西将军拓跋隗归击败，杀夏军万余人，谓以代逃遁。

赫连定亲自率数万人击隗归于鄜城东，留其弟上谷公社干、广阳公度洛孤守平凉，遣使于刘宋，约共同出兵攻打魏国，遥分河北：自恒山以东属宋，以西属夏。

魏军袭击平凉，以卫兵将军王斤镇蒲坂。

十一月，魏主亲自率兵攻打平凉，守将赫连社干不降，定自鄜城来援，入安定，将步骑两万救平凉，被魏将古弼击败，退鹑觚原。

定引众下原，魏将丘眷击溃之，定受伤，收其余众，驱民五万，西保上邽。其弟乌视拔、秃骨及公侯以下百余人被俘。魏军攻安定，夏东平公乙斗弃城奔长安，后又驱略数千家西奔上邽。

魏主至安定，夏陇西守将降魏。

十二月，夏上谷公社干、广阳公度洛孤降魏，魏克平凉。

夏长安、临晋、武功守将皆走，关中悉入北魏。

431 年（大夏胜光四年）

正月，夏主击败西秦将姚献，遣北平公韦伐率众一万攻南安。

西秦侍中、征虏将军出连辅政，侍中、右卫将军乞伏延祚，吏部尚书乞伏跋跋奔夏，乞伏暮末降夏，定杀暮末，灭西秦。

六月，赫连定畏北魏进逼，掠西秦居民十余万西进渡黄河时，遭吐谷浑首领莫瑰三万人突袭，被俘。大夏亡。

432 年（北魏延和元年）
三月，莫瑰送赫连定于平城。

433（北魏延和二年）
赫连昌叛魏出逃，被边将所杀，累及群弟。[1]

---

1 《魏书》卷 4《帝纪》将此事系于延和三年三月；《资治通鉴》将此事系于宋文帝元嘉十一年 [（闰三月）甲戌，赫连昌叛魏西走；丙子，河西候将格杀之。魏人并其群弟诛之]。

附录二
铁弗匈奴世系表

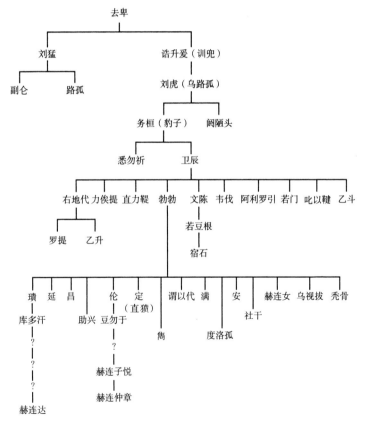

注：如果不明何出时，就放至同辈其长后，如路孤、罗提、乙升及库多汗。

索　引

图书在版编目（CIP）数据

赫连夏国史 / 吴洪琳著. -- 北京：社会科学文献
出版社，2024.6
（十六国史新编）
ISBN 978-7-5228-1438-4

Ⅰ.①赫⋯　Ⅱ.①吴⋯　Ⅲ.①中国历史-夏（407-
431）　Ⅳ.①K238

中国国家版本馆CIP数据核字（2023）第035577号

·十六国史新编·
赫连夏国史

著　　者 / 吴洪琳

出 版 人 / 冀祥德
责任编辑 / 高振华
责任印制 / 王京美

出　　版 / 社会科学文献出版社（010）59367143
　　　　　　地址：北京市北三环中路甲29号院华龙大厦　邮编：100029
　　　　　　网址：www.ssap.com.cn
发　　行 / 社会科学文献出版社（010）59367028
印　　装 / 三河市东方印刷有限公司

规　　格 / 开　本：889mm×1194mm 1/32
　　　　　　印　张：13.25　插　页：0.25　字　数：229千字
版　　次 / 2024年6月第1版　2024年6月第1次印刷
书　　号 / ISBN 978-7-5228-1438-4
定　　价 / 78.00元

读者服务电话：4008918866